作者简介

李　峻　南京邮电大学教育科学与技术学院教授，教育学博士，硕士生导师。中国高等教育学会高等教育学专业委员会理事，南京师范大学高等教育研究所研究员，“工信部情报科学研究所考试项目”专家组成员。入选“江苏省中青年学术带头人培养对象”与“江苏省六大人才高峰高层次人才培养对象”，先后在《高等教育研究》《国家教育行政学院学报》等期刊发表学术论文50余篇，多篇被《新华文摘》《人大复印报刊资料》《高校文科学术文摘》等全文转载与论点摘编；在湖南人民出版社与武汉大学出版社出版专著2部；先后获江苏省哲学社会科学优秀成果三等奖，江苏省应用社会科学精品工程一等奖等奖励6项；主持完成教育部、省级课题10多项。

本书受江苏省“六大人才高峰”资助项目《我国大学学术组织管理模式创新研究》（编号：2014JY-015）的资助

光明社科文库
GUANGMING SOCIAL
SCIENCE LIBRARY

学科发展视野中的
大学学术组织管理模式创新研究

李　峻　谢　辉◎著

光明日报出版社

图书在版编目（CIP）数据

学科发展视野中的大学学术组织管理模式创新研究 / 李峻，谢辉著 .-- 北京：光明日报出版社，2018.8

ISBN 978-7-5194-4452-5

Ⅰ.①学… Ⅱ.①李…②谢… Ⅲ.①高等学校—科学研究组织机构—管理模式—研究—中国 Ⅳ.① G644.6

中国版本图书馆 CIP 数据核字（2018）第 179250 号

学科发展视野中的大学学术组织管理模式创新研究

XUEKE FAZHAN SHIYEZHONG DE DAXUE XUESHU ZUZHI GUANLI MOSHI CHUANGXIN YANJIU

著　　者：李　峻　谢　辉

责任编辑：杨　茹　　　责任校对：赵鸣鸣

封面设计：一站出版网设计部　　　责任印制：曹　诤

出版发行：光明日报出版社

地　　址：北京市西城区永安路 106 号，100050

电　　话：010-63131930(邮购)

传　　真：010-67078227，67078255

网　　址：http://book.gmw.cn

E - mail：yangru@gmw.cn

法律顾问：北京德恒律师事务所龚柳方律师，电话：010-67019571

印　　刷：三河市华东印刷有限公司

装　　订：三河市华东印刷有限公司

本书如有破损、缺页、装订错误，请与本社联系调换

开　　本：170mm×240mm

字　　数：222 千字　　　印张：15.5

版　　次：2019 年 1 月第 1 版　　　印次：2019 年 1 月第 1 次印刷

书　　号：ISBN 978-7-5194-4452-5

定　　价：68.00 元

序

《国家中长期教育改革和发展规划纲要（2010—2020年）》提出要完善大学治理结构，探索教授治学的有效途径，并将推进现代大学制度改革试点作为十大教育改革试点之一。国务院2010年颁布的《关于开展国家教育体制改革试点的通知》也将大学治理纳入教育体制改革试点项目之中。2014年全国教育工作会议进一步将“加快推进教育治理体系和治理能力现代化”列入今后我国教育领域改革和发展的行动议题与中心目标。十八届三中全会通过的《中共中央关于全面深化改革若干重大问题的决定》将“推进国家治理体系和治理能力现代化”确定为国家战略。大学治理是国家治理体系的重要组成部分，完善大学治理结构成为我国现代大学制度建设的必然要求，更是实现高等教育治理体系和治理能力现代化的重要途径。

在大学与社会以及环境的不断调适过程中，现代

大学形成了人才培养、科学研究、社会服务以及文化传承与创新等稳定的社会职能体系。通过承担社会职能，大学获得了合法性存在的社会基础，并得以迅速发展。但大学社会职能的发挥和实现，离不开相应的组织依托，需要以某种组织形式来履行和实现大学的社会职能。大学的组织变革与大学社会职能体系的丰富和完善表现为一个相互激励的过程。当今的大学组织，无论是组织使命和组织特性，还是组织形式和组织结构，都与早先的大学不可同日而语。

在复杂的大学组织内部，基层学术组织占据着重要位置，发挥着重要作用，是大学组织的内核，影响着大学组织的性质和组织功能的发挥。大学内部治理结构的形成取决于对基层学术组织所做的制度安排，因此，基层学术组织的治理与创新不仅关系到大学社会职能的实现，而且关系到高等教育治理体系的完善和治理能力的提升。

大学是社会的学术和文化组织，通过学术研究和文化陶冶来培养人才和服务社会。大学的治理与变革不能脱离其作为社会的学术和文化组织的本质属性。诞生于中世纪西欧的中世纪大学，就是学者为追求学术和传播知识而形成的“学者行会”，以致获得了“千年黑暗世纪里人类文明的绚丽之花”的美誉和作为“知识的献祭”的荣耀；德国的大学从18世纪中期到19世纪初所进行的两次“大学革命”，确立了大学是学术共同体的基本认识，建立了与之相应的教学与科研相统一的办学理念和学术自由制度，形成了学术共同体的大学治理结构；美国现代大学制度的确立，德国大学制度是一个重要的来源。美国建立的以约翰·霍普金斯大学为代表的研究型大学，就是学习德国大学制度的产物。他们在大学制度体系上的创新，也是基于对德国研究型大学的改造而进行的。虽然美国高等教育改革发展经历了“认识论高等教育哲学”与“政治论高等教育哲学”的冲突，并交替发挥作用，但随着高等教育进入社会的中心，大学成为推动社会发展的“动力站”，两种高等教育哲学出现了融合的趋势——大学要以知识创新和学术创新服务和推动社会经济发展。这就是说，虽然当今的大学与二战之前的大学，无论在大学理念上还是在大学组织形态上都发生了巨大变化，但大学作为学术和文化组织的根本特性没有改变，大学始终坚守着学术精神，探求新知、追求学术卓越始终是大学一以贯之的目标。坚守学术是大学获得合法性存在的基础，是大学适应社会变革以基业长青的法宝，更是大学最基本的生存逻辑。

大学作为社会的学术和文化组织的组织特性，决定了大学组织结构和大学治理的基本模式——以学科专业为组织架构，以基层学术组织为单元，以学术权力为中心的学术治理模式。现代大学已经成为高度复杂的社会组织，有着众多利益相关者，要同各色人等打交道，要满足众多利益相关者的多元利益诉求。因此，现代大学的治理需要一个强大的、高效的行政权力系统，行政权力的重要性毋庸置疑。但大学行政权力的重要性主要体现在为实现学术卓越目标和培养优秀人才服务，即以追求和实现学术卓越，提高人才培养质量为目标，而不是行政性目标。大学中行政权力的运行，要遵从管理学术生产和人才培养的规律，而不是“行政化运行”。这就是说，大学行政权力的存在基础是大学的学术性目标，其合法性也来源于学术性目标。离开了学术性目标，大学的行政权力就失去了意义。正如詹姆斯·杜德斯达所说，“在大学的多项功能中，教学和学术研究是其基本活动，其他活动只有与其相关联才具有合法性”。①遗憾的是，现代大学在面对大量的外部利益和权力诱惑的时候，其作为学术组织而应有的理性逐步式微，与大学本应坚守的学术传统越来越远；日渐膨胀的行政权力不断压制学术权力，使得大学正在逐步沦为行政权力的附庸，行政团体学术化与学术伦理沦陷为人们所垢病。因此，必须从大学学术组织变革的视域来重建大学治理结构，减少由学术组织管理不善带来的不确定性、调整大学外部和内部的各种权力关系，从行政型治理向学术型治理转变，以提高大学的知识生产力、教育创造力和对社会发展的引领与服务能力，实现对大学作为社会的学术和文化组织的本质回归。

① 詹姆斯·杜德斯达.21世纪的大学[M].刘彤，屈书杰，译.北京：北京大学出版社，2005:47.

学院或系是大学中最普遍的基层学术组织，是大学学术管理层级中的核心部分。研究型大学的院系学术组织设置改革，既是世界高等教育理论研究的一个薄弱环节，又是我国目前“双一流”建设中的关键因素，只有将院系建设好，才可能实现建设一流大学和一流学科的目标。因为一流的院系是一流大学的基础，一流学科建设的组织基础在院系。目前，我国研究型大学的院系学术组织设置存在两个方面的问题：一是如何在规模扩张与提高管理效率之间取得平衡，二是院系改革如何包容与促进学科分化与综合这种发展趋势。要解决这些矛盾与问题，需要我们对有关现实问题做出缜密思考与富有时代感的回应，需要深入分析造成院系学术组织设置乱象的原因，需要明确院系学术组织设置的基本逻辑与原则，需要厘清大学院系内部的权力结构、把握跨学科学术组织的成长逻辑等。

本书作者李峻教授从大学院系组织的学术组织属性出发，以部分研究型大学的院系学术组织变革为案例，试图构建一种以学术为中心的院系组织内部治理结构，从理论基础、结构框架、指标体系等方面提出了院系治理结构的新路径，为我国大学院系学术组织变革提供了设计构想和理论模型。从总体上来说，这部专著的创新之处主要体现在两方面，一是摆脱了传统的围绕大学各方利益需求、资源配置、决策执行和评估考核等分析思路，从大学的学术组织特性出发，以学术发展视角来重构和优化大学院系学术组织结构，为人才培养质量的优化和科研生产力的提升提供了新的实现途径与价值提升通道；二是提出了我国研究型大学院系学术组织设置应该遵循的逻辑——知识分化与融合的学科发展逻辑以及知识管理与科层管理互补的内在逻辑。与此同时，作者还对大学跨学科学术组织成长的基础条件与生态化治理方略等问题提出了具有建设性意义的观点。

当然，这部专著并非完美无缺，在案例分析以及理论深度等方面还有较大的提升空间，有些问题的论述还不够深入。特别是在理论与实际的结合方面，在增强对我国大学治理的实际感受方面，在体现现代大学制度的中国特色方面，作者还需要进行更长时间的学术历练。因为高等教育学作为一门实践性很强的学科，特别是要研究中国高等教育改革发展，需要立足实际，确立实践思维路径和研究取向，并以充分的实践感悟和体验作为基础，方可以取得“顶天立地”的研究成果。作为他博士研究生阶段的导师，我期待并且有信心看到作者在未来做出更好的研究，出版和发表质量更高的学术论著，为我国高等教育学的繁荣和推进我国高等教育改革发展贡献更大力量。

张应强

2018年10月1日于武汉

前　言

我国大学规模的扩张以及现代知识分化与综合的悖论式发展模式，使得以探求“高深知识”为目的的大学组织必然性地发生变革。大学的院系是大学学术组织管理层级中的核心部分，是大学实现自己三大职能的组织保障。研究型大学的院系学术组织设置改革，既是世界高等教育理论研究的一个薄弱环节，又是我国研究型大学建设，甚至是世界高水平大学和世界一流大学建设的一个关键因素。新形势下，我国研究型大学的院系学术组织设置当前要面对并解决两个主要问题：第一是如何有效解决规模扩张与管理效率之间的矛盾；第二是院系学术组织设置如何包容与促进学科分化与综合的两种发展趋势。要解决这些矛盾与问题就需要我们对一些现实问题作出思考与回应：为什么会出现大学院系学术组织设置的乱象？大学院系学术设置的基本逻辑是什么？大学院系学术组织设置到底要遵循什么原则？大学院系学术在学校中到底处于什么地位？大学院系内部的权力结构应该如何？跨学科的学术组织的成长逻辑是什么？当前需要如何治理？

我国大学院系设置变革历经开端、停顿与活跃等三个时期，由于我国现代大学制度建设的不健全、院系学术组织设置改革的价值取向不一，以及物质条件的制约与现实阻力的困扰，造成我国大学院系学术组织设置存在设置依据不清，院系设置随意性大；学校管理缺位，院系权责不清；运行机制的失控化等现象，这些现象可能会削弱了优势学科的实力、造成资源浪费与效率下降，以及管理运行机制的失灵。

我国研究型大学的知识本质和科层制结构的现实，决定了我国研究型大学的院系学术组织设置应该遵循知识分化与融合的学科逻辑，以及知识管理与科层管理的内在逻辑。也正是基于知识与管理的双重逻辑，使得大学的院系学术组织设置改革需要借用管理跨度理论、知识管理理论，以及知识创新群理论。

研究型大学院系学术组织设置要在遵循教书育人的价值取向以及学科发展的行为取向的基础上，按照管理幅度的可及性原则、学科发展与大学目标一致性原则，以及权变性与特色性相结合的原则进行改革。

研究型大学院系学术组织设置首先要满足三个前提性因素：即学校规模要素、门类齐全的学科要素以及学术水平要素。在学科逻辑的背景下，以大学科群或者大学科门类为基石构建学院，以二级学科为单位建立系，同时可以以前瞻性的学科为基础成立特色学院；在管理逻辑的背景下，要强调院系相对独立的实体性地位，合理分配学校、学院以及系的权力，坚持以学术权力为主导性力量。在学科逻辑与管理逻辑的双重作用下，研究型大学的院系学术组织运作机制需要关注院系的用人机制、财务机制以及仪器设备共享机制的建立与效率提升。北京师范大学的“校中校”模式、浙江大学的“学部制”以及华中科技大学不断完善的“学院制”是当前我国研究型大学院系学术设置改革的三种典型模式。三种模式都非常关注学科的中心地位，但是，总体说来，院系中学科的宽窄度、关联度和认受度还不理想，学院数量过多、学科容量过小以及学科结构失调；还由于不合理的资源分配与激励方式的存在，院系设置异化为一种利益分配行为，所以院系学术组织的设置还存在盲目从众与攀比和同质化竞争等现象。

大学跨学科学术组织成长的基础在于学科交叉与融合，对学术使命的担当与组织公平为跨学科学术组织的成长提供了动力源泉和效率保障。当前，跨学科学术组织的发展存在不同学科范式之间的通约性不足、外部制度环境的正面牵引性差、组织内学科权力生态结构不平衡等诸多障碍。大学跨学科组织的创新需要加强国家政策的“顶层设计”，优化外部环境；发挥教育行政主管部门的指导与评价作用，缩短创新周期；重建经费投入机制与社会支持网络系统，增强资源保障性；优化组织的结构治理与关系治理，释放组织创新的内在活力。

跨学科学术组织是大学学术组织发展的必然趋势，它是一个聚合了不同学科的生态环境。在这一生态环境中，不同学科之间会对学术资源进行争夺，并发生权力冲突与文化冲突。要减少或消解学科之间的冲突使大学跨学科学术组织达到生态和谐，就需要求同存异，形成统一的内生性的组织目标；多元参与，建立组织内部的利益分享机制；协同治理，建立组织内部的权力制衡机制；开放边界，建立学科之间的文化交融机制。

我国研究型大学院系学术组织的设置需要重点关注几个问题：紧紧抓住大学院系学术组织设置变革的实质进行改革，否则会使大学的院系学术组织设置在改革中异化；关注不同大学的文化，能否正确处理学科发展中的矛盾是决定院系学术组织变革成功与否的重要因素；注意正确处理院系学术组织内部的利益冲突问题，实现激励兼容等。

目 录

CONTENTS

绪 论

院系是大学最为基本的学术组织，它是大学人才培养、科学研究和社会服务三大职能的主要承担者，基层学术组织教学质量的好坏、科研水平的高低，直接关系着大学的整体实力和发展水平。“高等学校是一种以学科、专业为基础的‘底部沉重’的学术组织，教育教学、科学研究和为社会服务等职能活动都是由广大教职员工在学校基层学术组织中进行的，基层学术组织的自主权是职能活动健康发展、兴旺发达的重要前提”。[①] 大学院系等学术组织成员长期处于教学、科研和社会服务工作的第一线，对本组织的教学、科研、内部管理和运行掌握的情况最为全面，对自己所拥有的资源最为清楚，因而，对基层学术组织的教学和科研事务最有发言权的莫过于基层学术组织内部的成员。

在知识高度分化又高度综合的今天，不同知识的交叉点往往是创造力的所在。

而我国大学学术组织之间基本呈现各行其是、老死不相往来的局面，各个学术组织的成员均埋头于本学科领域问题的研究，而不关注其他学科的发展，也不关注社会、经济发展所亟需解决的问题，其科学研究和人才培养均囿于其学科范围之内，所培养的人才缺乏跨学科的宏大视野和关注民生的现实关照，难以培养出具有创造力的人才。打破大学学术组织的学科和组织边界，加强相互之间的沟通与交流，促发彼此之间的合作与整合，是培养创造性人才的需要。

① 潘懋元 . 多学科观点的高等教育研究 [M]. 上海 : 上海教育出版社 .2001:342

1.1 问题的提出

自1999年我国高等教育拉开大众化发展的序幕之后，我国高等学校的规模与数量得到了飞跃发展。据教育部网站的数据显示，2010年我国普通高等学校与成人高等学校总数为2358所，其中本科院校1112所，全国大学在校生超过3000万人，学校学生规模普遍在20000人以上，毛入学率达到了30%左右，我国已经达到了国际上通常认定的高等教育大众化的标准。同时，自上世纪末以来，我国大学还掀起了新一轮的院系调整风，特别是“211工程”与“985工程”的实施，“一流大学”与“一流学科”的目标使得我国大学掀起了合并的高潮。有统计表明，在1995年到2006年期间，全国有923所高校合并为342所高校。高校的合并使得我国单个大学的规模迅速膨胀，学生数在4—5万人、教师数近万人的巨型大学达到了30多所。

大学规模的扩张导致大学组织结构的日趋复杂，我国以前简单性的大学组织中基本实行学校集权管理的模式，但是在大学组织日益复杂的情况下，学校仍集权管理就会导致大学管理效益低下，因此，大学规模的扩大必然会引发大学内部管理制度的变革，并且大学实行分层管理模式已经逐步成为我国大学内部管理体制改革的现实选择。

进入新世纪以后，科学技术的发展速度加快，原来的工业化经济模式已经开始向知识经济模式转变，国际化的竞争也日趋激烈。知识已经成为主导这个世纪经济增长的主导因素，知识创新对经济的贡献率已经让其他生产要素望尘莫及，因此，我们有理由相信我们正步入知识经济的新时代。在这种背景下，在生产力发展的诸多要素中，知识从原来不显眼的位置走向了前台，成为第一要素，由此，作为知识的传承者与创新者的知识分子的作用也得到凸显。高等学校的主要功能就是传承知识、培养人才，实现知识的再生产，同时要通过对知识的发现与创造来推动社会知识经济的发展。因此，大学不再是与世隔绝的“象牙塔”，而是成为名副其实的社会发展的中心，是社会新知识的策源地，更是社会发展的第一推动力，大学在社会发展中的中心地位已经成为必然趋势。大学推动社会发展的动力是由于大学内部知识的不断发展，其表现为大学内部的知识的外在形态——学科在不断地分化与综合，这种“悖论”式发展的方式已经成为一种主导方式，并且有不断加快的趋势。大学内部组织结构的根本目的是为了更好地促进知识的发展与创新，近代大学普遍以学系来充当知识聚集的基本组织单元，学系按照知识的性质与领域来划分，并形成了不同的专业。这种以学系为基础的组织形式在历史上有效地促进了知识的纵深拓展，使学系内部不断分化，形成了具有学系的基本特点，但是又有不同侧重的专业。但是，学系范畴过小以及界限的僵硬化特点影响了现代知识的综合与分化，学科之间的相互联系与贯通受到阻碍，并且专业化强调知识的纵深发展而忽视横向联系，所以造成不同的学系之间的联系日渐疏远，更有甚者在同一学系内的不同专业间的疏离趋势也越来越突出。尽管，不同学系之间的交流并不会因为组织的障碍而完全停止，但是组织的障碍确实严重影响了学系之间的交流以及知识的发展，即使有些知识在某一方面形成了交叉与融合，但是发展方向还是走向新学科或新专业的形成，按照组织建制的规约形成新的学科或专业边界。但是，现代学科交叉与综合的趋势在本质上要求学科要有更大的发展空间，在大学内部原来的学系制度成为了学科发展的重要障碍，但是，学系也并不是一无是处，而是有其优点，也有其不足，那么我们如何改变原有的系科组织模式，使其得到优化而能更好地促进知识的横向联系与纵向交流呢？就现代大学院系组织的本质来说，现代学科群（特别是交叉学科或边缘学科）不但是大学实现教学与科研所依赖的物质基础，更是构建大学组织的前提条件之一。世界著名大学无不重视大学内部的组织建设，以组织建设来促进大学的学科发展，并强调多学科的联合来培养适应社会发展需要的复合型、开拓型与应用型人才。可以说，如何建立适切的大学内部组织，让学科、专业之间的封闭性与分离性得到消解，使它们之间的联系与融合得到加强，已经成为一个时代命题。

毫无疑问，因为知识聚合而形成的学科发展是大学发展的基本逻辑之一。而学科的分化与融合必然要求大学组织建设的“合规律性”，即大学组织要符合学科发展的规律性，院系是大学进行教学与科研的基本组织，大学院系学术组织设置就是大学组织建设中的核心。院系学术组织设置的基本理路就是要遵循学科的分类体系、按照学科的逻辑以及依靠学科的力量而建立。合理的院系学术组织设置不但是大学的本质要求，同时也可以对大学的发展起到促进作用。从实践来看，目前很多大学的院系实际上是大学“三大职能”的具体实现者，院系教学与科研的状况与学校的实力与社会美誉度紧密相关。我们可以看到，当我们谈论起世界著名的哈佛大学、斯坦福大学等大学的时候，就无不想到哈佛大学的商学院以及斯坦福大学的工程系，可见，一个大学的影响力在很大程度上往往来源于个别有特色的院系。

大学的院系学术组织是大学学术管理层级中的核心部分，它既承担着学校最主要的教学与科研任务，还要对院系的学科发展与日常事务进行管理，从形式上看，似乎是承接了学校安排的任务，并将其贯彻执行，但是，由于院系学术组织管理中需要直面师生，需要具体处理教学科研与管理中的各种事务，而成为学校工作的核心机构；另一方面，院系对大学中的核心主体——师生了解最多，对整个院系的具体情况把握最好，这就决定了院系在大学中的核心地位。在知识经济社会当中，大学要实现自己的三大职能，真正地做到引领社会就必须在这个知识经济日趋活跃、技术革命日新月异的复杂世界中做出最迅速的反应，如果没有院系的参与，学校层面很难把握知识发展与科技变革的前沿信息，大学的所有职能就是一种空想。潘懋元先生就指出，“高等学校是一种以学科、专业为基础的‘底部沉重’的学术组织，教育教学、科学研究和为社会服务等职能活动都是由广大教职员工在学校基层组织中进行的，基层的自主权是职能活动健康发展、兴旺发达的重要前提。”① 大学规模的不断扩张以及社会对高等教育要求的不断增加，大学与社会的联系必然日益频繁，这也必然促使大学院系工作边界的拓展，教学、科研以及事务管理的任务日益加重，但是，就我国当前的大学内部管理制度来看，权力过分集中到学校层面导致了大学院系的管理很难有自主性，更多地是在听从职能部门的指派，院系成为学校转嫁自身事务性工作的机构，学科发展、人才培养以及办学效益很难发挥出来。

① 潘懋元 . 多学科观点的高等教育研究 [M]. 上海 : 上海教育出版社 ,2001:342.

为此，一些大学在不停地探索院系设置的变革，可是，我们国家的大学属于“后发外生型”，在大学建制、院系设置以及功能实现等方面都是倾向于模仿发达国家的模式，加上大学发展历史较短而缺乏足够的理论与经验准备，一些大学实行的院系设置改革最后不得不流于形式；有些大学进行院系学术组织设置改革仅仅出于经济目的，扩大社会影响，便于招生；有的是为了政治目的，或简单地将系升格为学院，或硬性将几个难以融合的院系合并，形成新的院系；还有一些单科性大学（学院）为了盲目求大，学校本身就冠有“学院”之名，而下面又设置二级学院；有些大学存在学院与学院级的系并存的现象，如此等等，不一而足。我们可以看到，我国大学的院系设置当前要面对并要解决两个主要问题：第一是如何有效解决规模扩张与管理效率之间的矛盾；近十多年来高效规模的急剧扩张，师生数增多，各个不同的利益群体之间的冲突也日益加剧，横向的学科结构与纵向的行政管理结构越来越繁杂，最终会造成管理跨度的超限；第二是院系学术组织设置如何包容与促进学科分化与综合的两种发展趋势。现代学科发展的精细化趋势是学科知识深入的必然结果，而学科综合发展是社会需要驱动的结果。要解决这些矛盾与问题就需要我们对一些现实问题作出思考与回应：为什么会出现大学院系学术组织设置的乱象？大学院系学术设置的基本逻辑是什么？大学院系学术组织设置到底要遵循什么原则？大学院系学术组织在学校中到底处于什么地位？大学院系内部的权力结构应该如何？这些问题为我们研究大学学术组织的管理模式创新提供了切入点。

1.2 研究现状

大学院系的设置牵涉到大学学术组织的设置标准与逻辑、学术组织设置的基本原则、大学学术组织内外部的权力构成等等。学术组织设置变革的目的并不仅仅表现在形式上的变化，更深层的目的就是要对学校资源与权力的重新分配而达到优化大学组织结构、提升组织效能的目的，而这个组织效能的最主要表现就是更好地履行大学的职能，提升大学的功能。毫无疑问，这和现代大学制度建设的目的不谋而合。本研究就是试图从基本理论逻辑出发，以研究型大学为对象，以大学院系学术组织设置的取向、原则以及内外部关系为切入点，希望能探寻到一种理想的大学学术组织设置模式。起源于中世纪的现代大学最初都是以研究高深学问为旨趣，为职业做准备并不是中世纪大学的主要目的，之后，因为一些实用性大学的出现，强调了大学为学生的职业准备而教学的要求，才出现了教学性大学或者教学研究型大学。可以看出，所谓的研究型大学就是以创新性的知识传播、生产和应用为中心的综合性大学，它具有与其他一般性大学不一样的旨趣与知识发展趋向，因此，研究型大学具有自身的特殊性并且与知识的发展有密切关系，这是研究型大学以知识为本位来构建自身组织的逻辑基础。在大学成为社会中心的现代社会，大学服务社会并承担社会责任是大学不能回避的现实，但是，外界社会对大学的影响与制约也越来越大，大学不但要承担越来越重的社会责任，还要承受越来越严厉的社会问责。所以，现代大学的院系设置既要遵循学科知识发展的基本逻辑，还要兼顾大学在社会责任中的担当。本研究从学科的视角着重探讨研究型大学的院系学术组织设置变革的逻辑、取向、原则以及内外部关系，学科是本研究的起点。因此，对于相关文献的梳理也从学科开始，并逐步延伸到本研究所涉及的领域。

1.2.1 针对学科的相关问题而展开的研究

此类研究主要集中在学科的定义、学科组织的外在形态以及大学的学科建设策略等三个方面。通过对“中国知网”的文献查询就可以看出近30年来高等教育研究界对学科研究的基本取向与关注焦点。笔者于2017年12月15日在“中国知网”以“学科”为关键词，以1980年为时间起点进行查询，得到的期刊文献数在12164篇，其中核心期刊的文献数是10047篇；而将“学科”设为题目，其他条件不变进行查询，得出的文献数是7751篇，其中核心期刊是5459篇。从文献的时间分布特点来看，1996年以前的研究比较少，之后逐年增多，到2003—2004年以及2015以后，对大学学科的研究急剧升温，研究的范围也不再局限于探讨学科的起源、学科的概念、学科的分类问题，而是拓展到学科结构、学科与大学发展的关系、学科建设的策略以及学科与创新教育等方面，特别是进入新世纪的十年余年来，对学科越来越成为高等教育研究领域中的热门，不但在研究广度上得到了拓展，还在研究深度上取得了较大进展，这无不反映出学科对于现代大学发展的重要性。

1）关于大学学术组织的研究

学术界对大学学术组织的研究主要集中在以下几个方面：

首先是关于大学学术组织概念的研究。学术界虽然尚未对大学学术组织概念的界定达成一致，但国内外学者们一致认为，大学学术组织是构成大学的基本细胞，是承担大学教学、科学研究和社会服务三大职能的基本单位，是大学的核心组织。但令人诧异的是，学术界很少对大学学术组织的内涵进行明确的界定，多数研究者仅在研究中对其外延进行了划定，我们可从其论述对象及研究内容上可略知一二。

伯顿·R.克拉克认为，由学科和事业单位共同组成的学术组织（即大学、多科性学院或单科性学院）形成了一种特殊的矩阵结构，而这种矩阵结构是以知识任务为中心的，因而联系整个系统的是一些稍窄的群类，即一般称之为讲座（chair）、研究所（institute）和学系（department）的群类，这是学术组织基本的建筑块料或操作单位。[①] 他这里所指的基层操作单位即本研究中所称的大学学术组织。他认为大学学术组织的范围很广，涵盖了下至讲座、教研室、研究所，上至学系、学院的组织。卡拉克的这一界定为后续研究者限定了范围和框架。

大部分学者并未对什么是大学学术组织进行阐释，而是讲它作为一个学术界已共知、共识的概念加以使用。随着研究的逐渐深入，近年来，也有研究者试图对大学基层学术组织加以明确的界定。当前，我国学术界对“大学学术组织”这一概念的界定和使用主要存在两种观点：一是认为大学学术组织是大学纵向层次结构中，处于最基层的纯学术性的组织，持该观点的学者大有人在，如，陈何芳引入了组织管理学中将组织划分为基层、

① （美）伯顿·R.克拉克.高等教育系统——学术组织的跨国研究[M].王承绪，等，译.杭州：杭州大学出版社，1994：37—42.

中层和高层的思想，认为院系是大学学术组织的中层，承担教学、科研和咨询服务职能。在我国，大学基层学术组织具体包括两类：一类是学院制改革前普遍存在的“校—系—室”结构中的教研室和研究室；一类是学院制改革后形成的“校—院—系”结构中的纯学术性的系。[①]可见，该界定是对卡拉克的界定的窄化和进一步的阐释。概而言之，她所谈的“大学学术组织”都是指的具体负责培养学生、进行科学研究等纯学术性事务的基层单位，是一种执行机构，并不具有治理职能和决策权。另一种观点对大学学术组织的界定比较宽泛，认为其包含了讲座、教研室、学系、学院等各种形式，[②]如郑晓齐、王绽蕊、宣勇、张金福等学者，此观点是学术界的主流观点。而我们知道，作为大学的核心和基本细胞，学术组织常常面临许多学术性事务以外的其它事务，而这些事务的处理关涉基层学术组织的发展，甚至关涉学术组织的存亡，这种纯学术性的、在院校治理和决策中毫无发言权的执行机构，实际上难以真正承担起大学的三大职能，更难以成为克拉克所说的大学的基石。因而，本研究将大学学术组织界定为以学科为基础，承担教学、科研和社会服务功能的拥有一定自治权的学术组织，这些学术组织在大学纵向层次结构中，往往处于较低的位置，是构成大学的基本单位，具体说来，就是现在大学中的院系学术组织。

其二是关于大学院系学术组织属性的研究。学术界对大学以及大学学术组织的关注和研究是随着组织理论的发展和深入而开始的，并形成了大学组织理论的科层制模型、学院模型、政治模型和文化模型四种主要的理论模型。

科层制模型是1960年代中期所提出的认识和分析大学属性和运行模式的一种分析框架。1950–60年代，美国高等教育进入了发展的黄金时代，迎来了高等教育的大众化，大学规模的迅速扩大和管理的复杂性对认识大学提出了新的要求。科森（John J. Corson）、斯特洛普（Herbert H. Stroup）、

① 陈何芳．中国大学基层学术组织改革研究 [D]. 华中师范大学，2002：5—6.

② 参见：宣勇，张金福．学科制：现代大学基层学术组织制度的创新 [J]. 教育研究，2007（2）：33—37；史秋衡，吴雪．大学基层学术组织制度建设的内在逻辑 [J]. 复旦教育论坛，2009（7）：28–35；郑晓齐，王绽蕊．我国研究型大学基层学术组织的改革与发展研究 [J]. 中国高教研究，2009，（3）：51—54.

安德森（G · Lester Anderson）等学者认为大学规模的扩张、组织的复杂性趋增、职能的多样化等要求大学提升其管理效率，[①] 他们沿用了传统管理理论，从科学管理的角度对大学这一组织进行了研究，认为大学"受到专业化和任务要素分解的影响，……是一种界定清晰和严格的权力等级化的组织，……严重地依赖运用一般规则控制组织成员的行为，提出标准来确保完成任务的一致性，……广泛地采用了韦伯所提出的建立于理性考虑基础上的非个体性的原则，……人员的任用是基于其技术能力和成员的职业生涯"，[②] 而这恰恰符合了马克斯 · 韦伯所提出的科层制所具备的专门化、层级化、法治化、非人格化和技术化等基本特征，因而这些学者强调大学是一个现代化的科层组织，"大学作为科层组织，就像所有大型组织一样，是根据层次化原则将其办公室组织起来的，即低一级的办公室必须接受高一级办公室的控制与监督"，[③] 正是这种层级化的管理体制使大学具备了明确的目标、组织结构，并使其有效而有序地运转。

而以科温（Ronald Corwin）、帕森斯（Talcott Parsons）、科恩（Cohen M. D.）等为代表的学者，则对大学是否是一个科层组织以及在多大程度上是一个科层组织提出了质疑。科温指出，基于科层组织的层级和职位而获取的权力并非现代组织的唯一权力来源，专业已成为组织的另一个合法权力源泉，他指出，在大学这种"雇员专业化的部门中，根本的紧张关系不在于个人和系统之间，而在于系统中的专业组织和科层原则之间"，[④] 他强调大学教师和行政人员之间存在的无休止的不可调和的矛盾，即来自于专业化与科层组织的冲突。科温所提出的专业化与科层化之间的二元对立受到了广泛的认可，成为学术界研究大学组织的新的分析框架，由此，对大学组织属性以及大学组织权力的研究冲破了科层制的局限，出现了大学的

① （美）马文 · 彼得森 . 大学和学院组织模型：历史演化的视角 [J]. 北京大学教育评论，2007（1）:109—138.

② 黄威 . 西方古典组织理论及其模式在教育管理中的运用和发展 [J]. 华南师范大学学报（社会科学版），2000（6）：73-81.

③ Stroup，H. Bureaucracy in Higher Education [M]. New Yok：The Free Press，1966：74.

④ Campbell. R. F. A History of Thought and Practice in Educational Administration[M]. Columbia University Press，1989：107.

学院模型。该模型强调大学是一个学者共同体，其代表人物约翰·米利特（John D Millett）在其《学术共同体》一书中对于大学是否是一个一般性的社会组织、其管理与其他社会组织的管理是否一样这一困扰学术界的问题作出了回答。[①]他认为，大学建基于学者团体的共同权力，而非基于职位而存在的等级制度，[②]强调大学并非一个纯粹的科层组织，认为多元参与和权力共享是大学的基本特征。"美国社会学家、教育学家保罗·古德曼（Paul Goodman）也在其《学者的社区》一书中，抨击了科层制给大学带来的危害，并重申了将大学看作一个学者社区，以自由联系和联合取代自上而下的科层式管理，而实行学者自治是大学发展的必由之路。[③]

而美国学者维克多·鲍德里奇（J Victor Baldridge）在批判科层模型和学院模型的基础上，针对组织决策过程中的权力关系和资源分配状况提出了大学的政治模型。政治模型强调随着大学规模的扩大和组织的日渐复杂，大学成员也开始分化为各种各样的利益集团，大学治理过程就是平衡各种关系的过程，该模型认为大学并非一个僵化的科层组织，而是一个充满了冲突和斗争的政治系统。[④]戴维·迪尔（David D. Dill）、[⑤]安德鲁·玛斯兰德（Andrew T. Masland）等学者则强调大学是一个文化实体，认为信仰、共同的价值观、隐性规范等在大学治理中具有重要作用，他们将大学看成一个由许多自治的单位构成的松散联合的联合体，而文化则是整合这些单位的重要因素。[⑥]奇尔德斯、欧文·桑德斯、伯恩鲍姆、伯顿·克拉克等学者则指出，以上四种模型之间并不存在冲突，它们仅仅是从不同角度对大学组

---

① Victor J Baldridge. Alternative Models of Governance in Higher Education[A]. MARVIN WPET ERSON. Organization and Governance in Higher Education: An ASHE Reader[C]. Simon & Schuster Publishing，1984：30–44.

② John D Millett. The Academic Community：An Essay on Organization[M]. New York：Mc Graw–Hill, 1962：234–235.

③ 周采 . 保罗 · 古德曼教育思想述评 [J]. 外国教育研究，1997（2）:1–8.

④ J Victor Baldridge. Power and Conflict in University[M]. New York: Wiley Publishing, 1971：VII—VIII.

⑤ David D. Dill. The Management of Academic Culture: Notes on the Management of Meaning and Social Integration[J]. Higher Education, 1982（11）:307.

⑥ Andrew T. Masland. Organizational Cuture in the Study of Higher Education[J].Review of Higher Education, 1985（2）:157—168.

织属性进行了描述，这些学者倾向于将这几种模型综合起来解释大学这一组织的属性。

作为大学学术组织的学院、学系或讲座具备大学组织的基本属性，是一个融合了科层属性、自治属性、政治属性和文化属性的无序组织。正是这种基本属性的偏重不同导致了大学学术组织或表现为自治或表现为他治，或呈现分化状态或呈现整合状态。

第三是关于大学基层学术组织的历史演变研究。学术界对大学基层学术组织的历史演变的研究，主要集中于两个方面：一是对国外大学基层学术组织历史演变的研究，一是对我国大学基层学术组织历史变迁过程的研究。陈何芳（2002）指出，大学基层学术组织是与大学组织同步产生的，其发展、变迁的过程是与大学组织的发展、变迁紧密联系、密切相关的。国外大学基层学术组织的发展经历了中世纪大学时期的教师会、研究型大学时期德国模式的讲座、英美模式的学系和苏联模式的教研室四种基本形式。其中，中世纪大学的"教师会"通过对学生的管理和教学保证了教育质量；通过规定统一的教师从教资格，保证了师资水平，发挥了学术组织的基本职能，因而其既是大学基层学术组织的雏形，也是大学的雏形。其后的讲座使德国大学获得了学术活力，促进了科研的发展。学系则拓展了大学规模的范围。教研室也在开展教学和科研方面发挥了重要作用。[①] 郑晓齐、王绽蕊（2009）认为，1960—1970年代以前，德国式的讲座、美国式的学系是西方大学中处于主导地位的大学基层学术组织形式，而进入1970年代以后，随着学科综合化趋势的发展，各种各样的跨学科研究组织成为大学基层学术组织的新形式。[②] 邢耀荣等学者还对哈佛大学、麻省理工学院、加州大学伯克利分校、柏林工业大学、东京大学等学校的基层学术组织的发展状况及其历史变迁进行了梳理，并总结出国外大学基层学术组织设置的若干经验：国外大学基层学术组织的设置遵循了学科高度分化基础上又

① 陈何芳 . 中国大学基层学术组织改革研究 [D]. 华中师范大学，2002：7—17.

② 郑晓齐，王绽蕊 . 我国研究型大学基层学术组织的改革与发展研究 [J]. 中国高教研究，2009（3）：51—54.

高度综合的趋势，既设立了单一学科的传统学术组织，又设立了跨学科的学术组织，并以跨学科组织为主；大量设立官、产、学、研相结合的基层学术组织；扩大学术组织的权力。[①]郑晓齐、王绽蕊（2009）指出，新中国成立以来，我国大学院系学术组织经历了四个阶段的变革，即沿袭建国以前仿照英美传统形成的大学基层组织形式阶段；苏联大学模式的学术组织模式落户中国阶段，这一阶段我国大学院系学术组织的主体是教研室，同时，少量的专门化的研究机构是教研室的补充形式；由单一模式向多元化转型阶段，主要以学院为主要形式；多元化发展阶段。[②]邢耀荣（2007）将建国后我国大学基层学术组织的发展、变迁过程划分为建国后至改革开放前的学习苏联模式阶段、改革开放至20世纪80年代中期的自主探索阶段、1980年代的双向合作阶段和上世纪末至今的多元共建阶段。[③]

第四是关于大学学术组织发展状况的研究。2007年，胡成功即通过问卷对我国231所大学学术组织的发展现状及存在的问题进行了研究，其研究发现，我国大学学术组织存在结构类型单一，分层不当；组织体制趋同；职能偏狭；运行不畅；组织建设措施不得力等问题。[④]王绽蕊、郑晓齐认为，我国大学学术组织发展至今，已形成了多样化体系，学系、研究所已取代苏联模式中的教研室成为我国大学基层学术组织的主体，国家实验室、科技创新平台、创新团队等成为基层学术组织的新形式，当前我国大学学术组织主要有五种存在形式，即学系，研究所、研究中心、实验室和研究院，产学研结合的基层学术组织，科技创新平台和哲学社会科学创新基地，创新团队、测试中心等非常态学术组织。叶逢福（2017）认为，大学学术组织内部的"泛行政化"表现为学术资源分配由学术成员向学官霸权蜕化，学术活动由自由分散向行政约束转变，学术管理由权利明晰向交叉失范倒退。其形成原因在于学术自由与学术问责的断裂，学术成就与学术品质的错位

① 邢耀荣 . 研究型大学基层学术组织改革研究 [D]. 兰州大学，2007：17—28.

② 郑晓齐，王绽蕊 . 我国研究型大学基层学术组织的改革与发展研究 [J]. 中国高教研究，2009（3）：51—54.

③ 邢耀荣 . 研究型大学基层学术组织改革研究 [D]. 兰州大学，2007：17—28.

④ 胡成功 . 高校基层学术组织存在的问题及改革对策 [J]. 高等教育研究，2007（8）:59—63.

以及学术信仰与学术道德的沉沦等。学术组织内部的"去行政化"治理需要重建学术信仰与学术伦理，增强治理的内生性力量；规范学术权力的运行机制，构建"去行政化"的制度性保障；打造民主法治的学术文化，提升"去行政化"治理的软性力量。① 然而，我国大学基层学术组织仍然存在不少问题，如以《学科目录》为依据建立的基层学术组织多于以实际问题为导向建立的基层学术组织；单一学科的基层学术组织是主体，跨学科的较少；成建制的、稳定的多于临时的、动态的；缺乏稳定的、有深度的国际学术合作；基层学术组织与校、院（系）的关系混乱，有待理顺；组织内部学术管理行政化普遍；不同学科的交叉、融合因人事壁垒的存在等难以实现；"学科目录"和"单位"逻辑代替"学术"逻辑成为大学基层学术组织设置、改革的逻辑基础。②

王珍（2016）认为我国大学基层学术组织存在的主要问题有四个：形式单一；基层学术组织未形成有效的内部运行机制；与学校、学院（系）的关系尚未理顺；基层学术组织之间存在着严重的壁垒，不利于学术生产力的提高。③ 汤智，李小年（2015）认为，我国现行大学基层学术组织无论是实行教研室制还是实行研究所制，在具体运行中都存在功能弱化或功能缺位等诸多问题，难以真正承担大学的三大职能。④

此外，我国学术界还以学院制的实行为依托，选取了学院这一基层学术组织形式对其现状及存在的存在进行了深入探讨。

2）关于学科内涵与发展的研究

学术界对学科概念的讨论并不是很热烈，似乎在很多词典或者百科全书中都有对学科概念的界定，尽管这些界定方式不一样，但是，其核心内

① 叶逢福．我国大学学术组织内部"泛行政化"的识别、成因与治理逻辑 [J]. 江苏高教，2017（8）：23—26.

② 郑晓齐，王绽蕊．我国研究型大学基层学术组织的改革与发展研究 [J]. 中国高教研究，2009（3）：51—54

③ 王珍．学科语境的大学学术组织结构研究 [D]. 南京邮电大学 ,2016：Ⅱ –Ⅳ.

④ 汤智，李小年．大学基层学术组织运行机制：国外模式及其借鉴 [J]. 教育研究，2015,（6）：136–144.

容还是一致的。绝大多数的研究是以科学知识分类为“原点”来定义“学科”的，他们将学科看成是人们在实践中针对所要认识的客体，而将自己固有的知识进行归类之后而形成的、具有相对独立性的各类体系化了的知识。尽管定义的表述千差万别，但是归纳起来不外乎三种取向：即知识取向、组织取向以及规训取向。知识取向的观点认为，“学科是人类关于世界认识成果的一种分类，是人们对在长期发展过程中产生的知识碎片混合物经过分化、整合、重组建构起来的具有一定知识范畴的逻辑体系。对不同客体的认识构成了不同的相对独立的知识体系，学科即是这些分门别类知识的静态表现。”① 而持有组织取向的学者（李政涛,2001；宣勇,2002）认为，学科“是由一群学者以及学者们依赖于一定物质基础围绕知识进行的创造、传递、融合与应用的活动所组成的组织系统，是一个实在存在的具有组织形态的学术组织系统。”② 这种界定方法强调了学科的建制性。规训取向的观点是基于法国社会学家福柯的规训社会学理论而衍生出来的，他们认为学科就是一种具有规训意义的社会规范，是“生产论述的操控体系”和“主宰现代生活的种种操控策略与技术的更大组合”。③“它涵括了一种动态的知识分类和知识生产结构、生产方式和生产制度，即所谓的知识——权利体制。”④ 可以看出，对学科的不同理解是基于不同的语境而产生的，因此，各有合理性和局限性。但是，也正是这种差异丰富了对学科的认识，推动着学科建设实践的不断深入。

有学者对学科的发展历程进行了梳理，认为现代学科的发展经历了16世纪前的产生阶段、17—19世纪的建制和新实践发展阶段以及20世纪中叶以来，学科发展的更精细、更深入、综合化、整体化发展阶段。还有学者对大学学科结构的演进与特征进行了研究，如蔡克勇（1982）、曲士培（1993）

---

① 翟亚军 . 大学学科建设模式研究 [D]. 中国科学技术大学 ,2007:7.

② 宣勇 . 基于学科的大学管理模式选择 [J]. 中国高教研究，2002（4）:15-17.

③ [美] 华勒斯坦 . 学科 · 知识 · 权力 [M]. 刘健芝，等，编译 . 北京：生活 · 读书 · 新知三联书店 ,1999:12.

④ 李政涛 . 教育科学发展中的“制度”与“制度化”[J]. 华东师范大学学报（教育科学版）,2001（3）:78-80.

对我国大学教育中学科的渊源进行了考证，他确认我国现代大学学科的出现并非完全是“舶来品”，而是在夏商时期的高等教育中就显露了一些特征。

万力维（2005）以权力作为分析视角，在学科、大学学科、大学学科制度以及权力相关概念解析的基础上，系统考察了大学学科制度的发展史，并具体揭示了大学学科准入制度与等级制度运作中如何受到权力的控制。通过对中西方大学学科制度发展与运作历史的探讨，得出了权力对大学学科既具有生产性，也具有压制性；大学学科制度的运作模式与运作过程中蕴含着诸多权力控制因素，权力因素是影响、操纵大学学科进退兴衰、分层分等的重要方面等有价值的论点。该研究从学科合法化的侧面展现了学科之于大学学术组织的影响。庞青山博士（2006）从学科的概念出发对学科进行了系统研究，如概念、分类、结构、组织、制度以及文化等方面进行剖析。① 比较系统地分析了学科发展的相关理论，丰富和拓展了有关大学学科的理论认识，对于把握大学学科建设的基本原理提供了理论参考。

还有人对学科分类结构进行了比较系统的研究（陈燮君，1991），认为学科的分类结构是静态与动态的有机统一，是干式结构与学科跨越式结构的统一。还有学者（乌家培，1986；刘仲林，1990）从学科界限、学科融合以及研究方法等三个方面对跨学科进行了比较系统的研究，认为交叉学科是与单一科学相对应的综合科学，“跨学科”至少包含三层含义：学科之间的壁垒已经被消解；融合若干学科的学科群；是多种学科研究方法的交融。② 有学者（金吾伦，1997）研究国外现实之后认为，“跨学科”是指对于典型学科之间的问题的研究。③ 有学者（李光、任定成，1989）认为，交叉科学是自然科学的不同学科领域之间，社会科学的不同学科领域之间，人文科学的不同学科领域之间，以及自然科学、社会科学、人文科学之间互相渗透的产物。它在原有单一学科割据的空白地带建立了一个新的国度，这个国度有自己的疆域、语言和法规。④

---

① 庞青山 . 大学学科论 [M]. 广州 : 广东教育出版社 ,2006：45.

② 刘仲林 . 跨学科学导论 [M]. 杭州 : 浙江教育出版社 ,1990:7.

③ 金吾伦 . 跨学科研究引论 [M]. 北京 : 中央编译出版社 ,1997:5.

④ 李光 , 任定成 . 交叉科学导论 [M]. 武汉 : 湖北人民出版社 ,1989:12.

3）关于学科结构的研究

对学科组织的研究主要是基于对学科属性的研究，很多学者将组织属性看作为学科的一种自身结构的要求，并从不同的角度对学科的结构进行界定。有的学者从管理学的基本理论与分析方法入手，认为学科结构就是为各类高等学校和具体的学科专业共同构成的一种比例、关系和组合方式，因此，这类的研究主要将学科结构放在一个宏观管理的范畴之中进行考察，所以学科门类结构较多，研究学科结构的专著也相对较多，如北京大学陈洪捷教授的《中国高等教育结构研究》(1990)、厦门大学潘懋元教授的《多学科观点的高等教育研究》(2001)以及潘懋元、王伟廉、薛天祥等学者所著的不同版本的《高等教育学》等著作都涉及到了宏观的学科专业结构研究。还有学者（陈燮君，1991）认为学科结构不仅仅是指学科与学科之间具有一定的结构，而且在学科内部本身也一样有结构，所以，可以从群体与个体两个层面来划分学科结构，而这种结构的划分又是以学科的分类体系为基础的，学科本身的结构或学科个体结构有的认为是知识单元的结合形式和组织方式，主要的组成部分是基本术语、基本理论和基本方法。① 因此，学者从多维要素来理解学科结构，即学科的知识纤维、理论板块、学科体系发展演进等等，这些要素的有机组合构成了学科结构，学科结构集中反映了学科的内在逻辑以及时代精神，由此出发，学科的分布就不是简单的线性分布图式，而是既遵循学科发展的基本逻辑，还会受到时间变化的影响。② 这些学者的认识基点集中在学科内部结构方面，但是，还有学者将视角放在学科的外部结构与外部因素，以学科建设为核心理念，并且非常重视学术带头人和学术梯队在学科结构中的核心作用。③ 还有学者（陈玉祥，1994）从大学的科研职能与学科的关系出发，将科学研究中的学科结构进行分解，认为学科结构就是包含学科组织的管理结构、学科投入的

① 陈燮君 . 学科学导论—学科发展理论探索 [M]. 上海 : 上海三联书店 ,1991:57–58.

② 陈燮君 . 学科学导论—学科发展理论探索 [M]. 上海 : 上海三联书店 ,1991:18.

③ 王方正，等 . 创新 : 学科建设的灵魂 [J]. 科技进步与对策 ,2000（7）:147–148.

结构以及学科产出的基本结构，[①]这种提法虽然不多见，也不是很容易和其他学者之间达成共识，但是这种观点是根据科学资源在各学科之间的分配及学科力量布局调整问题的实际需要而提出来的，具有一定的合理性以及可操作性。

4）关于学科建设的研究

什么是学科建设？虽然我们在大学常听到这个词语，但是，我们很难在国外的文献资料中找到这个词语的定义。通过对当前学术期刊的检索发现，这个词语在我国最早在上世纪八十年代开始使用，之后，随着我国高等教育改革与发展的进一步深化，这个词语也逐步广泛使用，成为我国高等教育研究与高等教育实践中具有中国特色的概念。不过，在现有的文献中，我们可以看到这个词语的使用，却找不到对这个词语的“元研究”——几乎没有人对该词语进行科学的定义或者内涵界定，更多的人是通过描述性的方法来谈学科建设，如学科建设的基本原则、功能、内容甚至于建设的策略等等。原国务院学位办主任谢桂华教授、华中科技大学的刘献君教授和陕西省人民政府学位办公室主任孙朝教授主持编写的《高等学校学科建设论》一书中从行为主体、活动的内容以及目的等多个角度来界定学科建设的涵义，认为学科建设就是以社会经济发展与社会进步为导向，由学者——社会——政府共同推动的、使基础研究——应用研究——开发研究相互促进的、围绕各类学科而进行的生产——传播——应用知识的活动。[②]

学科建设活动是一个包罗无数方面的活动，其中既要根据知识的性质与领域合理划分学科的界限，又要在大学中对学科进行恰当的设置以及通过一定的行政权力对学科进行逐级建制，同时在学科管理中要对一定的区域进行学科布局以及结构调整，甚至还要涉及到如何营造学科发展环境等问题。尽管根据知识的性质与领域来划分学科界限是一个纯学术性的问题，但是相关的学者们凭着自己对学术研究的兴趣就会自发进行研究，并在学者群体中进行讨论而逐步达成共识；在大学中进行学科设置是行政权力对

① 陈玉祥，等．科学选择的理论、方法及其应用 [M]. 北京：机械工业出版社，1994:312.

② 谢桂华，刘献君，孙朝等．高等学校学科建设论 [M]. 北京：高等教育出版社，2011:90.

学术界关于学科划分的一种认定，如果按照学术界的划分模式来设置学科即表示行政权力与学术权力的有效统一，那么，学术权力就没有达到行政权力的认可。任何一个学科在建立之后就必须在大学中获得建制才会有生存发展的空间，而这必要诉诸于行政性的学科设置；学科逐级建制的获得需要学科本身对知识和人才的输出来换取，学科能否得到逐级建制是学科设置是否获得社会认可的标志；而以大学的院系设置、学科群建立、重点优势学科与新兴学科的确立为主要内容的学科布局与结构调整，就成为不同学科之间进行良性互动的重要制度保障，在学科环境建设中，既要调整相关的规章制度与政策，还需要调整或者优化学科的社会支持系统。

可以看出，学科建设问题既是大学中的基础性问题，更是包罗万象的棘手问题，也正是如此，在国外很少有人专门系统、深入地研究大学的学科建设问题，而是选中其中的一个角度进行研究。国外对着问题的研究也是隐含在一些专著与论文之中。学者与教育行政管理者对学科建设的论述或者观点所依赖的视角与价值观都存在一定的差异，因此论述的侧重点也不一样，有学者从学科发展史的角度来论述学科建设的历史，有教育管理者从管理的角度来论述学科的整体布局，还有学者从只是发展与管理的双重视角来探讨提高学科水平的路径问题。美国加州大学高等教育和社会学教授伯顿·克拉克对学科问题有着相对系统的观点，在他所著述的《高等教育系统——学术组织的跨国研究》《高等教育系统》和《高等教育新论——多学科的研究》等作品中，用组织学和社会学的观点对大学学科的起源与发展进行分析，并将它的产生和发展归因于社会发展的需要。英国学者阿什比在其著作《科技发达时代的高等教育》、美国学者博克和克拉克·克尔分别在其著作《走出象牙塔一现代大学的责任》《大学的功用》中则更进一步强调大学学科的实用主义价值取向，并通过对各国高等院校系统的分析，介绍了一些发达国家大学提高学科水平的经验。[①]

雷德森（1997）从理论、组织与人才等三个方面对学科建设的内涵与

① 翟亚军．大学学科建设模式研究 [D]. 中国科学技术大学 ,2007:35.

任务进行了论述，认为三者在学科建设中的作用分别是“根基”“形式”以及“关键”。而刘献君教授（2000）从学科方向、学术梯队、基地以及项目四个方面来论述学科建设的内涵，他认为，“在选择和调整学科方向时，应注意在学科的本体部分要设立研究方向，确立有特色的方向并重点建设之，不断寻找新的生长点；学科梯队建设应建立合理的学科梯队结构，着力培养学科带头人，要处理好学科带头人和学科负责人的关系；基地是学科建设的依托，要全校，甚至全省统一规划，集中有限资金，建设若干开放式的高水平基地，并制定规则以确保资源共享，建设高素质的实验室队伍，并制定相应的激励政策与措施；项目是学科建设的载体，相应的政策调整应利于团体作战和争取大项目。”①

李晓群（2001）对学科建设内涵的界定比较独特，在他看来，学科建设可以分为生存与发展两个层次，并且在不同要素在不同层次中的地位是不一样的，学科带头人、研究方向、发展规划、资金投入，是学科建设第一层次的核心层或基础层，对学科的产生与生存至关重要；而学术梯队、人才培养、科技开发、学术交流等与学科建设水平紧密相关，居于学科建设次重地位。也正是这些多重要素的共同作用才构建了学科建设的要素体系，并直接决定了学科建设的规模、实力和影响力。而陈传鸿（2003）从软硬件两方面来阐述学科建设的基本要素，这与李晓群的观点有内在的相通之处。

谢桂华教授（2002）从学校的整体发展角度来分析学科建设的内涵，并论述了学科建设与科研教学工作的内在联系。②罗云（2002）在其博士学位论文中分析了我国重点大学学科建设存在的问题和误区，并给出了一些对策与建议。

虽然很多学者对大学学科建设的内涵进行探讨，但是讨论的重点还是比较集中在学科队伍建设方面。朱菊芳（1995）首次提出要在不同类型与层级的高校培养跨世纪的学科带头人与学术骨干，在当时不可谓没有前瞻性。王冬生（2000）对此问题提出了分类培养的思路，认为要根据学校层

---

① 刘献君 . 论高校学科建设 [J]. 高等教育研究 ,2000（5）:16—20.

② 谢桂华 . 关于学科建设的若干问题 [J]. 高等教育研究 ,2002（5）:46—52.

级、基础以及教师水平等现状来有计划地培养学科顶尖级带头人。

无论学者是从二维分析还是三维理清抑或是四维视角来理解学科建设所涵盖的内容，这些仅仅是对学科建设的外显形式作出的分析与判断，我们可以深入学科建设的实质探讨这概念的内涵与外延，它应该至少包括学科方向和学科条件两个内容。学科方向主要是指要选择和凝练好学科的发展方向，以提升这个学科的研究与教学水平。学科条件建设则是从人、财、物等方面入手来为学科方向的发展提供足够的物质保障以及制度环境保障。

由于学科建设是通过人为的努力来推动学科的发展，但是无论人的主观能动性有多大还是要受客观规律的制约。学科建设也是如此，所以，很多学者对学科发展规律也进行了探究。陈东辉（1997）认为学科发展的基本规律主要有纵深发展、横向发展与综合集群发展三种模式，第一种是以学科的多级延伸为表现形式，第二种是多学科的交叉为表现形式，第三种是以多门学科融合与贯通为主要表现形式。三种形式都是科学本身发展的必然趋势也是社会经济发展的必然要求，学科的纵深发展、横向交叉以及多学科的综合就会形成新的"大学科"或学科群。孙智（1999）、刘文达（2004）都分析了学科的"高度综合——高度分化——高度综合"的循环往复的发展规律，并针对性地提出了相应的对策，如在组织上促进学科的互补、交流、协同等，为学科组织建设提供了一定的理论基础。李枭鹰（2005）主要是借用了生态学的观点，分析了学科发展中的协调性、流动性、多样性与综合性特征，试图为大学学科结构布局的调整提供理论指向。

1.2.2 关于院系设置的研究

大学组织的结构形式对大学的学科发展有较大的影响力。特别是大学的院系设置一直与大学的功能实现以及大学的本质要求密切相关。因此，对大学院系设置的研究比较集中。但是，根据已有文献我们发现：已有的文献资料对大学院系设置的研究可以按照研究方式以及理论成果等方面来进行归类。

从研究的方式来看，目前对大学院系设置的研究主要有四种模式：

第一种是经验总结式的研究取向，这类研究通常会分析与解剖几所具有典型意义的大学的院系设置情况，分析或者介绍外国大学的院系设置情况，并对问题进行针对性的解答。如戚业国梳理了欧洲学院制的产生与发展历程以及对我国大学院系设置的影响，并对1952年的院系调整进行历史再现。[①]

第二种是比较分析取向的研究。研究者基本是以院系设置改革为出发点与归宿，对一些具有代表性的大学进行调查，并将所得数据进行对比分析，最后得出结论。如李福华（2005）以我国部分研究型大学和世界著名大学为研究对象，运用管理跨度理论、知识管理理论和知识创新群理论对院系设置和学科分布进行了理论分析。[②] 刘晓玲（2007）借鉴了国内外优秀大学的经验，对当前普通高校中的学院设置和管理模式问题进行比较研究。[③]

第三种就是纯理论思辨的研究取向。这类研究主要是借助一定的理论选择不同的角度来分析与探讨院系的内涵、设置原则、类型等等。还有的利用制度经济学的分析方式分析院系在我国的演变历程与内在动力机制。如杨新兴（1983），庞青山、曾山金（2001），王伟廉（2004），严燕（2008）的研究就属于这一类别。

第四种就是国外研究借鉴的研究取向。这类研究主要是介绍美、英、法、德等发达国家大学院系的运行方式，为我国大学的院系设置提供一定的参考。徐文、赵文华（2004）就对比了中、美七所研究型大学的管理岗位设置，提出了加强对新的管理机构的设置、扩大一些常设管理机构的职能等建议，以期对我国发展研究型大学的院系组织结构有所启示。[④] 钱颖一（2003）从国际比较的视角来考察中国综合性研究型大学中在学科布局上存在的普遍性问题。[⑤] 王德广（2003）[⑥] 与戚业国（1998）[⑦] 分别对西方综

---

① 戚业国．论大学学院制度的形成、发展与改革 [J]. 高等教育研究，1996（5）: 20-25.
② 李福华．研究型大学院系设置的比较分析与理论思考 [J]. 清华大学教育研究，2005（6）: 20-26.
③ 刘晓玲．中外普通高校学院设置与管理模式比较研究 [J]. 黑龙江高教研究，2007（1）:45—47.
④ 徐文，赵文华．中美研究型大学管理岗位设置的比较研究 [J]. 比较教育研究，2014（7）: 73-77+82.
⑤ 钱颖一．谈大学学科布局 [J]. 清华大学教育研究，2003（6）:34-36.
⑥ 王德广．西方综合性大学学院制管理模式给我们的启示 [J]. 广东工业大学学报（社会科学版），2013（1）:78—81.
⑦ 戚业国．四国大学学院设置比较 [J]. 吉林教育科学（高教研究），1998（1）: 22-25+54..

合性大学的院系管理模式进行介绍，并挖掘出值得我们借鉴的经验。

但是，从理论研究成果来看，对大学院系设置的研究主要集中在以下内容：

一是关于大学院系设置数量的研究。西北政法大学高教所的宋鸿雁博士（2007）采用比较研究的方法对美国和中国高校设置学院总数与平均数特征、频率特征以及结构特征进行比较分析，认为学院设置应该遵循“三个有利于”的原则，即有利于管理效率的提高、有利于学科发展以及有利于人才培养等，我国大学需要减少学院总数，提高管理效率；增设基础学科的学院，减少以二级学科为标准设立学院；提高学院设置的学科层次标准。[①] 扬州大学的严燕（2005）认为，学院的设置要遵循管理幅度原则，有效控制学院数量规模；遵循发展学科原则，规范设置学科性主体学院；遵循情境性原则，灵活设置特色学院；[②] 但是单科性学院和特色学院的数量不宜过多，还需要拓宽学院建院的学科基础以控制学院数量。[③]

二是关于院系结构与管理模式方面的研究也比较多。约翰·科森（John Corson）最早发现了大学组织与其他组织的趋同要素，因此，1960年就开始运用组织结构理论来分析大学组织的运行；最早把组织结构理论运用于大学组织的研究始于20世纪60年代。威廉·H·考利（1980）、科恩（1981）、马奇（1983）等揭示了大学组织的科层性质，并借用了企业管理和政府管理的理论与技术来加强对大学组织的管理。而维克托·巴尔德里奇（Victor Baldridge）通过实地考察发现，大学组织不同于一般的理性化、等级化、权利主义的科层组织，它还是一个“学者共和国”，因此，大学的院系设置更要强调学术管理。[④]

暨南大学的袁祖望教授（2001）从组织权力结构的方向对院系设置进行了研究，认为大学应该实行“三级建制，两级管理，院实系虚”的管理

---

① 宋鸿雁 . 中美高校学院设置比较研究 [J]. 教育发展研究 ,2006（4A）:65-68.

② 严燕 . 学院制的内涵与学院的设置 [J]. 教育研究 ,2009（10）:76-78.

③ 严燕 . 关于大学学院设置的规范性与灵活性问题 [J]. 江苏高教 ,2015（5）:9-12.

④ 季成均 . 大学组织属性与结构研究 [D]. 华东师范大学，2005:15.

模式，学校与学院以分权为主，而学院与学系之间应该以集权为主，学院是整合资源的主体，既要精简结构还要提高效率。[①]贾莉莉发现了学科的样态会影响院系的设置方式与形式，所以，大学的院系设置应该尊重知识自身发展的基本逻辑。[②]

而刘仲林教授（1991）考察了不同国家院系设置的历程发现，很多大学的院系设置改革的基本动力来自于学科发展动力，并且跨学科化的院系设置越来越多，如美国的大学认为知识是不可分割的整体，学科之间也不应该有严格的界限，因此，美国大学不存在明显的专业界限，实行的是通识教育；日本承认学科之间的界限，但是又看到了学科之间的交融性，因此，很多大学倾向于将能够交融的学科集中在一起组建不同的学群，并以学群来组织教学与科研，其中筑波大学表现尤为突出；尽管英国的古典大学一直比较重视学科之间的相异性，在学科课程设置方面比较保守，但是一些新型大学更有时代的敏感性，他们甚至废除了原来的院系，成立多学科学校，开设跨学科或者多学科的综合课程；有着浓厚的工科传统的德国也越来越重视文科课程与工科课程的互补性，建立了不少文理综合性系科。

三是涉及院系设置与学科之间关系的研究。很多学者从大学的本质属性出发，将大学看成是学科组织。袁小鹏（2007）认为，学科组织是指围绕着某一学科开展教学、科研以及相关的技术开发与应用的组织机构，以及这些机构相互依存形成的组织系统。[③]学者对此有基本一致的观点，即把学科看成是体现大学本质属性的基本元素，正是因为学科的存在而使大学与其他社会组织又明显的区别，并在组织架构上有其独特性，大学就是依靠学科来开展工作，履行自身教学、科研与社会服务等基本职能。美国学者伯顿·克拉克曾经就明确指出：“当我们把目光投向高等教育的‘生产车间’时，我们所看到的是一群群研究一门门知识的专业学者。这种一门

① 袁祖望 . 学院制与高校纵向管理体制改革 [J]. 高等理科教育 ,2005（1）:23-25.

② 贾莉莉 . 基于学科的大学学术组织研究 [D]. 华东师范大学 ,2008:40.

③ 袁小鹏 . 论高校学科组织建设创新 [J]. 咸宁学院学报 ,2007（2）: 131-133.

门的知识称作‘学科’，而组织正是围绕这些学科确立起来的。”①

20世纪60年代以后，学科的综合性发展趋势越来越明显，学科结构在纵向上出现了不断深化与动态化的特征，还在横向上出现了跨学科的交叉融合趋势。“科学研究规模的扩大，学科探索领域的交叉，学科研究方法的互相借鉴和学科研究成果的相互渗透”，② 这种学科交叉出现的“跨学科研究”趋势反映的是知识的重新组织与整合，并形成新的知识，这不但促动了大学学术职能的进一步发展，还客观上促使了大学学术组织结构的演化以及职能的拓展。延续了几百年的单学科性的大学传统学科体制逐步式微，而按照科学部类和学科来组建院系已经成为一种不可逆转的时代趋势。因此，很多大学实行了新的院系制度，特别是学院的设立更是成为一种新潮流。从大学院系管理功能的实现的角度来说，实行学院制的根本目的就是要发展学科以及减少大学的管理跨度；③ 还有学者对比了哈佛大学与北京大学、麻省理工学院与清华大学的院系设置情况，敏感地发现了我国研究型大学在院系设置和学科分布方面存在的问题，即学院数量过多而且设置尚缺乏规范，学院内学科设置的综合性不强，忽视了特色学院或特色学科的建设，并指出要在我国大学中建立本科生学院与研究生学院，还要通过科学研究项目或者建立研究中心的方式来促进学科的交叉与融合。④

还有学者关注到我国大学院系设置存在随意性或者“反学术逻辑性”的现实，对我国大学的院系设置的标准进行了探讨。严燕（2005）认为，我国大学学院设置过分随意而不合规范。大学院系的设置应该以学科点集和学科子群的学科群关系为标准，同时以不同的标准设置各具特色的学院，其中包括一些单科性学院和特殊学院。按照学科标准分，有学科性学院和非学科性学院。学科性学院在横向上有学科群学院、单科性学院、跨学科学院，在纵向上又有学科门类学院，二级学科学院及少数专业学院。⑤

---

① 伯顿 . 克拉克 . 高等教育新论 [M]. 王承绪，等，译 . 杭州 : 浙江教育出版社 ,1994:83.

② 陈燮君 . 学科学导论—学科发展理论探索 [M]. 上海 : 上海三联书店 ,1991:18.

③ 许放 . 我国高等学校学院制研究 [J]. 现代教育科学 ,2002（11）:30–32.

④ 李福华 . 研究型大学院系设置的比较分析与理论思考 [J]. 高等教育研究 ,2005（12）:50–55.

⑤ 严燕 . 关于大学学院设置的规范性与灵活性问题 [J]. 江苏高教 ,2005（5）:9–12.

通过对与大学院系设置的相关文献进行梳理后发现，尽管我国学术界对现代大学制度或者组织研究日趋增多，但是对我国大学，特别是研究型大学内部的院系设置问题研究比较少，在有限的研究中，学者的研究也是集中在院系的划分方式、院系设置的数量以及院系的权力结构等方面；还有使用对比的研究方法进行研究，试图找出我国与其他国家在大学院系设置方面的异同。在我国高等教育规模急剧扩大以及国际化程度越来越高的背景下，作为大学核心组织的院系设置并没有引起学术界足够的注意，不但没有关于院系设置研究的专著出版，也没有对此问题进行过系统的研究，特别是对大学院系设置内在逻辑的揭示与院系设置的科学性的探讨几乎是空白。因此，无论是从理论层面还是实践层面来说，目前的研究都显得单薄。

不过，尽管目前的研究还存在很多不够全面和深入的地方，但是，毕竟这些研究给笔者的研究提供了大量的素材以及研究空间。

1.3 核心概念的界定

概念的厘清是进行任何问题研究的基础，虽然学术界对学科本身进行过大量的研究，并且社会实践中也经常使用学科这一概念，而由于概念使用领域的广泛性与本身含义的多重性，势必会导致因人、因地、因视角的差别而产生迥异的定义与标准。而哲学思维告诉我们，不同的定义与标准背后都隐含着特定的哲学假设和价值取向，并且这些哲学假设与价值取向会被时间不断赋予新的元素与内涵。所以，我们很难在流动的时间中准确地把握一个概念的准确涵义。但是，尽我们的所能在一定的时代背景或者语境下去理解一个概念是一个研究者应尽的学术职责。

1.3.1 学术组织

1）组织

目前，学术界对组织的理解存在多元化特点，但是，归纳起来主要有两种主要观点，一是静态的组织观，二是动态组织观。

首先是从静态角度对组织进行界定。金东日认为，综观学术界对组织的多种界定，有以下共同特点：第一，组织是由规范体系、等级系统、信息沟通体制、有关组织成员行为的调整程序等构成的集合体；第二，组织所进行的，是同一系列的组织目标密切相关的活动；第三，组织具有可确认的内部环境，并通过其内部环境同外在环境相互作用；第四，组织的这种实体性意味着，它是超越组织成员和组织部门的相对独立的社会存在；第五，组织包括正式关系和非正式关系。① 睢依凡教授认为，组织是一种由人们组成的、具有明确目的和系统性结构的实体。任何组织都应当具有如下三个特征：第一，组织都有一个明确的目的，这个目的一般以一个或一组目标表示；第二，组织是由人组成的；第三，形成了某种系统性的结构，即社会分工后的责权关系，用以规范成员的行为。② 总之，静态的系统观强调组织是人们为了达到特定目的而进行协作活动的社会结构，关注静态组织的要素和结构，而不是组织的运作过程。

其次是从动态角度对组织进行界定。动态组织观又分为理性系统观、自然系统观、开放系统观。理查德·L. 达夫特、马奇和西蒙、布劳和斯格特等人的观点属于理性系统观。理查德·L. 达夫特强调组织的关键要素不是一个建筑、一套政策和程序，组织是由人及其相互关系组成的，"当人们彼此作用并发挥基本功能以达到某个目标时，一个组织就存在了。"③ 马奇和西蒙认为，"组织是互动人群的集合体，……与组织之间和无组织的个体之间的分散变化关系形成对比，在组织中高度专门化的结构与协作使得单个组织单元成为社会学上的个体，可以和生物学意义上的个体有机体相比。"④ 即单个的社会组织是和生物个体一样结构清晰的系统。布劳和斯格特说，"组织的突出特征是一因其欲达到特定的目标而建立起来"。这些定义指出了组织的两个特征：第一，组织是有意实现特定目标的集合体。"有意" 指

① 金东日 . 现代组织理论与管理 [M]. 天津 : 天津大学出版社，2003：11-12

② 睢依凡 . 关于大学组织特性的理性思考 [J]. 高等教育研究 ,2000（04）:49-52.

③ [美] 理查德 · L. 达夫特 . 组织理论与设计 [M]. 宋继红，等，译 . 大连：东北财经大学出版社 .2002：10.

④ [美] 理查德 · L. 达夫特 . 组织理论理性、自然和开放系统 [M]. 北京 : 华夏出版社 .2002.23

协调参与者的活动和相互关系，以达到预期目标。而目标是明确的，能为组织活动提供方向的；第二，组织是结构化程度较高的集合体。组织成员的协作是有意识的和审慎的，他们之间的关系结构是清晰的，可以“建构和重构的”。

理性系统观则强调，组织是追求特定目标的、结构化程度较高的社会群体。以古尔德纳为代表的“组织自然系统观”更注重行动结构而非规范结构，关注组织成

员实际做了什么，而不是按照规范他应该做什么。参与者被认为受个人利益驱使，并企图把它置于组织之上。组织并非只是达成目标的手段，组织本身的维护和发展也是其目标。因此非正式的结构更重要，而正式结构是一种装饰性的华盖，掩饰了“真正的”结构。在自然系统观看来，组织是其成员寻求多种相同或不同利益的集合体，并认识到组织作为一种重要资源永久存在下去的价值。

开放的组织系统观认为，组织并非与环境割裂的封闭体系，而是一个需要不断从环境中获得投入，并向环境提供产品和服务的开放系统。开放系统注重对组织环境的研究。帕森斯指出，“组织必须能解决下列四个问题，否则就不能称之为组织；如何适应环境；如何决定目标并动用所有可供利用的资源来全力完成它；如何协调组织中各成员的关系，使组织成为一个行动一致的整体，完成共同目标；如何维持组织成立时的目标而不放弃”。这种观点特别强调适应环境对组织发展的重要性。在开放系统观看来，组织是和组织成员之间不断变化的关系，相互联系、相互依赖的活动体系，该体系植根于其运行的环境之中，依赖于与环境之间的交换，受环境制约又影响环境。

综合以上观点，本研究认为，组织是由特定的人群为达成一定目标而组成的实体单位，在这种实体单位中，存在着正式的和非正式的结构，组织成员之间以及组织与外部环境之间通过互动而实现组织目标。

2）学术组织

学术组织，即以学术为其存在和发展的内在逻辑和基础的组织，高深

学问和学术性是其本质属性，是以发现、传递和保存高深知识为目的一群人所构成的实体单位。该单位中存在一系列正式的和非正式的结构，这些结构影响着组织内部成员之间的关系和互动。

伯顿克拉克将系统组织分为三个层次:（1）底层结构，即以学科为主的层次;（2）中层结构，即院校这一层次;（3）上层结构，即系统这一层次。他将基层学术组织界定为处于大学组织内部的以学科为主的底层结构，是处于大学组织的底层，以发现知识、保存知识和传递知识为目标，承担了大学的教学、科研和社会服务职能的、构成大学发展的细胞的机构，它涵盖了下至讲座、教研室、研究所，上至学系、学院的组织。由于本研究的目的是探讨基层学术组织的自治和整合状况，因而，我国大学组织中并无自治权的教研室和研究所不在此概念涵盖范围之内。

1.3.2 学科

1）学科的概念

虽然本研究不是对学科理论的“元研究”，但是，基于学科的院系设置研究的基础就是学科，因此，对学科及其相关概念的厘定是本研究的基础和前提。但是，“学科”本身就具有概念属性的多样性特点，加上学界对学科概念的界定也非常庞杂，很难三言两语就能表述完整，必须用一条比较清晰的逻辑线索进行表述，否则就会造成思维的混乱。因此，本研究试图采取从抽象到具体的逻辑思维方式来表述这一概念。

词源学的考证是厘清概念的常用方法。就“学科”这一概念而言，它与“学习”这一概念的渊源比较明显。古希腊文中往往采用didasko来表示“教”，而拉丁文中的（di）disco表示的是“学”。而在14世纪的英国，discipline专指各个领域中的高深知识，因此，当时与人们生活密切相关的医学、法律和神学等成为当时包括牛津大学和剑桥大学在内的各大学中的“高级部门”。另外，在神学中也表示神学院中的清规戒律和军队或者学校中的规训技能与方法。目前一些英语国家的辞典中，如萨美尔的《英语词典》(第一卷)、1981年出版的《世界辞书》以及1989年出版的《牛津大词典》

（第一卷）中对 discipline 的释义都非常多，甚至达到数十条。而在1972年出版的《苏联大百科全书》中也对 discipline 进行了较多的阐释。我国的《现代汉语词典》将学科简单而笼统地定义为“是按照学问性质而分的门类”。《辞海》将学科定义为两重意思：学术的分类和教学的科目，学术分类是指一定科学领域或一门学问的分支。如自然科学部门中的物理学、生物学，社会科学部门中的史学和教育学等；而教学科目指的是学校教育内容的基本单位。如普通中小学的政治、语文、数学、外国语、物理、化学、历史、地理、音乐、图画、体育等。① 可以看出，虽然不同的辞典对它的解释不尽相同，有的解释仅停留在表象，未能触及到学科概念的本质属性，但是，有一个共同点就是都将 discipline 与学术研究领域、教育教学内容、训练的规范惩罚等联系起来，甚至等同上述意思，这也说明这些定义已经越来越逼近“学科”的真正含义。因此，我们从词源上可以判断，学科不仅指已经分类化的知识或者学习的科目，还指对通过规约或者强制的方式对人进行培养教育。

除从词源的角度分析以外，还有学者借助不同的分析工具、运用不同的视角对学科的概念进行理解、分析与界定。德国学者赫克豪森（H.Hechause）认为学科是一种系统化了的经验和事实体系，“是指对同类问题所进行的专门科学研究，从而实现知识的新旧更替。学科活动不断导致某学科内现有知识体系的系统化和再系统化”②。日本学者田浦武雄接受了赫克豪森的观点，并依此对教育学科进行了定义：“教育学是对教育进行学术研究并综合成的一个理论体系。”③ 而法国学者布瓦索（M.Boisot）对知识的分类做了比较客观的归纳，认为由于人类天生就会自觉或者不自觉地将认识客体进行类化以及抽象的概念化，同时，在科学研究中，科学家们更喜欢利用认知因素的定向积累将自己研究领域的概念进行厘定，这样才会更系统地阐释自己研究的问题。因此，对知识进行分类与概念界定成为

---

① 参见《辞海》[D]. 上海：上海辞书出版社，1988:1126.

② 刘仲林 . 现代交叉科学 [M]. 杭州：浙江教育出版社，1998:19.

③ 瞿葆奎 . 教育与教育学 [M]. 北京：人民教育出版社，1993:320.

科学研究的必然趋势。学科也就成为了“由可观察或已形式化的客体、现象和定律三个模块组成的不同知识领域，学科的定律构成了学科的基本框架，定律就是学科的符号和标识”①。显然，他的视角转向了对学科形式和结构的透视。

我国对学科的理解比西方早，但对概念的厘定却不如西方精细。据《新唐书·一九八儒学传序》中记载：“自杨结郑徐庾郑覃等以大儒辅佐，议优学科，先经谊，黑出进士，后文辞，亦弗能克也。”②学科被理解成某一学问的科目门类；而宋代孙光宪学者在他的著作《北梦琐言（卷二）》中称：“咸通中，进士皮日休进书两通，其一，请以《孟子》为学科。”③他将学科看成是学习的一门功课，或者考试的科目，这些都是从知识的角度理解学科的概念。我国当代学者对学科的理解也没有脱离知识的范畴，将学科定义为“一定科学领域的认识过程及其知识门类，是即对应于又从属于某门科学的相对独立的研究活动及其方法体系和知识体系，是特定科学领域内的事实和概念系统，是具有相同或类似知识的集合体，是按照一定原则和方法建构成的具有内在联系和彼此相关的有组织的活动及其成果载体的知识体”④。“学科是相对独立的知识体系。学科的本质属性是学术性。”⑤而在实践中，1993年国家技术监督局颁布实施的《学科分类与代码》（GB/T 13745-92）中将学科直接界定为“相对独立的知识体系”。⑥

美国学者伯顿·克拉克综合了诸多观点，认为学科至少包含了以下两个方面的涵义：首先是知识意义上的“学科”，然后是以知识学科为核心而建立起来的组织。⑦华勒斯坦对知识与学科的研究比较深刻，他在《学科·知识·权力》以及《知识的不确定性》中从研究范式、组织机构与学

① 刘仲林．现代交叉科学[M]．杭州：浙江教育出版社，1998:38.
② 参见：辞源（修订本）[D]．北京：商务印书馆，2004:0796.
③ 汉语大词典（卷4）[D]．北京：汉语大词典出版社，1991:238.
④ 杨天平．学科概念的沿演与指谓[M]．大学教育科学，2004（1）:13-15.
⑤ 刘献君．论独立学院的学科专业建设[J]．中国高教研究，2007（11）:57—60.
⑥ 参见：国家技术监督局．国家标准学科分类与代码（GB/T 13745-92）.1993年版．
⑦ [美]伯顿·克拉克．高等教育新论[M]．王承绪等译．杭州：浙江教育出版社，1994:103.

术文化的角度对学科的概念作出了阐述。在他看来，学科不但是一种被公认的、规范合理的研究范式，还是一种组织结构，如院系或学位的名称，同时，学科还是这个学术共同体中多数学者的共同学术文化取向。①

持相似观点的是法国大思想家米歇尔·福柯（Michel Foucault），他以一种规训的观点来阐释学科概念。他认为学科不仅仅是研究领域，更是社会规范。学科在一个研究领域中研究知识的传承、再生与发展，使这个领域的知识逐步达到一体化、理论化、系统化与再系统化。同时，学科还是一个由学术共同体逐步形成的、具有统一性与边界的话语体系或者范式体系，是一个“话语产生与传播的控制系统”，而这个控制系统就是隐含着对知识的理解与阐释的基本行为法则，这个法则以学科知识为基本要素，以学科话语体系为基本特征。法则的边界就是学科框架内学者行为的边界。为此，福柯认为“学科构成了话语产生的一个控制系统，它通过统一性来设置其边界”②。可以看出，福柯用社会学的研究方法，以权力和知识的相互关系为研究起点，深刻地挖掘了学科中的知识和权力的内在关联，动态地考察了知识分类和知识生产结构、生产方式和生产制度，而“制度包括潜性的学科规训权力和显性的规范要求，通过对研究主体、研究对象、研究载体、研究方法以及学科新人的控制规约学科的发展。随着制度不断的变迁，学科知识得到了积累和发展，学科新人得到了培养和锻炼，与此同时，制度本身也得到了完善”③。比如，在13世纪以前，中世纪大学中文科的“七艺”就覆盖了知识的全部划分，并长期保持稳定性。“中世纪大学的‘学科’本义并非是代表某种特定的知识领域和知识范畴，而是指涉一种严格的规训活动”。④可见，学科可以通过传授的显性的知识，并在这个过程中使学生沉浸在与知识属性相联系的文化特质之中，接受的是一种学科文化的隐性熏陶。换言之，“学科隐指对研究对象与门徒予以规训和控制的权

① [美]华勒斯坦等著.学科·知识·权力[M].刘健芝等译.北京:生活·读书·新知三联书店,1999:14.

② [法]米歇尔·福柯.规训与惩罚[M].杨远婴译.北京:生活·读书·新知三联书店,1999:193.

③ 翟亚军.大学学科建设模式研究[D].中国科学技术大学,2007:24.

④ 阎光才.大学的人文之旅[M].北京:教育科学出版社,2005:151.

力组合”。[①]

当然，还有很多的学者对学科的涵义进行了阐述，但是，我们可以看到，“学科”被广泛使用在学校教育场域，并且是一个具有“遗传与变异”等动态特点的概念。虽然没有谁能完整而不具争议地给出“学科”的真正内涵，但是学者的研究应该还是卓有成效的，他们给出的观点已经越来越逼近“学科”的真正内涵，人们以此为基础从三个维度来理解：即创造知识和科学研究的维度、教育教学的维度以及学术组织的维度。从知识学、社会学以及组织学等三个维度出发，学科可以是科学研究领域或学术的类别，可以是学校教学的科目，也可以是科研机构，并且因为情境的异同而涵义各有差别。

2）学科与专业

大学的学科与专业是一对既有联系又有区别的术语，但是两者的区别往往不被人们所厘清，甚至还在大学体系内部被人们误解或者模糊了两者的界限。在美国的高等教育体系中很少有所谓的“专业”，如果要想找到与其对应的词语的话，那就是在《国际教育标准分类》中的 program，称之为“课程计划”，而美国高校称之为主修（Major）。根据顾明远教授主编的《教育大辞典》的解释，专业最早是从苏联“舶来”的，而且表明主要在中国、苏联（俄罗斯）等国高等教育体系中使用，是指培养学生的各个专门领域。而我国2005年版的《现代汉语词典》对“专业”的解释是：“高等学校的一个系里，根据科学分工或生产部门的分工把学业分成的门类。”《辞海》将专业定义为高等学校或中等专业学校根据社会专业分工需要所分成的学业门类，并指出：各专业都有独立的教学计划，以体现本专业的培养目标和规格。

在英语的翻译中，很多人将“专业”翻译成“Vocation”，这个词本来是泛指所有的职业，表示一定职业的从业人员所必备的“谋生手段”，可以看出，其中含有“专业”的意思。还有人用“Profession”来指代“专业”，强调“专业性职业”的高深性，如教授、医生、律师等职业。这个词语的

① 万力维．学科：原指、延指、隐指 [J]. 现代大学教育，2005（2）:16—19.

含义已经超越了一般性的职业或行业的特殊性，还隐含了职业的社会等级与地位分层。近年来，有人用 Speciality 来强调教学的专业，特别是那种按照学术或职业门类组合而成的专门化领域，以及课程的组织形式。①

但是，从实践的角度来看，“专业”的概念有广义和狭义之分，前者特指知识的专门化领域；而后者就是指按课程结构培养人才的一种组织形式。但是，作为一种组织形式的专业，其核心不在于组织的架构而是在于其课程设置。

由此看来，学科侧重知识分类，而专业强调课程的组织形式；学科的核心目标是对知识的探寻、传承与创新，以学术性作为其本质特性，而专业的目标范畴相对要小而且和社会的实际需求紧密相关，侧重对各级各类专门人才的培养，以满足社会和学生个人的发展需要；再者，两者的主要构成要素存在较大差异，学科的构成要素是知识单元，专业主要包括培养目标、课程体系与从事专业的人；划分学科的基本原则是知识体系的发展逻辑，而知识发展往往呈现出树状态势，因而，学科的发展会顺着知识的发展理路进行，而专业的划分是以社会劳动的领域或者岗位差异为原则的，不同的领域和岗位需求的人的规格不一样就会使专业不一样。专业以学科为依托，有时某个专业需要若干个学科来支撑，但是，有时候一个学科中还有很多专业；相比之下，学科是科学研究发展成熟或较为成熟的产物，它有能被学者一致认可的方法和理论，同时，学科是在相对稳定的领域中发展的，尽管在发展过程中会产生交叉学科或者边缘学科，但是它们同样有相对稳定的研究领域，而专业则随着社会产业结构的调整和人才需求的变化而变化。但是，学科和专业两者又统一于人才培养之中，两者都与知识紧密相连，具有教化人才的功能，且都以一定的组织机构为依托，是师生活动的主要领域；另一方面，学科是专业发展的基础，专业是多门学科知识的选择组合。②专业是学科承担人才培养的平台，两者相互依存的关系是以课程作为媒介来实现的。

---

① 潘懋元，王伟廉 . 高等教育学 [M]. 福州 : 福建教育出版社 ,1995:5.

② 罗云 . 中国重点大学与学科建设 [M]. 北京 : 中国社会科学出版社 ,2005:40.

1.3.3 研究型大学

虽然，研究型大学这个概念在我国出现的时间还不是很长，但是无论是理论界还是实践界对“研究型大学”这一概念的理解已经基于一致。不过，意见无论有多么的统一，总还是存在一些细微的差别。对于“研究型大学”这个概念主要在认识的路径上存在差别，目前，人们的认识主要是有三种路径：第一种是“日常判断法”，即利用日常生活中的常识进行理解，这种理解是充分认可人们日常观念中对研究型大学的常识性判断，并不对大学的概念进行理性的分析与总结；第二种路径是特征表述的方式来理解“研究型大学”的概念，这种理解方式并没有揭示出研究型大学的内在特征而是通过列举研究型大学的外部特征，用描述性方法，采取“对号入座”的方式来定义研究型大学；第三种是“指标演绎法”，这种方法是分析国外研究型大学的特点或评价指标，经过本土化的理解与改造，用演绎的方法界定研究型大学概念。尽管这些路径存在一定的差异，但是对“研究型大学”概念的描述和把握，可以从不同角度来揭示“研究型大学”的内涵，这对于我们进一步理解或者发展这一概念提供了有益的帮助。

尽管世界很多国家都在使用“研究型大学”这个概念，但是还很少有哪个国家对这个概念给出一个科学合理的解释，从文献来看，也只有在美国的高等教育结构中明确地界定了“研究型大学”（research university）这一概念。2000年，美国著名的教育研究机构——卡内基教学促进基金会将“研究型大学”界定为：“提供全（学科）范围的学士教育计划、直到博士学位的研究生教育，每年至少在15个学科领域授予50个博士学位（博士／研究型大学Ⅰ类—广博型），或在3个或更多的学科领域授予10个博士学位或每年总体上至少授予20个博士学位。”①

而我国清华大学的王战军教授（2003）认为，研究型大学就是“以知识的传播、生产和应用为中心，以产出高水平的科研成果和培养高层次精

① The Carnegie Classification of Institutions of Higher Education（2000 EDITION）. [2010-05-15]. http://www.carnegiefoundation.org/dynamic/downloads/file_1_341.pdf. The Carnegie Foundation for the Advancement of Teaching, Basic Classification Description. [2010-05-15].

英人才为目标，在社会发展、经济建设、科教进步和文化繁荣中发挥重要作用的大学。”① 尽管这个定义也不见得完全科学，但是它至少从三个方面揭示了研究型大学的基本内涵：第一是揭示了研究型大学“以创新性的知识传播、生产和应用为中心”的功能与使命。无论是纽曼所认为的大学是“传授知识的场所”还是威廉·洪堡所认定的“大学也是研究高深学问的机构”，抑或是范·海斯的“大学还是提供社会服务的部门”的观念，大学总是承担着教学、科研与服务三大职能，当然，研究型大学一定具有这个“类”的特征，不过与一般性的大学所不同的是，研究型大学是以系统、综合、自觉的方式来履行职能，其知识的创新、传播与应用能力发挥到极致，成为人类知识更新和社会的发展的强劲动力。第二是解释了研究型大学不同寻常的办学水平，其中包含了有较大数量的高层次人才的聚集，充足的科研经费和尖端的创新型科研成果，具有担当影响国民经济与社会发展的前沿性科研课题的能力。第三是揭示了研究型大学高规格与高水平的人才培养目标。一个组织的目标在很多程度上表征了组织的本质特征，并且组织的目标成为引导、激励或者规约组织活动的隐性制度。研究型大学以高水平的科研成果和培养高层次精英人才为宗旨，通过各种科研活动来培养人格高尚、实践创新能力强、综合素质高的拔尖人才，具有与普通大学相比，更高的目标与价值。

当前比较公认的“研究型大学”是“985工程”建设的大学，有人还将上个世纪九十年代以来开展的“211工程”重点建设的100所高校都纳入“研究型大学”的行列，但是，在实际中，很多“211工程”重点建设的大学提出了“努力建设成教学研究型大学”的奋斗目标，这说明，这些学校连自己也不承认自己是研究型大学，因此，基于我们对“研究型大学”的理解以及特征判断，原来国家教育部和国家计委在重点建设北京大学、清华大学两所世界一流大学的基础上增加的复旦大学、南京大学、西安交通大学、上海交通大学、浙江大学、哈尔滨工业大学、中国科技大学等七所高

① 王战军.什么是研究型大学——中国研究型大学建设基本问题研究（一）[J].学位与研究生教育，2003（1）:15-18.

水平的国内一流大学，是公认的研究型大学。2000年，国家又批准22所大学试办研究生院，截止2004年，有53所高校被教育部批准正式建立研究生院，确立了我国高层人才培养的重要基地。我们可以判定的是，这53所大学（包括39所“985”大学）属于本研究中所界定的研究型大学。

1.3.4 院系

中世纪的大学最初是没有系的概念，随着大学对高深知识的进一步探究，知识的分化以及大学教学的系统化，一些大学开始按所教学科而形成一些教师组织，这就是现代大学系的最初原型。就其原始含义来说，系（department）特指知识或科学，随着知识体系的发展，系逐渐演变为知识的分支和部门，尔后才成为专门的教育机构。根据本研究的需要，我们认为的系就是指高等学校内部按照学科、专业或相近学科、专业设置的基层教学行政组织或基层教学、科学研究和行政组织，系主要负责开展有关教学、研究生培养、科学研究和生产劳动等工作，以及组织和开展学术活动。

最早的系是由讲座制发展而来的。加学者约翰·范德格拉通过对大学权力构成的考查后得出：“一门学科的权力通常是授予一名讲座教授；当比较正式的组织成型后，讲座教授一般都任系主任”。① 由此可知，学系是基于学科而出现的。苏格兰大学和德国大学是学系组织的诞生地，当时就是以系的形式来组织一个学科的教学，之后，英国大学的院系基本以此方式组建的，随着新学科的增加，大学的院系组织也随之增加。美国大学在很大程度上是借鉴了德国大学的组织形式，但是，并没有照搬德国大学的学部制，而是集成和发展了以系为基础的学术组织形式，把相关的学科整合到一个系进行管理，并将系作为大学组织中最基层的教学科研机构，形成了“大学——学院——系”三级管理架构，显然，院系是大学的主体，学院是学科门类的集合体，而系是最基层的学术组织，“是一个围绕某一学科

① [加]约翰·范德格拉夫.学术权力——七国高等教育管理体制比较[M].王承绪主编.杭州：浙江教育出版社,1989:63.

的共同利益而组织起来的相对统一的机构”。[①]

学系产生与发展的另一个背景就是十九世纪来，大学理事和行政管理人员对传统大学和新兴大学的控制的加强。在当时大学里，“约自1875年以后，原有的学科分化的结果便慢慢地出现系的组织，办法是把有关学科归于一系来教授。如希腊语系、数学系、生物系等”。[②]二十世纪六十年代和七十年代之后，西欧很多大学的讲座制也转向了系科制，还有一些大学将讲座融入到学系组织，从而使学系的发展速度异常迅速。很多大学采用“系”和专业学院来作为专业联系基本组织形式，使得大学的发展空间得到了拓展。从实质看，系还是没有摆脱讲座制的本质，依然是一种扩大了的讲座，但是，在讲座制中，教授的个人权威掌控着整个学术事务，而学系中是以教授集体的权威来管理学术事务，组织的力量得到强化，教授个人的力量被削弱了。随着民主思想的发展，这种以教授集体权威来进行学术事务决策的学系组织得到了大学与社会的认同，所以，在长达数百年的历史中，大多数的大学采用了系作为自己的基层行政单位和教学单位，这样既实现集体管理的民主作风，又可以保证教师自治的大学传统。系主任是整个系的科研与教学工作负责人，不过，这种管理也不是系主任一个人的“专权”而是强调全席教授或者教师的集体讨论与协商，并在此基础上对教学科研的事项进行安排与处理。而且，教师的集体权力得到前所未有的加强，事无巨细甚至系主任本人的任免都需要教师群体的参与。[③]“教授所起的作用按照法定的观点应该只是向行政管理者提出建议。但是，一些著名的研究性大学，行政人员实际上总是根据教授的意见和判断来处理学术事务。系是主要的学术单位，教授享有相当的独立权，系主任一般由教授互选。各系可以制定入学资格、课程内容、考试程序。原则上，各系除了财政仍需要依靠学校外，其它方面都是相当独立的”。[④]可见，系是大学最充满民主与自治气

---

① [加]约翰·范德格拉夫.学术权力——七国高等教育管理体制比较[M].王承绪，主编.杭州：浙江教育出版社，1989:47.

② 藤大春.美国教育史[M].北京：人民教育出版社，1994:414.

③ 杨德广.高等教育发展战略研究[M].上海：上海交通大学出版社，1988:290.

④ 赵曙明.美国高等教育管理研究[M].武汉：湖北教育出版社，1992:37.

氛的基层组织，也正是这种管理模式才使得系一级组织能充分发挥教学与科研的活力，由此，使整个大学的三大职能得到落实与完善。与讲座制相比，“系”一级组织的建立拓展了讲座制的空间领域，使现代民主管理思想融入到了大学的组织中，不但能提升大学的效能，更能促使大学的学科得到合理布局。但是，任何事物都是矛盾的对立与统一，系一级组织确实促进了学科本身的分化与深化，使得学科朝纵深发展的速度得到前所未有的加快，但是，系一级组织又使得学科更加专注于一个方向的发展，而旁落了不同学科之间的交流与融合。

可以看出，系一级组织在学科发展史上确实有过辉煌的成绩，通过系一级组织，很多志趣相同或者研究领域相近的教师与学者汇集在一个组织中，互相进行学术交流与磋商，以一个学术共同体的形式共同推进了学术的发展，并在系一级组织中将学者们的知识、态度与科学研究方法以课程的形式通过教学传递给其他人，使之得到传承与发展，从而推动人类社会的前进。然而，系一级组织在很大程度上消解了学科的普遍性、宽度、交叉和多学科合作研究的可能，成为学科的横向生长的制度性障碍。Paul L.Dressel 和 Donald J.Reichard（1970）认为，系级组织“已经变成了一种很强的力量，既可以决定大学的发展状况，又可以阻碍大学提高效益、满足社会和经济变化的需求”。[①] 正是基于对系一级组织所存在的弊端的认识，一些大学试图对系进行改进或者用新的组织来取代系一级组织，以弥补系一级组织的不足。我们可以看到，一些世界著名大学在很早就开始建立跨学科的研究中心，在跨学科研究中心聚集了不同学科的教师，可以实现研究领域的互补，不设专业，而是强调核心主干课程，减少必修课数量，鼓励甚至强制学生选择一定的跨系科的课程，增加学生跨学科的知识以及培养与满足学生的不同研究兴趣。“在美国极少数很小的实验性学院里，系的设置被视为对于整体性的破坏，是不应采用的。而在美国的另一类院校，其中尤以社区学院为多，正在兴起一股以较大的学术单位取代系的运动。”[②]

① 闫凤桥．高等学校内部结构与办学效益 [D]. 北京大学博士 ,2000:23.
② 赵曙明．美国高等教育管理研究 [M]. 武汉：湖北教育出版 ,1992:72.

“学院”是一个随着文化和语境的变化而变化的词语。由于世界不同国家和地区的历史文化存在差异，并且大学的发展历程不同，因此对于“学院”这个词语的内涵也有着不同理解，且不同的理解方式不但反映了大学理念与学术组织制度的发展脉络，还内隐着大学学术组织的多样性和层级性。在英语语境中，常常用 college，institute，academy，school，faculty 等词语来表示“学院”，而作为一个现代大学“后发外生性”国家，我国通常是从这些词语中取最适合我国需要的词语，如我们通常在表达作为大学内部二级组织的“学院”的时候选用 college（大学里的综合性、多科性学院，特别是以文理基础性学科为主的学院）和 school（专业学院和研究生院）。[①] 而在学院制发源地的牛津大学与剑桥依然还沿用“学院”（college）这一名称，不过，牛津大学与剑桥大学的学院不是一个学术机构，而是给大学的师生提供饮食、住房等后勤服务的场所或机构，所以，不同学院之间的“学科”与“专业”有较大重合，学院之间的竞争也十分激烈。即使在英国，还有很多大学并不设立像牛津大学与剑桥大学那样的学院，而是以学科为分类标准，在大学中分成很多“学部”（faculty），并且在学部内设置各种不同的学科性学院（school），如法学院（Law School）、商学院（Business School）、医学院（Medical School）、教育学院（School of Education）等等。在英国的大学中还有一些特定专业的研究所，他们不招收本科生，以纯粹的研究为主，常常用 institute 来表示。当然，英国还有一些比大学规模小但是地位相等的“艺术学院”，通常使用 Academy 一词，这类学院相当于我们以前的单科性大学。由上面的分析可以看到，由于我们的语境不同，我们将所有不同类别的“学院“都统一翻译为”学院“并且没有区分它们之间的差别，这是不科学的，容易在使用过程中造成意义混淆。在研究界还有另外的一种学院概念，那就是相当于我国以前的单科性大学。浙江大学徐辉教授和郑继伟教授曾经考察过中世纪大学学院的发展过程后指出，大学的实质就是一些学者和研究生一起进行学术研究的场所或者团体。可以看出，中世

① 杨新兴．“学院”与“大学”定名辨析 [J]. 科技术语研究，2005（1）:44–46.

纪的大学的学院其本质就是现在的单科性大学，而中世纪大学发展了两个世纪之后，英国的大学就开始出现了学系，最早就是以文学、法学、神学与医学等四科为基础，衍化为文科系、法学系、神学系和医学系等四大学系，这四大学系就是我们所要讨论的院系组织的最早形态。不过当时的学系和现在的学系有很大的区别，仅仅是“一个接受捐赠的因而是自立的和自我控制的单位，教师和学生一起生活和学习”，“它一般不为本科生提供住宿，也不进行教学”[①]而直到十六世纪的后半叶，大学才有本文所谈院系形态的出现。

我国对“学院”一词的理解虽然没有英国那样精细，但是内涵也是十分广泛的，它既包含了英国等高等教育发达国家语境中的“各类学术机构”的含义，还包含了一些与我国实践相符合的含义，即学科性学院。在我国，学科性学院往往是以发展学科为旨归而设立的，并且从现实来看，学科性学院已经成为大学的主体。不过，并不是所有的冠有“学院”之名的机构在大学内部具有同等的办学自主权，有一些学院拥有被大学赋予一定的办学权而成为大学的二级学院，如文学院、教育学院、理学院等等，本身就招收本科生，具有较大的办学自主权；有一些学院并无实质性的办学自主权，仅仅类似于具有协调性质的职能部门，如一些大学成立的研究生学院，本身就没有办学自主权，所有的学生都是分散在具有办学自主权的学科性学院中，前者我们称之为“实体型学院”，而后者我们称之为“虚体型学院”。一般说来，实体型学院可以自行聘任教职员工、对教师的职称评定、学院的专业设置与调整、内部的机构设置、社会教育与科技开发、内部的财务使用等拥有一定的自主权。由于自主权的获得使得学院能对自己的行为负责，增强了学院的责任心与积极性，使学院与大学的办学活力得到激活，学院的价值得到彰显。而并不具有办学自主权的虚体性学院并不代表没有作用，而是可以整合研究力量参与高层次、高难度课题的申请与合作，也可以协调不同学术群体进行学术交流等等，但是，这种虚体性学院仅仅

---

① 徐辉，郑继伟 . 英国教育史 [M]. 长春：吉林人民出版社 ,1993:56.

是学院的中间形式，最终会向实体性学院转变。

鉴于本研究的论域选择，笔者将学院界定为“大学的组成部分，按科类设置，如文学院、理学院、法学院、工学院等，下设若干本科类的系，进行相应的教学、研究工作。”也就是指在大学内部组织中所设置的学科性的实体学院，并作为大学内部基本的教育与管理机构。而那种冠有“学院”之名的管理机构不在本研究的范畴之内，因此研究型大学中的学科型实体性学院才是本文的研究对象。

1.3.5 院系设置

从字面上理解，大学的“院系设置”就是指大学内部学院、系等机构的布局以及与学校或其他组织的关系厘清。从院系设置的发生机制来看，大学的院系设置是大学根据自身内部发展的逻辑和外部发展的需要而设立和配置起来的，在大学内外部逻辑的规约下，大学的院系也会有自身的组织目标与组织结构。

大学的院系设置必然涉及大学组织结构与内部权力分配等问题，因此，大学院系设置的研究就属于现代大学制度建设研究的范畴。从社会学的观点来看，“制度”就是规范、约束、协调不同领域中人们行为和关系的一套规则、习惯、信念或统一程序。尽管社会学的制度概念揭示了制度的本质与功能，但是过于抽象，而让人难以把握其形态，而缺乏操作性。而从组织学的观点出发，将很多“制度”转化为具体的组织结构或者条文规章，这样就可以将“制度”这一概念形式化与具体化。因此，大学院系既是大学中的一种制度，也是大学中的一个中层学术组织，按照组织学的观点，大学院系首先就是具体的院系设置，而组织结构是组织制度的重要组成部分，它是组织为了有效调整和组合内部各组成部分的关系而采取的某种外显形式，它具有框定、约束和激励组织内部人员行为的功能，因此，院系的组织结构也属于一种具体的制度安排，构成现代大学制度的核心内容，建立现代大学制度必须从大学的组织结构变革开始。

本研究聚焦研究型大学的中层学术组织——院系的设置，因此，这里所指的院系设置概念较为宽泛，凡是涉及大学院系的新建、合并、拆分、改停、撤消都纳入到本研究的范畴。大学院系设置的过程实际是一个院系组织设计、院系组织再造、院系组织变革或发展（Organization Development）的过程，是大学二级组织结构中的一种横向结构的设计，其目的在于确定教育、教学、科研和其它各项任务的分配与责任的落实，以求分工合理、职责分明，有效地达到人才培养和事业发展的目标。美国高等教育学者伯顿·克拉克认为："根本的变化意味着结构的变化，在任务和权力非常分散的系统里尤其如此。一旦结构发生变化，人员和任务的正式安排也会随之得到修正；发号施令者，接受指令者以及指令的内容也会随之改变。许多自上而下的改革过早夭折的一个重大原因是这些改革没有触动从事实际操作的低层结构。"① 也就是说，通过资源和权力的重新配置以实现组织目标的最优化是大学组织变革的目的，也是科学的院系设置的目的，这也是与建立现代大学制度的目标相一致的。

从大学院系设置的运动规律来看，大学院系组织的设置不是僵化不变的，而是处于一种不断运动与发展过程中，具有很强的"生成性"，这种生成性表现在三个方面：一是在大学院系组织的生成方式上看主要有"外部生成"与"内部生成"的路径，前者是指由大学外部的实用性需求而促发院系的生成；而后者是由大学自身的衍化，如知识的分化与综合、专业的变化等因素而引起的院系组织变迁；二是从大学院系设置变迁的动力来看，大学院系的衍生与发展是在知识自身发展的需要以及社会发展的需要共同作用下推进的，院系设置的变化可以促进新的知识生产方式变革，拓展知识范围，同时，院系设置本身在很大程度上也是为了满足社会及高校所存在的现实需要；三是从大学内部组织功能结构的需要来看，由于大学规模的日渐扩大、事务增多以及管理幅度的拓宽而需要增加或改组院系等管理组织。

从大学院系设置的外部影响因素来看，大学是社会大系统中一个完整的小系统，院系在这个系统之中应该处于动态的平衡状态，一旦严重失衡

① [美]伯顿·R.克拉克.高等教育系统——学术组织的跨国研究[M].杭州：杭州大学出版社,1994:262-263.

而不能自行调节的时候，就会影响整个系统的运作效率。大学内外部环境的变化影响着大学院系设置的变化，例如，大学的办学定位、办学资源以及办学规模等因素都会影响院系的设置方式与运行模式。

1.4 研究意义

1.4.1 理论意义

研究型大学院系机构设置的研究是高等教育管理的有机组成部分，对高等教育管理质量的提升有着重要的意义。通过对研究型大学院系设置理论基础的阐释、对其内在逻辑及现状的概述、对现存问题的分析以及相应优化策略的探讨，在一定程度上丰富和完善了现代大学管理理论，并为我国研究型大学院系设置或学术组织的优化改革提供了一定的理论基础和借鉴意义。同时大学的院系调整作为一个热点话题，自从上个世纪50年代以来就备受关注，而关于大学学术组织究竟如何设置的问题至今未达到共识并缺乏理论支持。到目前为止，关于大学学术组织的设置没有形成科学规范的原则，以致出现学术组织设置混乱，“热乱”现象，不利于指导实践。本研究阐释了指导研究型大学院系设置（学术组织）的深层逻辑变量与价值取向并提出设置规范和原则，指出目前我国研究型大学学术组织设置存在的一些问题，具有一定的理论意义。另外本研究有助于进一步丰富建立现代大学制度的理论建设。高等教育的研究工作，大多从高等教育的实践中寻找问题，而这些问题大多围绕着高等教育的宏观问题，如高等教育与社会政治、经济、文化的关系；或者是高等学校的微观问题，如质量、课程、教学论等。相对而言，较少对高等学校自身进行研究，较少对高等学校的中观层面——院系的问题进行研究，而这恰恰是高等教育和高等学校所面临的重要问题。具体到研究型大学学术组织设置问题的理论研究，在国内的重视还不够，在实践上的探讨也非常有限，因此，对其进行理论研究是很有必要的。

1.4.2 实践意义

对我国研究型大学学术组织设置的研究适应我国大学改革和建立现代大学制度的需要，优化整合研究型大学内部学术组织设置，提高管理质量是研究型大学生存与发展的根本出路，而推进大学组织改革的切入点便是其内部学术组织设置的改革。当前研究型大学内部学术组织设置还存在一定的问题，行政化、官本位现象严重，院系设置数量过多，缺失与重叠并存，无序随意，学术权力与行政权力协调力度不够等等。本研究通过对相关院校内部学术组织设置现状存在的问题分析，提出有针对性的、可操作性强的学术组织设置优化策略和原则，有助于大学学术组织构架的整合和优化，有助于推进大学学术组织调整和学术组织设置的改革，提高管理效率。

1.5 研究方法和思路

1.5.1 研究方法

教育研究是对教育活动规律的探索。研究就是公开而系统的探究。与随意性问题解决不同，科学研究必须使用科学方法。方法是从已知领域过渡到未知领域的一座桥梁，对于研究者而言，研究方法十分重要。研究方法非常复杂，涉及的范围广、内容多，如方法论、方法、技术，理论，范式（学科范式、理论范式、研究范式），视角（理论视角、研究视角），研究框架、理论框架、分析框架、技术路线，定量研究、定性研究、思辨研究、实证研究，归纳法、演绎法，等等。[①] 本研究主要选取了我国部分研究型大学作为研究的样本，调查全国多所研究型大学，既了解它们院系设置的情况、存在的问题、今后的思路，也对一些有关学术组织的理论和疑难问题进行了探讨。访谈的人员中，有大学的领导，有职能部门如发展规划处、教务处、科研管理、组织人事、等部门的负责人，也有院系的领导，

① 刘献君．教育研究方法高级讲座 [M]. 武汉：华中科技大学出版社 ,2010:1.

学科带头人等，有许多的访谈材料是首次使用，考虑到有些访谈材料涉及到比较敏感的问题，应被访谈者要求部分材料隐去了真实单位和姓名。

本研究将运用教育学、组织行为学、管理学、统计学等学科理论分析与解决问题。在具体研究方法的运用上，本研究将运用的研究方法包括历史分析法、文献法、调查分析法等。

1）历史分析法

任何事物的发展变化都需要一个过程。分析事情的历史发展过程不仅有助于我们理解、讨论和判断现实问题，而且有助于我们从已有的发展过程中发现事物变化的规律和特点，为现实问题的解决提供有益的启示。大学院系作为大学组织的重要组成部分，其组织形式、结构的形成是一个动态的发展过程，在不同的历史时期具有不同的表现形式和结构。为探究学科对大学院系设置或学术组织设置的影响，势必需要从学科对大学学术组织的形式选择、结构设计的历史演变中探析学科对其所发生的影响。

2）文献法

文献研究法有着悠久的历史，但是又历久弥新，充满了生命力。任何学术研究都离不开对已有研究的研读与借鉴，课题的选择以及论文的撰写都离不开对他人文献的借鉴与引证，因此，文献阅读与分析的方法是研究的基本方法。但是，人类历史的漫长性与丰富性使得文献数量繁多、门类多样甚至良莠不齐，那么如何智慧地挖掘文献资料，使之“为我所用”成为学术研究的重要环节，直接影响研究的水平高低，甚至研究的成败。本研究是从学科角度对我国研究型大学的学术组织（院系）设置进行分析，自然少不了对“学科”“研究型大学”等基本概念的厘清，同时还要深刻而全面地把握学科与研究型大学院系之间的内在逻辑，也只有在此基础上进行归纳、总结与提炼，才能揭示出我国研究型大学院系（学术组织）设置的特点与不足，也才能更好地预测研究型大学院系（学术组织）设置的未来发展方向。

3）调查研究法

本研究采用了个案调查法。虽然本研究的对象界定为中国的研究型大学，但即便如此每一所大学都有着各自迥异的历史沿袭的文化背景和学科差异，因而各大学对于其院系设置（学术组织）的原则、内容、方法、步骤等都有所不同，必须对其进行具体深入的分析。考虑到各大学的学科特色以及现阶段院系调整和改革具有代表性等情况，本研究选取了北京师范大学、浙江大学大学、华中科技大学这三所大学进行重点调查，通过个案调查，剖析院系调整和改革的具体实施情况，掌握研究型大学院系（学术组织）设置的现状和发展脉络，探寻研究型大学院系设置或者学术性组织设置的原则和模式。

1.5.2 基本思路

本研究从大学的本质功能以及社会功能出发，确定大学院系设置（学术组织）的两个基本逻辑——学科或知识演变的逻辑以及科层制管理的逻辑，以这两个逻辑为标准来分析我国现行大学院系设置的不足，并以这两个逻辑来作为大学院系设置是否合理的判断标准，同时以知识演变以及组织管理变迁的趋势来预判我国大学院系发展的基本走向。按照这个思路，本论文分为导论、正文与结语三大部分，这三部分是由六个章节组成，具体思路如下：

绪论部分主要对本研究进行可行性论证，主要包括本课题的来源、研究基础，研究方法以及研究的意义，表明本研究的可行性、难点重点，确定研究对象以及表明研究方法。

正文部分共分五章，即论文的第二章到第五章。第二章从历史与现实的角度出发分析大学院系发展的基本过程，展示大学院系设置的发展历程，以大学院系设置的本质为基点，从知识逻辑与管理逻辑的双重逻辑出发，以历史与现实相结合的原则揭示我国当前院系设置的不足。

第三章对大学院系设置的基本逻辑与理论基础进行分析。在论述中主要从学理上解决大学院系设置的本质问题，并从本质出发寻找大学院系设置本质所需要遵循的知识逻辑以及管理逻辑，这种知识逻辑和管理逻辑的双重作用成为大学院系设置改革的内隐性规范，也是为后面的分析打下基础。

第四章从对大学院系设置（学术组织设置）改革的趋向与原则进行探讨。认为大学院系设置（学术组织设置）的基本取向是要遵循教书育人的价值取向以及发展学科的行为取向，并从管理幅度、大学发展目标以及组织的灵活性等多方面提出大学院系设置的基本原则。对基本取向与基本原则的确定，就是对大学院系（学术组织）设置的策略进行探讨，便于在院系设置改革的过程中从中观层次把握好方向。

第五章首先是基于上述的分析，在坚持知识发展的学科逻辑与管理逻辑的基础上，根据院系设置的基本取向与原则，构建了理想化的院系结构图式。然后，从现实的角度对中国研究型大学院系学术组织设置进行观照，其中以浙江大学、华中科技大学、北京师范大学这3所在院系设置方面颇具代表性的中国研究型大学作为案例进行研究，以深入探讨现阶段中国研究型大学院系设置存在的问题并探析其深层动因。

第六章主要从大学学术组织的生态化构建与内部组织治理的角度来分析大学学术组织的从管理模式创新。大学跨学科学术组织成长的基础在于学科交叉与融合，对学术使命的担当与组织公平为跨学科学术组织的成长提供了动力源泉和效率保障。由于学术自由与学术问责的断裂，学术成就与学术品质的错位以及学术信仰与学术道德的沉沦等原因，导致了大学学术组织内部存在“泛行政化”现象。跨学科学术组织是大学学术组织发展的必然趋势，它是一个聚合了不同学科的生态环境。在这一生态环境中，不同学科之间会对学术资源进行争夺，并发生权力冲突与文化冲突。要减少或消解学科之间的冲突使大学跨学科学术组织达到生态和谐，就需要求同存异，形成统一的内生性的组织目标；多元参与，建立组织内部的利益分享机制；协同治理，建立组织内部的权力制衡机制；开放边界，建立学科之间的文化交融机制。大学跨学科组织的创新需要加强国家政策的“顶层设计”，优化外部环境；发挥教育行政主管部门的指导与评价作用，缩短创新周期；重建经费投入机制与社会支持网络系统，增强资源保障性；优化组织的结构治理与关系治理，释放组织创新的内在活力。

最后是结语部分，针对当前知识进一步分化与综合的基本特点，对我国现行研究型大学的院系设置以及内部运作情况进行反思，指出今后院系设置需要注意的问题以及调节方法。再者就是对未来的院系发展方向展开方向性的预判，以便在我国大学院系（学术组织）设置的调整过程中增强方向感以及前瞻性。

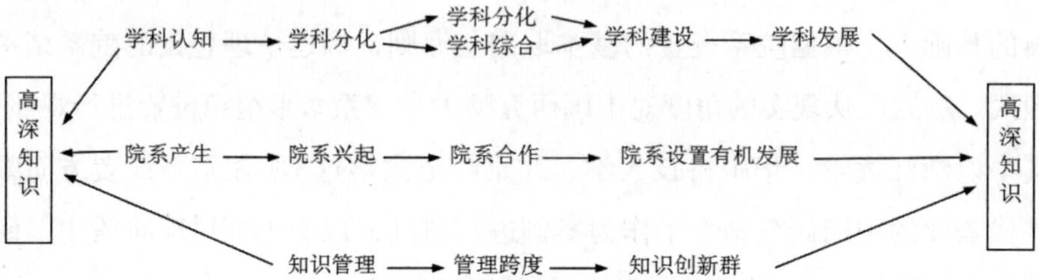

图 1–1　本研究理论框架图

院系学术组织设置的历程与反省

现代意义的大学最早产生于中世纪的欧洲，得到公认的是意大利的博罗尼亚大学与萨莱诺大学。而大学的院系形态的出现也是最早出现于这些欧洲大学。到了近代，这种形式的机构得到更多大学的效仿，因而有较大的发展。虽然我国在汉代以前就出现了高等教育机构，但是我国现代大学的产生属于“后发外生型”，无论是大学形态还是院系设置都是模仿国外大学的。上个世纪的20—30年代，我国最早出现了院系形态的设置，建国后，随着我国全面学习苏联的浪潮到来，很多原有高校被按照学科分类的方式进行“拆离”，以学科门类为特色的高校成为主流，因此，我国在全国所有高校实行了校系两级管理的模式。上个世纪末，因为高校扩招和以“合校、并校”为特征的院系调整，使我国出现了数万人规模的巨型综合性大学，因此，这些是多学科性的综合大学为了便捷管理，所以在学校层面与学科系之间的设置了学院层级，并实行了以学院管理为主的管理体制。但是由于学院层级的设置原则不规范、界限模糊、并且割裂了学科系与学校的关系，造成了学院层面权责分离，而运行机制不畅，使学校管理难以落实到学科系。作为基层学术组织的学科系的积极性很难得到应有的发挥，院系设置改革的本意得到不体现。

2.1 现代大学院系学术组织设置的变迁历程

由于国外大学与我国大学的院系学术组织设置存在时间与方式的差异，所以，这里我们从国外与国外两个层面来探讨现代大学院系学术组织设置的变迁历程。

2.1.1 国外大学院系学术组织设置的历史回顾

纵观历史，现代大学的院系发展史并不是纯粹的政治逻辑，更多的是与大学的学术发展史相关，具体说来是与大学的学科发展历史紧密联系的。依照这个逻辑，我们将现代大学院系发展史分为三个阶段。

第一阶段（11世纪—16世纪）：单一化与层级化时期。

萨莱诺大学和博洛尼亚大学是世界现代大学的肇始。当时的大学并不像今天的大学一样具有完整的学科设置，更没有今天这么庞大的机构，而是由为数不多的单一学科组成的、真正意义上的"单科性大学"。可以说，欧洲中世纪大学的院系设置脱胎于当时的行会组织模式，当时的学生并不是纯粹地为闲情逸趣而进行学术研究，更多的是抱着某种职业目的而进入大学的，如最早开设的神学、医学或法律就是为学生未来的职业做准备的，一些学生就是抱着未来成为牧师、医生或律师的职业目的而进入大学，而这些职业需要一定的专业知识，因此，作为学生群体当家作主的中世纪大学必然会根据学生的需要而确定自己的教学内容，基于此，以学生职业需要为目标取向的学院制度和分科制度就产生了。如萨莱诺大学只有医学一个学科，而博洛尼亚大学也因为这个城市在商贸中的地位与需要只开设了法律一个学科。而经过近一个多世纪的发展，两个大学才逐步成为法学、神学、医学与文学等几门学科同时并存的大学。尽管之后的博罗尼亚大学还设置了民法科、教会法等科系，然而，这些也只能算是法学学科之下的二级学科。十二世纪诞生的巴黎大学由巴黎圣母院大教堂学校发轫，以神学为主要学科，经过一个世纪的发展也只拓展为神学、文学、法学和医学等四个学科，即使只这样在中世纪也算是一个学科门类最齐全的"综合性大学"了，曾一度成为欧洲大学的典范，世界学者也趋之若鹜，高峰时期在校学生达到50000多人，被冠以"世界大学"与"大学之母"的美誉。之后，欧洲的其他大学都纷纷效仿巴黎大学大学开设了文、法、医、神学等四科。

可以看出，无论是萨莱诺大学还是博洛尼亚大学，抑或是巴黎大学或牛津大学，他们在创立之初的学科设置、甚至教学内容都不是很成熟，甚至是很不稳定，这对大学的进一步发展造成了障碍。因此，经过近两个世纪的探索，在十三世纪的时候，罗马教皇发布教令以及大学法规，强力实行统一稳定的教学内容，神学院、医学院和法学院是当时大学的不二选择，之后，随着人文学科的发展以及在其他学科中的基础地位的凸显，很多大学又增加了文学院或“七艺”学院。

尽管此时的大学具有文、法、医、神学等四个学院或者系，但是，他们四者之间的地位并不是完全相等的。中世纪的欧洲是政教合一的政治模式，教会对大学有了绝对的实际控制权，因此，教会毫无疑问地将神学定为大学的首要学科，神学院也就是大学的第一学院，对其他学院具有支配权，其地位是独尊为大。而文科是当时的基础性学科，往往开设在大学的预备阶段，学生要进入法学、医学与神学等学科的学习就必须先参加文学的学习，因此，文学院是大学的基础性学科，文科的教学内容也主要集中于“三科”“四艺”（合称“七艺”）：即文法、修辞、辩证法（“三科”）以及几何、算术、天文、音乐（“四艺”）。

虽然文学院的地位就像是其他学科必经的过道或者是一种通向超越其本身的目标的手段，因而，在强调职业取向的理念下，文学院因为自己缺少专业性的秉性而在大学的院系体系中只能处于较低的位置，神学院、法学院以及医学院似乎在知识和道德上都天生地具有高于文学院的资本。之后，从巴黎大学分离出去而独立成立的剑桥大学与牛津大学的院系设置都没有脱离“大学之母”的基本特征。

第二阶段（16 世纪—19 世纪初）：学科化与本土化时期。

随着意大利的文艺复兴以及英国、法国的资产阶级革命与工业化的到来，神学已经逐步被科学所“证伪”，其作为大学第一学科的地位也渐渐消退，相反，自然科学与人文社会科学对于社会历史发展的作用逐步被“证实”，其地位也逐步得到社会的认可，自然科学与人文社会科学的学科合法性逐步得到增强，大学发展的“破冰期”已经到来。

中世纪大学一直在教会与世俗政治的夹缝中生长，尽管在人类进步史上有其光辉的一面，但是，教会一度控制了大学的教学与管理，大学也一度成为教会的“兄弟连”。而教会的腐败与堕落，成为中世纪社会“守旧的堡垒”。中世纪的大学一度依附于教会，不但在教学内容上游离于社会实际，在教学方式上更是繁琐迂腐的经院教学模式的翻版，教学课程在数百年之间竟然没有进行内容上的增减；大学内部实行教皇式的控制管理模式，僵化没落的中世纪大学已经很难吸引学生，甚至很多大学关门大吉。文艺复兴、宗教改革以及科技进步和工业革命一波接一波地影响了少部分相对还不保守的大学，如英国的牛津大学与剑桥大学；德国的洪堡大学以及法国的巴黎大学等，他们最早觉醒，并开始摒弃神学高高在上的传统模式，开始将与当时社会政治和经济、科技变革相关性很大的自然学科和人文学科摆在了突出的位置，并极力革新旧的繁琐学风。

虽然少部分大学对社会的变迁做出了积极的回应，多数中世纪的大学对新事物反应迟钝并形成一种抗拒心态，但是，“青山遮不住，毕竟东流去”，近代科技进步与工业革命带来的政治变革以及文艺复兴带来的文化觉醒已经成为势不可挡的历史潮流。从客观上说，新科学、新知识的不断发展最终会成为大学发展的必要条件和重要动力，大学已经不可能置身于社会发展之外了，对这些新知识的接收也就成为历史的必然。因此，教会在大学的地位逐步式微、民族国家和公民社会开始凸显，大学不得不向世俗生活敞开怀抱，也不断被世俗社会“同化”。国家取代了教会成为大学的“同伴”，国家运用自身掌控的行政权力以及通过制定相应的经济政策来改造原有的大学，甚至按照自己的需要来创办新大学，逐步缩小教会对大学的控制权，世俗的国家权力获得了对大学的支配权。如德国在16—17世纪初就新创建10所大学；仅在1630年代，就改造了法兰克福、莱比锡、海德堡等老式大学；而1787年，威廉二世执政后就规定在中央设置教育局，统领管理包括大学在内的教育事宜，成了第一个从教会手中夺回教育领导权的国家。

同时，在学科方面，原来的文学也开始扩张、分化与繁荣，开始成为张扬人性、贬斥神的地位的学科。十五世纪意大利的一些学者开始以古希腊、罗马的语言和文字学为基础进行人文学科研究，特别是伦理学与道德哲学在一些大学成为与神学抗衡的学科，大学的世俗化运动也从此拉开序幕。而随后的近代科学革命确立了科学是唯一有价值的知识，科学已经成了现代社会的中心，最终，神学在大学中高高在上的神圣地位被彻底消解。一些原来还不是很守旧的大学中开始出现了人文主义非常浓厚的学院，如1437年出现了将基督教当做哲学来研究的剑桥大学基督学院；以培养贵族阶级闲暇娱乐为主的剑桥大学圣约翰学院；以教授古典文学而闻名遐迩的牛津大学基督圣体学院等。此外，还有一些大学并不是以实体形式出现新的学院，而是在原来的学院中开设新的讲座，以此作为一种松散型的学院组织，如牛津大学的圣保罗学院就是通过讲座的形式聚集了一批热爱文学研究的学生和学者而形成的、非具体形态的学院组织。

另外一些院系是根据自然科学的细化而设立的。十六世纪末期，牛津大学根据原来牛津大学师生的研究领域以及自然科学的分科制度而逐步设立了数学、天文、地理、自然哲学与道德哲学、古代史、阿拉伯语、音乐、物理以及植物学等自然科类学科的教学课程并单独设立教授职位。十七世纪开始，法国的巴黎大学就开始改良了物理学和医学课程，增设了动力学、光学、数学，以及化学等新兴学科。十七世纪后期的日本幕府时期，尽管日本的高等教育机构还仅仅显出雏形，但是教学规则比较严格、课程体系也开始丰富化，既有类似中国古代书院的经义、史学、诗文、博读和皇邦典故等学科，还开设了和西方大学类似的自然科学课程，如天文学、地理学、哲学、数学、化学、物理学、机械学、制图学和外国语言学等。当然，此时的美国有更多的大学开设了除一些古典学科以外其它大量的自然科学学科的课程。

很明显，曾经以神学为中心发展起来的大学学科结构体系和“七艺”为主要内容的课程体系与专业设置模式已经逐步瓦解，出现了多学科的教学内容，大学学科初始的专业化发展趋势得到确认、专门化的大学学科结构体系逐步形成。

与学科结构发展状况相对应的是各国大学的院系设置发生了变化。尽管自然科学的新成果在当时能够迅速传播，大学的经营模式也开始互相借鉴，如美国的大学改革开始大量效仿德国模式，但是，由于各个国家的政治、经济、文化与科学技术水平的还是存在着很大的差异，在这个时候，各个大学并不是一味地照搬其他国家的院系设置方式，而是将西方传统的院系设置方式和本国的实际情况巧妙而有机地结合在一起，可以说，“本土化”发展是当时大学院系设置的一个新趋向。如完全仿效英国剑桥大学而建立的哈佛大学、仿照英国爱丁堡大学设立的耶鲁大学，以及后来根据1862年莫里尔法案后而兴起的大批赠地学院等都是继承和发展了英国大学的院系设置方式，一方面在大学内部设立了英国式的学院，并拥有相对独立的活动权力，如传统的神学院、法学院以及医学院等；另一方面又根据知识逻辑分类和知识在社会上应用的领域来设置不同的院系，而且在名称与数量上减少了对院系设置的限制，因此，自然科学、工程技术、管理学、经济学等实用技术学科进入了大学院系设置的视野，农学院、工学院和商学院等学院也就应运而生。大学院系设置的本土化与学科化方式，不但体现了欧洲古典大学重视博雅教育的传统，更是大学教学服务地方经济的价值取向在院系设置上的充分体现。

第三阶段（19 世纪—现在）：多元化时期

十九世纪以后是大学学科分化最为剧烈的时期，不但出现了人文社会科学与自然科学学科的交锋与螺旋上升的趋势，而且整个学科结构与类型开始出现了多样化的端倪。十九世纪以后，焦尔与赫尔姆霍兹发现了能量守恒和转化定律、施莱登与施旺创立了细胞学说、达尔文创立了进化论这成为自然科学界的三大发现，之后，量子论与相对论使自然科学领域发生巨大的变化。一些纯理论的科学衍生为一些基础科学，而在一些实用性较强的工程技术领域不断出现新的学科，在哲学、社会科学领域也不断涌现出标志性的人物和理论，并逐步演变为新兴的学科。因此，十九世纪初到二十世纪中后期是一个学科裂变时期，学科分化与结构多样化是时代的特征，人文学科与自然学科开始由文艺复兴时期的“并肩作战”转向了逐渐相互对垒的两大阵营。

而对于大学与大学学科来说出现了三种新趋势。其一是以实用性学科为主的单科性新大学开始出现。在此之前，世界的大学几乎没有脱离中世纪大学的基本“规制”，无论是产生方式还是学科结构都是脱胎于中世纪大学。但是，十八世纪下半叶开始就出现了一些以实用学科为主的新型大学或者学院，其学科类型结构与传统大学有很大的区别。比较典型的有法国的土木工程学校（1774年），巴黎理工学校（1794年，前身为公共工程中心）、德国的柏林工业大学（1799年）、美国的西点军校（1802年）以及《莫雷尔法案》之后兴起的众多的技术学院和农业学院等等。这些专门性大学的出现是对工业革命的积极回应，也促使了大学教育改革向纵深发展。

其二是大学的传统学科不断分化，学科类型与数量迅速扩张。大量的学科分化并有不同的学科进行交叉，产生的学科种类繁多，据《学科的边缘》记载，光自然科学领域内的学科名称就有4126门之多；在当代哲学、社会科学领域中主要的、有影响的学科就达470门之多。学科分化的趋势必然要投射到高等教育领域。在这一时期，无论是自然科学还是社会科学内部出现的各种学科分化以及知识分类很快就在一些主流的或者著名的大学中得到认可。如到"一战"前，历史学、经济学、社会学、政治学、人类学、东方学就得到大学的承认并得到学科建制，而后，地理学、心理学、法学等传统学科在吸收了新的发展成果之后在大学中得到了重建。从传统学科中分化出来的新学科不但成为大学学科的重要组成部分，而且受到与之旨趣不同的传统大学的重视，促使自身的学科不断发展。如由历史学和法学分化而来的道德哲学以及由数学与物理学分化而来的数学物理等学科就成为1848年剑桥大学的考试课程，随后，牛津大学就成立了自然科学系、法学与现代史系、数学物理系，这表明，这些新学科在大学中获得了学科合法性，学科的独立地位得到了体现。同样，作为传统大学向现代转型的典范的洪堡大学以"教学与科研相结合"为口号，积极吸收现代科学发展的新成果。虽然当时的洪堡大学仅有神学、法学、医学和文学等四个学科，但是在具体的教学与科研的运行中有着广泛外延的内涵：神学尽管还在形式上得以保存，实质上是名存实亡，相反，哲学的发展势头非常迅猛，不但取代了神学在大学中的核心地位还成为"学科之母"，成为统合和评判各种知识与学科的标准。"神学院"实质就是"哲学院"，其学科也远远超越了纯粹的哲学，而是囊括了所有的人文和社会学科，并吸收和开设了自然科学的科目，成为追求人文与自然科学基本原理的场所。同样，其他的学科也更加“专门化”和“科学化”，学科领域的界限日益明显。

其三是人文学科与自然学科互为对垒以及学科的重新综合。在近代以前，人文与科学本来是统一的，并没有各自独立的涵义与内容。但是，随着自然科学在社会生活中带来的独特的物质成就，使自然科学“独享”了“科学”的称号与内涵，因此，人文与科学就成了两种互为对峙的文化现象，并且两者为争夺“首席地位”而展开竞争。19世纪整个学科体系出现了扇形扩散的态势，不同的学科都有不同的认识论立场，特别是扇形的一边是数学为代表的自然科学，扇形的另一边是哲学为代表的人文科学，两者之间的立场与认识重点难以融合，因此，知识就被割裂、日益僵化为不同领域。而作为学科集中地的大学从十九世纪开始就持续出现了人文科学和自然科学的对立与交锋的态势。

但是，从二十世纪中叶开始，学科在同一时间与空间中经历着高度分化与高度综合的矛盾发展历程。二十世纪中叶以来，随着科学技术发展速度的加快以及科学技术向生产力转化周期的缩短，交叉学科、边缘学科、横向学科、综合学科大量出现，大学学科结构与院系设置也随之变化。主要表现在：①以学科多样性为前提的大学学科综合化。不但大学学科门类增多，而且学科覆盖面以及学科交叉与渗透日益增强，跨学科研究与跨学科教育在大学中开始得到了重视与发展，如很多大学强调通过文理渗透与联合，推行跨学科课程、通识教育、宽口径的专业设置等方式来加以促进学术的提升与学生能力的提升。②单科性大学向综合性大学转型。无论是以人文社会科学为重点的牛津大学与剑桥大学，还是以理工科为重点的麻省理工学院与伯克利加州大学都不再陶醉于原来的学科结构与研究领域，开始向集人文学科与理工科为一体的综合性大学转型，不但在大学中增设了很多与原来相对的学科，更是在大学中设置了综合性的学院。其中，有一些学院仅仅是多种学科聚集的多科性学院，有些学院是跨越了自然学科与人文学科界限的综合性学院。如英国的牛津大学从建校开始一直奉行传统的中世纪大学教育传统，而到文艺复兴时期，牛津大学也开始向世俗社会靠拢，开始开设哲学、艺术等人文学科，到工业革命时期，牛津大学又顺应社会的需要，开始关注新兴的自然科学，一直到上世纪的五十年代到六十年代，冶金系、材料科学系、工程科学系等纯工科的院系已经悄然在牛津大学立足，至此，牛津大学就成为一个人文、理工相结合的综合性大学。而年轻的麻省理工学院经过了50年的历程，由一个技术学院发展成为了综合性大学的。物理实验学家康普顿担任校长以后，就致力于学科的互补性，特别是对化学、物理和数学等基础性学科非常重视，所以，学校就成立了理学院；随着工程领域对管理水平的需求日益增多，学校就开始建立了管理学院，到上世纪五十年代，社会发展的需要又促使麻省理工学院成立了人文和社会科学学院。这些现象说明，一些世界著名大学一方面非常关注学科的分化，不断增设新的学科，成立以新学科为核心的新学院，另一方面又重视不同学科之间的交流与融合，不断成立有利于不同学科融合的综合性学院，所以一直保持在世界大学群中的佼佼者地位。③单科性的学院或者院系还大量存在。即使在二战前就出现了不少以实用技术为核心的高等教育机构，但是，从数量和规模上来说还不成气候，远远少于传统型大学的数量与规模。不过，到二战以后，特别是苏联的崛起让世界其他国家看到了苏联高等教育中以学科与专业为原则的院系设置的优点，因此，也相继出现了不少以培养专门技术人才为任务的学院或者院系。据统计，英国从1961—1969年的八年间创办了10所新型大学，内部就设立了不少的单科性技术学院。

结合学科发展的历程，我们发现二十世纪以后西方国家大学的院系设置处于一种多元化的发展时期，不同国家都进行了院系设置的变革。综合起来有以下几种模式：

1）以学科划分为依据的学系制模式。

学科的进一步分化是学科的层级增多，这就成为一些欧洲大学院系设置的主要依据。按照学科设置系的方式逐步取代了原来大学中以学科门类为主的学院制度，使学科系成为大学中最基层的教学与科研组织，一些大学形成了学校、学院、学科系三级管理模式。从历史的角度来看，这种学科系的设置模式是脱胎于德国的讲座制，后被英、美等国借鉴而形成。不过，学科系的设置比德国的讲座制包含了更宽泛的知识领域，如物理系、化学系、数学系等都涵盖了一个一级学科，在学科系中设立最高行政长官是系主任，系主任的主要任务就是主持日常行政工作，而没有处置学科系中学术的权力，因为西方国家的学术权力更多地是集中在教授的手中。在学科系中往往建立了完善而民主的学术权力分配制度，教授之间往往通过地位平等的“圆桌会议”来处理学术事宜。这种以学科为依据设立学科系的方式使管理比较民主、很容易使同学科的教授在学术问题上通过民主的方式达到一致，减少了不同学科教授之间沟通对话的障碍，可以打破学术权威的藩篱。

2）法国大学独特的“学院制”向“教学与研究单位”的改革。

巴黎大学是世界上最早实行学院制的大学，早在14世纪就开始实行了学院制，之后很多法国大学纷纷效仿巴黎大学而建立了文学院、理学院、法学院、医学院和神学院等五大学院体系。因此，有人将法国称为“大学学院制的故乡”。由于学科的进一步分化，所以到二十世纪中叶，大学学院制的弊端已经非常突出，法国大学在世界大学体系中的优势逐步被其他国家取代，很多学者对大学的学院制进行了批评。在这种背景下，法国于1968年11月通过了《高等教育基本法》，明确提出对大学实行“教学与研究单位”制改革，尽管这种教学与研究单位的名称还是属于学院，但是其实质已经大相径庭。到1984年，法国进一步颁布了《高等教育法》，将“教学与研究单位”改称为“教育及研究单位”，这种所谓的教育及研究单位并不是一个单一的机构，而是由若干不同的学系、实验室与研究中心共同构成。不过实际上，不同的“教学与研究单位”在规模与涵盖的学科范围上都有很大的差别，有些可以相当于以前的一个学院，涵盖了几个学科，有些很小，仅仅相当于一个系科。但是，“教学与研究单位”在大学中的地位得到了法国1984年《高等教育法》的确认，是法国大学的基本构成单位，并具有管理、行政以及教学的基本职能与权力。

3）以多种学科聚集为主要方式的学群制度。

可以说无论是按照单一的学科设立学科系，还是按照法国的“教研单位”模式，都无法克服学科与专业之间的分裂与隔阂。因此，从二十世纪六十年代开始，以英国苏塞克斯大学、东英吉利大学等为代表的新大学开始尝试打破这种过于局限的院系设置方式，他们开始了以学群为核心进行院系设置改革。这些大学将研究领域相似的学科聚合在一起组成有一定同质性的学科群，然后根据这些学科群的不同在全校组建了多个学群。就苏塞克斯大学而言，该校就设立了理工科、人文与社会学两个大的学群，但是在理工科学群下有设立了生物科学、化学与分子科学、工程科学与应用科学、数学与物理科学等四个子学群；在人文和社会学学群下设立了亚洲研究、文化与社区研究、英美研究、欧洲研究和社会学等五个子学群。同样，在亚洲的日本筑波大学自1973年创校以后就开始实行了学部制度，但是到上个世纪末，筑波大学也试图改变原有的学部制度，采取了一种将研究组织与教学组织分开的院系组织结构模式，他们专门为教授的研究需要而设立学科系，为教授的教学需要而设立数个学科群。

4）德国大学独特的“学域制”院系设置模式。

德国大学一直具有保守主义传统，在院系设置上也是如此。大多数的德国大学能够在几百年中一直秉持传统而不进行院系改革，所以，绝大多数德国大学的院系设置是坚守哲学院、神学院、法学院、医学院等4个学院的基本架构。但是，科学的进步对世界大学与社会生活的影响是难以用传统来禁锢的。到二十世纪六十年代以后，德国大学也进行了院系设置的巨大调整，其中标志性的改革就是德国大学实行了“学域制”管理模式。“学域”不同于学群，学群是以知识的分类与学科知识的界限为标准，集合了相似的学科群，而“学域”拓展了学科知识的明显界限，将边界延展到了动态性的区域，学域的边界比学群的边界更加模糊。而“学域制度”替代了传统的学院与系的职能，是德国大学教学与科研中最基本的组织单元，其中的“学域会议”是“学域组织”内的最高管理机构，主要由教师与学生共同选举产生的代表们来行使“学域会议”的权力。

5）美国大学的院系学术组织设置的改革。

巴黎大学是世界上最早实行学院制的大学，早在14世纪就开始实行了学院制，之后很多法国大学纷纷效仿巴黎大学而建立了文学院、理学院、法学院、医学院和神学院等五大学院体系。因此，有人将法国称为“大学学院制的故乡”。由于学科的进一步分化，所以到二十世纪中叶，大学学院制的弊端已经非常突出，法国大学在世界大学体系中的优势逐步被其他国家取代，很多学者对大学的学院制进行了批评。在这种背景下，法国于1968年11月通过了《高等教育基本法》，明确提出对大学实行“教学与研究单位”制改革，尽管这种教学与研究单位的名称还是属于学院，但是其实质已经大相径庭。到1984年，法国进一步颁布了《高等教育法》，将“教学与研究单位”改称为“教育及研究单位”，这种所谓的教育及研究单位并不是一个单一的机构，而是由若干不同的学系、实验室与研究中心共同构成。不过实际上，不同的“教学与研究单位”在规模与涵盖的学科范围上都有很大的差别，有些可以相当于以前的一个学院，涵盖了几个学科，有些很小，仅仅相当于一个系科。但是，“教学与研究单位”在大学中的地位得到了法国1984年《高等教育法》的确认，是法国大学的基本构成单位，并具有管理、行政以及教学的基本职能与权力。

2.1.2 我国大学院系学术组织设置变革的基本轨迹

1）我国大学院系学术组织设置的发端

我国现代意义上高等教育的产生方式属于“后发外生型”。两次鸦片战争的惨败教训，使得中国被迫实行了洋务运动，开始选派幼童前往西欧学习，但是这也远远不能满足国内对人才的需要。“公车上书”引发的“百日维新”，尽管持续时间不长，但是在客观上使中国人看到了“洋学堂”的优点。就在洋务运动期间，1879年美国圣公会上海主教施约瑟（Samuel Isaac Joseph Schereschewsky）将原来的两所圣公会学校“培雅书院”和“度恩书院”合并组建了圣约翰书院（后更名为圣约翰大学，后主体部分变更为复旦大学）；1900年东吴大学堂在苏州成立（后整体迁移到台湾，原址为现在的苏州大学）。这些学校是我国近代高等教育的最早雏形。

在西方列强的入侵中，西方模式的大学也开始在中国相继建立。天津是中国北方维新变法的重要基地，相当一部分官僚、地主和商人积极响应维新变法，并努力付诸实践。李鸿章在天津开展洋务事业运动的重要幕僚之一的盛宣怀，大力提倡“自强首在储才，储才必先兴学”。于是，清政府在1895年设立了我国第一所新式学堂——天津北洋西学学堂（今天津大学的前身）；第二年，盛宣怀又在上海创办了南洋公学（今上海交通大学与西安交通大学的前身）；1898年7月，清政府创办京师大学堂（今北京大学的前身），这是我国近代史上第一所国立综合性大学，既是全国最高学府，又是国家最高教育行政机关，统辖各省学堂。1902年设立了中国近代高等教育史上第一所中西方教学模式共为一体的山西大学堂；1909年清政府成立了“游美学务处”，负责直接选派学生游美学习，同时着手筹设“游美肄业馆”。1911年将“游美肄业馆”改为“清华学堂”。

当时所有的教会大学都设立了文理科、医科、神学科等三科；而天津北洋西学学堂设立了包括工程学、矿务学、机器学、电学和律例学等五科实用性学科；南洋公学成立师范院、外院、中院和上院等四院；山西大学堂的教学内容分为文、理两类，旧课程只保留经学，其他一律取消，增设了英文、日文、法文、俄文、代数、几何、物理、化学、地理、历史、生物、图画、音乐和体操等课程，分属于文学院与理学院。

中华民国时期提倡新式教育，因此当时的教育长蔡元培先生亲自起草了我国历史上第一个《大学令》，该文献对大学的学科进行了规定：大学的教学内容总共分文、理、法、商、医、农、工七科，以文、理科为主，并且必须是文理两科并设，或文科兼法商二科，或理科兼医、农二科，这样的大学才能冠以“大学”之称。这是我国第一次从学科设置的角度对大学的建立标准进行硬性规定。之后，国民政府教育部又颁布了《大学令》的修正案，再次强调大学必须设立两个以上的学科；1929年南京国民政府进一步颁布《大学组织法》和《大学规程》，仿照欧美大学的体制将大学的学院划定为文学院、理学院、法学院、教育学院、农学院、工学院、商学院、医学院等八大学院；大学的设立标准之一就是必须设立上述八个学院中的三个学院以上，并且文理学院或农、工、医各学院必备其一。如果不足三个学院就只能成为独立建制的“学院”，而学院内部可以分成若干学科系。这些规定规范了当时的大学组织结构，使当时一大批院系设置各异的大学进行了校内的组织结构改造，一些没有设立学院的大学（如清华大学）开始合并系科成立学院，还有一些大学（如北京大学与同济大学）就将系升格为学院，一些大学的学院数增长较快，如国立中山大学将所有系升格为学院，设有文学院、法学院、理学院、农学院和医学院等5个学院。通过一系列的改革，中国近代大学内部的体制基本从原来的“学校——系”的二级模式转向了“学校——学院——系”的三级模式。

同时，这种“学校——学院——系”的三级管理模式在制度上明晰了各级的职责。很多大学章程就是按照三级管理模式来划分权力分配架构的。如清华大学和交通大学的1929年版大学章程与组织大纲就规定院长向校长负责，与教务长共同实施本学院的教学计划，以及管理院内事务；各学院的院长必须经过校长从教授中选聘。而系主任向院长负责，与教务长共同主持本系的教育教学工作，由校长从教授中选聘。而各系当中设立教授、副教授以及讲师职位若干，但是必须有系主任提名，经院长和校长批准访客聘任。中央大学于1930年颁布的《组织规程》规定，由院长和分管的副校长共同处理学院事务；教务长、事务长共同参与处理学院的教务与事务；系科主任的选聘由校长赋权给教务长和学院院长进行聘任；系主任负责本系的事务；教师的聘任由校长赋权给教务长、院长与系主任；院长有权参与校务会议、行政会议以及教务会议，并成为其成员。之后，1932年北京大学的组织大纲、1936年交通大学学则等文件都做出了类似规定。

我们可以看到，在我国1920—1930年期间，学院不但是大学成立的必备条件，更是大学主要的教学实体性机构；系科是大学最基层的教学组织。学院的院长具有承上启下的作用，向上要向校长负责，对下要对整个学院的教学与其他事务负责；院长参与学校事务、主持院务、聘任系主任和教师。

1939年，国民政府又进一步规范了《大学及独立学院各学系名称》；1949年之后，在一段时间内延续了这种制度。1950年8月，中华人民共和国教育部第一次颁布《高等学校暂行规程》，打破了原来大学必须设学院的规定，仅仅规定根据需要而设定学院，并且学院内部可以设系。但是，如果大学没有设立学院就必须设若干系。

2）我国大学院系学术组织设置变革的停顿时期

成立之初的中华人民共和国面临一穷二白以及国际封锁的困境。在高等教育领域也是如此，一些大学的主要设备与师资被带往台湾，很多大学面临严重师资短缺，一些学科无法开课的困境，因此，大学既要进行改造也要维护稳定。在这种背景下，1949—1950年基本按原来的模式维持了大学的稳定，而后，中国共产党开始全面学习苏联，对高校组织结构模式进行了调整。当时教育的主要目的就是为社会主义经济服务。因此，大学为了更好地服务于当时的计划经济体制，从1951年开始到1953年，我国高等教育改造的基本方针是："培养工业建设人才和师资为重点，发展专门学院，整顿和加强综合性大学。"苏联高等教育模式强势影响我国高等教育，在近两年的时间内，我国绝大多数的大学进行了院系调整与专业设置改革。一些综合性大学中（如天津大学、山东大学、交通大学、中山大学、南京大学与武汉大学等）的工、农、医、师、财、法等系科被分离出来，通过单独成立专门学院或者与其他高校分离出来的相似专业进行合并的方式成立专门学院，很多综合性大学已经名不副实了，仅仅保留了文理两科。因为学科的单一化，很多综合性大学取消了学院一级的建制，以学科为标准设立院系的时代就此中断，高校中的系科都是按照国民经济计划序列中的行业性质来划分，系科中的人才培养要求也是按照国民生产中的专业要求进行，院系这种设置模式实质上开始消亡，代之以专业来作为大学中的教学基本单位。

在这个阶段，经过几十年建立起来的"学校—学院—系"的三级管理模式，逐步隐退，全国绝大部分高校实行的是"校—系"两级管理模式，据统计，这次院系调整涉及共140所高校，占当时高校总数的近70%。虽然这种两级管理模式适应了当时我国科技发展水平低下、学科交叉与融合的要求不是很强烈的客观现实，但是，这种由学校直接管理到教学最底层的组织管理模式是当时高度集权的国家权力模式的具体体现，无论是大学还是系科的办学自主权与创造性就会受到严重损害。

3）院系设置变革的活跃期

十一届三中全会以后，我国的经济、社会与教育都开始“拨乱反正”，并迎来了发展的好时机。在经历了近8年的“恢复与整顿”后，我国高等教育逐步从恢复“元气”迈向“强身健体”的阶段。

改革开放以后，我国逐步实现了经济体制转型，使得经济得到了快速发展，同时，现代科学技术发展日新月异，知识以一种悖论式的发展方式在演化，一方面高度分化，另一方面又高度综合。但是，我国的高等教育体系与院系设置模式僵化了近40年，已经严重脱节于社会发展的需要，无法满足市场经济体制下人才素质综合化以及职业流动性强的社会需要。同时，在办学实践中我们也越来越发现，小而全的高校格局不但浪费了很多行政资源，还封闭了有限的高等教育资源，造成办学效益的低下。

为了更好地整合高等教育资源、提升人才培养的质量以及大学的综合实力，自1990年开始，我国又出现了院系设置模式改革的萌芽，其目标就是要对中央部委和地方管理的1070所高校进行调整，减少单科性高校的数量，增加多科性和综合性大学的数量。这种萌芽后来演化为两种具有代表性的行动：①以“211工程”与“985工程”为代表的院校整合行动。这两项工程都是在政府推动下进行的，一些大学为了提升自己的实力实行了“抱团”战略，特别是一些单科性或者多科性的专门院校一起合并共同组建新的综合性大学。这一轮院系设置改革由1992年江苏农学院、扬州师范学院等6校合并成扬州大学而拉开序幕；之后，同济医科大学、武汉城建学院等单科性大学并入华中理工大学组建了华中科技大学；北京医科大学、中央美术学院并入北京大学组建了新的北京大学；江西大学和江西工学院合并成南昌大学；成都科技大学并入四川大学组成新的四川大学等。据统计，截至2008年底，有826所高校合并成331所，单科型大学急剧减少，而学科门类齐全的综合性大学数量急剧增加。②大学内部实行院系设置改革。由于综合性大学的增多，大学的学科门类也逐步增多，所以一些大学将一些性质相近、口径较小的专业进行“同类项合并”，组建新的大口径专业，并且以学科为标准了理解专业之间的界限，这样以前的专业界限就开始淡化了。由此，很多大学的内部就开始在学校与系科之间增设了学院一级的组织。相似专业与学科进行聚合后组建一个学院，并将学院的功能回归到学校中最具独立行动意识与权力的教学科研组织机构这一特性。新一轮的院系设置改革浪潮就此兴起，并在二十一世纪进入了活跃期。

2.2 我国大学院系学术组织设置的现状审视

虽然，自上世纪八十年代末开始的院系设置改革持续时间很长、波及范围很广，但是，这一次院系设置改革的直接动力在于高校本身，政府力量的介入比较少。在政府缺席、大学对院系设置内涵的理解存在差异的背景下，很多大学开展的院系设置方式、管理模式、运行机制都存在很大的差异性。

2.2.1 我国大学院系学术组织设置现状

1993年我国颁布《高等教育法》并实施了高等教育体制改革，大学的自主权得到加强；并且大学的布局结构也得到了调整，最主要的是单科性大学减少，综合性大学增多，不少研究型大学开始自主开展院系学术组织设置改革以及学科布局调整，较之以前，研究型大学的内部组织结构与学科发展状况发生了很大的变化。笔者对我国北京大学、复旦大学、清华大学、南京大学、武汉大学、华中科技大学、浙江大学、上海交通大学等9所研究型大学的学院设置数量与学科性质进行了比较，可以发现，这些大学基本上摆脱了过去以理工科或者文科为主的格局，已经初步形成了综合化的格局。在9所研究型大学中，学院设置的平均数量以农学最低（只占1.4%），而人文社科（23.6%）、理学类（14.7%）、工学类（30.4%）、管理学类（11.2%）和医学类（18.7%）等5大类学院的比例不是很平衡，不过可喜的是，这些大学还在保留原来的学科优势的基础上发展了其他学科。还值得关注的是，这9所研究型大学中，一些大学不但设置了学院，还设置了一些独立建制的系，这些独立建制的系可以分为三种：①单独的一个学科门类，校内没有共同学科基础的学院；②以一级学科来设置系，尚未与具有共同学科基础的学院整合；③数个系均属于同一学科门类不同的一级学科，在校内还没有整合成为学院。

所列举的研究型大学是在院系设置方面比较突出的大学，但是我们将目光扩展到全国以及国际范围，我们就会发现研究型大学的院系设置还存在诸多不足。

1）院系设置的依据不清，院系设置随意性大

（1）院系设置杂乱无章

院系设置的杂乱性主要表现在院系设置的路径不统一。总体说来目前有以下几种方式：

第一种是以核心学科为依据组建院系。一些大学利用已有的一级学科或者学科群，本着发挥优势学科的原则通过横向的方式组建新的院系；一些大学是依托原有的骨干学科组建自己的学科群，建立与本校特点相适应的跨学科、小型综合性学院；还有一些大学本身并不具有强势学科，而是借力于科学领域中的新兴学科或者特色学科，并以此为生长点组建新的系或者学院。

第二种是将原来的系直接升格为学院，但是其实质还是与以前的系没有什么两样，我们称之为系级学院。这里说的系级院主要有单科性的系级院以及拓展性的系级院。单科性的系级学院的产生是由大学贪大求全或者跟风而造成的；而拓展性的系级学院是一些高校“先圈地，后拓展”思路的体现，其目的在于先打造平台再向外延伸发展新的学科或者专业。

第三种就是根据行业需要、集合多种学科而设立院系。现代大学越来越强调与地方经济的密切联系，要服务于经济。因此，很多大学为了在形态上迎合或满足社会需要或者表明自己的办学理念，会根据社会产业或者社会生产的行业需要来组建院系，这种院系的设置往往是汇聚了多种学科，并打破不同学科之间的界限，共同融合，院系的名称往往是以新兴产业或者行业来命名，如中国地质大学（武汉）的珠宝学院就是以岩石学和矿物学为依托组建的；南京邮电大学的物联网学院就是以遥感学、电子学以及通信学科等为核心组建的，如此案例不一而足。这一类的院系的好处就是可以充分整合大学内部不同学科的力量，实现互补与强强联合，使大学的教学与科研工作与产业界紧密相连，但是也不失其学科性。

第四种就是由大学与地方政府或企业联合组建新的院系，在名称上既体现学科特色，又体现政府与企业的关系。地方政府以及一些企业与大学联合办学是改革开放之后的一种新型办学形式，随着知识在企业与地方竞争中作用的提升，这种办学形式有扩大之势。在这种办学形式中大学以外的机构往往通过资金注入或者提供其他物质性保障来实现联合办学，学校在这种办学模式中投入的是相关学科或者专业的人才，大学与出资方各取所需，社会、企业、学校实现了优势互补，达到“双赢”或“多赢”。如北京大学的“光华管理学院”就是在1994年由北京大学与光华教育基金会签订协议，实现联合办学，将“北京大学工商管理学院”更名为“北京大学光华管理学院”；湖南大学与岳阳市政府联合创办了“岳阳理工学院”，在名称上就体现了政府背景与学科背景等。

第五种就是异质性大学合并产生新的院系。异质性的大学主要是指学科构成与培养目标相异的大学。近年来，国内有不少异质性的大学互相合联合，共同组建类似于“股份制”的学院，这种学院往往是商业性的学院，其中中外办学形式的学院以及一些“公有民办”的学院就是如此。比如，1993年公办性质的大连海事大学与民办性质的大连远东大学共同筹建了国际商务学院。

第六种就是在合并大学过程中，原来单科性大学变成新大学中的一个学院。我国自十九世纪九十年代开始的大学合并潮的目的就是组建综合性的巨型大学，一些本身规模较小的单科性院校就开始向基础较好的大学靠拢或者合并组建新的大学。而因为原来的专业或者学科比较单一，而并入的大学原来也没有类似学科，这样原来的单科性大学就成为新大学中的一个学院或者一个系。比如，同济医科大学并入没有医学学科的华中理工大学组建成华中科技大学后，同济医科大学就更名为同济医学院成为华中科技大学的一个二级学院；湖南医科大学并入中南工业大学后组建中南大学，湖南医科大学就变为湘雅医学院，是中南大学的一个二级学院。我国参与合并的高校达到800多所，此类学院存在比较多。但是这类学院因为原来就是一所大学，所以它的规模较大、学科专业也比较齐全。

另外还有一些是纯粹的行政建制的院系，如很多大学中依然存在的成人教育学院、或者网络教育学院等，从名称上看，它们都冠有“学院”的名称，但是其实质是“院中院”，类似于一个独立的成人高校。这不是本研究所涉及的范围，因此，我们对此不作讨论。

通过分析我们可以看出，在这一轮院系设置改革中，大学自主设置院系的权力较大，因此，各大学都是按照自己的需要或者是因陋就简地开展院系学术组织设置调整，院系设置的依据与模式都有较大差别：或以院系组织架构的最低要求，将但各学科系学术组织直接升格为学院级学术组织；或将数个关联专业或者学科系合并组成新的学院；或从学科建设的角度，直接组建没有任何基础的全新的院系；或是合并大学中相同或者相似专业组建统一的院系。从院系学术组织设置标准来看，有单学科为标准的；有以学科门类或一级学科为标准的；有以二级学科为标准的；有以跨学科门类或一级学科的；有以新兴产业与学科为标准的。从院系的地位来分析，一些院系在学校层级管理体系中并无实际地位，属于“有名无实”的虚位性院系（如一些大学的“XX研究院”，往往没有实际的办公场地或者组织机构，仅仅是集中了各个院系研究力量的虚体机构）；有些院系是“犹抱琵琶半遮面”的半虚体机构（如一些新成立的本科大学，将原来的教研室或者系升格为系或者学院，但是它们在学校的管理体制中依然没有升格，仅仅是换了一个名称而已）；还有一些院系是真正“当家作主”的院系，在整个大学管理体系中有实际的地位，并有制度来保障与巩固这种地位。从权力结构来看，有些院系是完全独立的、有些院系是半独立的，还有一些院系是非独立的。从院系功能来看，有些院系的设置纯粹是为了宣扬学校的“广告效应型”院系（如北京大学的光华管理学院等）；有些院系是集教学与科研为一体的（如华中科技大学的教育科学研究院、南京邮电大学的物联网学院等）；有些院系纯粹是行政型学院，相当于独立学院（如江苏省普遍存在的“校中校”就是如此）。从这些院系的办学主体层次来看，有些院系完全由高校自己所办，还有一些是与社会其他机构联合办理，有一些是院系是单纯挂靠（如吉首大学的师范学院，是由湘西民族师范学校转化而来，只挂吉首大学的名称，与吉首大学几乎没有管理上的联系）。

当然，以上几种模式并不是单一地存在于各高校，有些高校可能包含所有的院系设置模式院系设置途径都包含，有些则包含多种设置途径。如由多校合并组建的新武汉大学就存在这一现象：现武汉大学有6个学部（人文科学学部、社会科学学部、理学部、工学部、信息科学学部以及医学部），而这些学部相当于学校的派出机构，代表学校行使对学部内各院系的活动进行管理，从学术角度来说并不是实体机构，仅仅是象征性的学术机构，学术运行的真正载体还是在原来的院系层面。可以看出，武汉大学的“学部”并没有实质性地改变过去以学院与系为核心的学术运行模式。

（2）管理模式的弥散性

当前的院系设置改革不但存在院系设置纷繁多杂，还存在着管理模式的不统一与弥散性，主要表现在以下集中管理模式：

首先是“学校—学院—系科”三级管理模式。在这一轮院系设置改革前大量存在的“教研室”纷纷被撤销，保存了学科系，在学科系之上设立学院。但是，各校对院系的权力分配又有两种截然相反的模式：一种是依然以系作为学术运行的实体机构，学院仅仅是代理行使学校的部分管理权力，是一个松散型的联合体，不具备实质性的学术运行权力；另一种就是以学院作为学术运行的实质性机构，“系”只不过是一种最基层的象征性的学术组织，其职能比以前缩小，或者移交到新设立的学院层面，学院统筹各系的资源与管理，系游离于学院的权力中心。

其次是“学校—学院—系—教研室”的四级管理模式。这种模式与原来的“学校——系—教研室”管理模式没有太大差别，就是在学校与系之间增加了一个学院层级。但是，学院往往没有统管下一级资源的权力，也不是主要学术运行机构，反而使学校的管理层级增多，造成机构繁多，专业之间的融合与交流却没有得到改善。

第三种就是“学校—学院—教研室”三级管理模式。这种模式也是直接从“学校—系—教研室”模式转化而来。原来的“系”直接升格为“学院”，而原来“系”以下的教研室却没有升格为系，因此，原来的系就不存在，所谓的学院其实就是一个“大系”，如一些新升格的地方本科院校就是这种格局。这种模式虽然在一定程度上促进了学院内不同专业之间的交流与融合，但是，有些学院也仅仅只有一个系，并不构成学科交流的基本要件。相反，如果学校的权力如果不能够充分下放到学院或者教研室层面，反而容易产生一些内耗。从实践来看，这种模式是“贪大求全”的表现。

还有一种就是多种模式混合实施。这种模式被越来越多的大学所采用，即在一个大学内部既有“学校—系”和“学校—学院”的两级管理模式，还有“学校—学院—系”的三级管理模式存在。多种模式混合型的形成既有学校推行院系改革不彻底的原因，更多是出于对不同性质学院管理便捷的考虑，如一些学校就存在所谓的直属系（原华中科技大学的哲学系）。当然，这种设置模式也可能给管理带来一定的不便。

（3）院系设置逻辑的漂移

大学的本质就是研究高深学问的场所。因此，以知识为代表的高深学问就必须顺应知识发展的基本脉络。而作为研究高深学问的基层组织——院系的设置更要与当今知识发展的基本取向达到一致。

学科就是同类知识的聚合体，而当今知识发展既高度分化又高度综合的发展趋势已经日渐明显抑或成为一种主流。传统的以线性学科作为学校专业、系别与学院组织的机制已经不能适应学科发展的新趋势，院系设置理应要适应与促进学科交叉与综合的大趋势，并要为学科的交叉与综合提供广阔的物理空间与卓越的制度保障。

因此，院系设置应紧紧围绕着如何化解不同学科、不同专业之间的藩篱与割裂的危局，如何促进不同学科与专业之间的联动与交融等问题而展开。这就必然要求院系设置要以学科分类体系为基本要求，按照学科发展的基本逻辑来进行。

当然，学科的逻辑就是知识的逻辑，也就是说既要促进学科融合和又要促进学科交叉的基本理路就是开展院系学术组织设置的调整。院系设置只要能坚守知识与学科发展的内在逻辑，既可以充分发挥已有学科的优势，通过学科综合形成学科群的聚集性力量，形成交叉学科、边缘学科、发展新技术学科；还因为学科的相近性可以是课程、实验室等得到充分利用，有利于提高办学效益；另外，从管理的角度来说，也有利于形成有效的管理机制，充分发挥基层学术组织的积极性和创造性。

因此，现代大学院系学术组织设置改革的基本逻辑就是学科的发展逻辑，以学科建设为改革的中心与着眼点，以促进现有学科交叉、渗透和融合为原则，以有利于形成新兴学科、建立多种学科协调发展的学科布局为基本目标。然而，当前不少大学在院系设置改革时往往将这一基本逻辑漂移了应有的位置，院系设置的逻辑混乱，效果不佳，甚至还与这一逻辑背道而驰。有研究表明，“国外大学已经取消了按二级学科设立学院，69.7%的学院是按照学科门类或学科群设立的，其余30.3%的学院是按照一级学科设立的。而我国只有27.7%的学院是按照学科门类或学科群设立的，66.1%是按照一级学科设立，还有6.2%是按照二级学科设立的”。[①]

（4）盲目求多，规模过小

规模的合理性程度能影响组织能力的发挥。院系的能力的发挥既要看其管理模式，还要看其规模结构的合理性。尽管管理模式的好坏一下子难以量化，但是我们至少可以通过感知来判断规模是否过大或者是否过小。当一个院系太小的时候，学科包容量就自然减小，学科融合的目的就很难达到，更遑论产生交叉学科或者新兴学科了。根据笔者对全国近100余所大学的院系设置情况的调查发现，我国多数大学的学院数在28个左右，按照每个学校平均学生为2万人计算，每个学院的学生数就在700人左右，可以说学生规模偏小；另一个方面，笔者发现全国多数高校中每个学院只有3—5个系，也就是说其中每个系的人均人数不到200人。学院数量的庞大、学院内系科数的有限，学生规模的有限使得这些学院名不副实，更是很难

① 陈娜．综合性大学学院设置规范化研究 [D]. 暨南大学 .2008：47.

达到院系设置改革的初衷。如南京师范大学有在校普通本科生16000余人，研究生7800余人，共设置了24个学院；武汉大学设置了6个学部，28个学院；吉林大学有7个学部和1个公共教学部，共设有42个学院。李福华教授的研究表明，“按照跨度理论的要求，大学的学院数量不宜超过10个，否则，就会导致学校和校长的管理效率下降，而我国研究型大学的学院数量平均达到了19.7个，国外研究型大学的学院数量平均为8.4个。”另外，学院数量多，学生容量的有限反而窄化了知识交流与共享的渠道，学科的交叉与融合反而会受到阻碍。

（5）学校特色与优势学科难以凸显

从管理的角度来说，整合相似或者相关的院系组建规模更大的院系，并实现权力下放，实施以院系管理为主的学校管理模式，可以大幅度地提高管理效能。而从学科建设的角度来说，我国的一些高校以前往往是行业性高校，经过多年的积累，一些学科已经得到了优先发展，形成了特色性的高校；还有原来的一些重点高校不但学科结构比较完备，而且有其傲视群雄的一些优势学科。这些行业性的高校和综合性的高校本身就具备了学科交叉与融合的基础性条件，如果能科学地按学科类别和学科发展的需要来整合院系，就会对优化本校的专业设置、加速优势学科发展，培育新兴学科和交叉学科都有重要的意义。

但是，本一轮院系设置改革的动力源泉并不是在主管部门，而是在大学本身，并且是一种“边探索，边改革”的发展模式。所以，改革既没有现成的模板、也没有经验指导，更没有系统的研究。因此，很多大学在无原则地接受、模仿别的学校，院系设置的同质化趋势比较严重，原来的一些优势学科反而淹没在众多的院系当中。而很多世界一流大学都设置了一些特色性学院，例如哈佛大学的“政府学院”、耶鲁大学的“戏剧学院”，加州大学伯克利分校的“化学化工学院”，麻省理工学院的“斯隆管理学院”等，都是以本校的优势学科作为设置学院的基础。

因此，院系设置的改革如何要做到既保证学科的发展趋势，又能体现学校的优势与特色，并且还要如何通过改革提升学校的管理效益，需要领导者的智慧。

（6）院系设置缺少制度保障

从学校发展的角度来看，一个大学进行院系设置改革的目的就是为了提升学术水平，加快综合性人才的培养，并提升大学的核心竞争力。从学理来看，学院就是学科群的外在组织形式。而学科群的真正交叉与融合不是一朝一夕的事情，需要强化核心专业的发展，并经过一定时间的酝酿，形成各有特色的学术流派，才能产生衍生出新的知识体系。因此，院系设置既需要根据学科知识发展的趋势进行及时调整，又要在一定的时间区间内保持相对的稳定。而无论是调整还是稳定，都需要有制度进行保障。

笔者在调查中发现，有些高校院系设置异常频繁，其中南京某高校在2年时间内有4个学院经历了“分分合合”的调整：2009年12月原来的光电学院分化为光电工程学院与电子信息工程学院，2011年电子信息工程学院又分化为电子工程学院与计算机科学与技术学院，而光电工程学院又分化为光电工程学院与材料科学与工程学院，每个学院的学生数平均不到300人。还有一个学校的院系设置更为诡异：学校一位在生物化学领域有突出贡献的优秀教授不满一直在学校的化工学院担任副院长，然后就以“跳槽”要挟学校成立生物工程学院，最后学校将原来化工学院的一个专业拉出来组建了生物工程学院。由此可以看出，一些学校在院系设置问题上并没有严肃而科学的态度，以领导喜好为准则或者因人设岗的现象成为扰乱院系设置的一个重要因素。

2）学校管理缺位，院系权责不清

院系设置改革的直接目标就是促进学科发展以及提高管理效率。尽管我们的这一轮院系设置改革热潮在这些方面取得了较大的成功，但是，在一定的范围内依然还存在着学校管理缺位和院系权责关系不明的现象。主要表现在以下几个方面：

（1）办学自主权高置，学院成为权力空壳

现代大学是由最初的学生自发聚集而慢慢演化成一种有目的的组织系统，而作为大学一部分的院系也是这个系统中的一个子系统，自然而然地有自己的组织目的。组织行为学和系统论告诉我们，大系统的功能实现必须依赖小系统的功能实现，并且母体组织功能的实现往往是由其属下的组织来推进的。因此，大学的整体功能的实现离不开作为其重要组织的院系功能的实现，而院系要实现其功能必须有其实现自身功能的活动空间。这个活动空间不仅仅包括自身的组织建设，更需要有组织活动的自由，既权力空间，如自主开设新的学科或者根据实际情况及时调整院系的专业结构等。

而事实上，很多大学名义上是实行以学院为主体的二级管理模式，但是很多高校把权力依然集中在学校层面的职能部门，作为主体的学院基本保留的是日常教学及学生管理的职能，至于办学自主权、人事管理权和资源配置权都不在学院这一层级，也不在于系这一级，院系实际上不具备真正的权力，是一个权力的空壳。

（2）利益分配机制压制学院一级的办学积极性

大学已经成为一个具有科层架构的组织，在这种架构中不但要考虑权力的分配机制，还需要考虑层级之间的利益分配机制。由于现在院系设置的不规范与随意性，导致现在大学与院系之间的权力结构失衡以及利益分配机制的“失灵”。在笔者的访谈中，很多院系的负责人抱怨学院的权力过小，学校的权力过于集中。而学校与院系的关系是：学院只有责任没有权力，更没有利益。虽然，这样的抱怨过于主观化，但是依然有一定的现实基础。

一些大学设立院系之后就自然而然地拓展了院系的工作界限，原来所没有的一些事务性活动就明显增加，但是其教学、科研、人事、办学等方面的自主权与决定权并没有相应增加。院系的教师需要参加职称的评聘都是由学校定标准与下指标；院系需要增加人员，也需要向人事处报告、审批与调配；特别是经费的使用空间更是被一再压缩，院系实际成为需要独立承担责任的学校派出机构，权责利三者被严重割裂，院系的利益和办学规模与效益脱节，院系规模越大，责任就越大，而利益维持不变，院系的积极性自然会受到伤害。尽管从学校层面来看，学校层级的管理机构减少了，但是院系层面的机构却开始壮大了，实际是院系的责任随着办学规模增大而增大，因而学院缺乏积极性。主要原因是学校层面下放了工作而没有下放权力以及实现利益转移。因此，需要切实理顺学校与院系之间的权责利的关系。

（3）学院与系之间的关系划分不清

从我国院系设置的现实情况来看，尽管很多学校实行的是“学校—学院—系”的三级管理模式，但是，各个层级之间的关系并没有完全理顺。以上我们分析的是学校和学院之间的关系没有理顺，而在学院内部学院和系之间的关系也没有理顺。

目前，很多学校通过合并几个系来组建新的学院，但是在认识任命的时候，原来很多的系主任都是由校长任命的，而后来的院长往往是由系主任提拔或者“外来的”，这种管理模式就会造成系主任直接对校长负责，因此可以“架空”学院的院长。造成这种局面的主要原因还是由于学校和学院之间的关系没有理顺好，学院的权力没有得到落实，学院就是一个“只干活无实权”的转承与协商机构，学院的院长也就是一个没有人事权、没有财政权也没有学术权力的“联络员”，一头联系着校长，另一头联系着系主任。学院还要承担向学校为本院争取经费和其他利益的职责，而争取到的利益又通过与各系主任协商的方式进行分配，所以，真正的财政大全还是在系主任手中。同时，学院层级对全院进行管理的时候往往采取松散型的管理，教学权力、人员安排、教师选聘、课程设置、学生管理等权力更多地集中在系，而不是学院。各系的实际权力比较大，一般只要符合学校的大致方向而不触犯学校的“红线”，系的行为往往不会受到校长或教务长的施压。因此，这种由各系合并而组建的学院仅仅是一种形式上的组织，实践中很难有实质性的组织行为。从学科发展以及成立学院的初衷来看，学院理所当然是大学管理的中心层级，如果不能正确理顺学院与系之间的关系也最终会导致院系设置目标的落空。

（4）院系目标的不一致

系统论认为，“任何一个系统都有其系统目标，而系统作为各组成部分的有机复合体，其目标必然体现为总体目标和各部分目标。所谓整体优化是指一个管理者在实施管理措施时，要以系统的总体目标为目标。”<?>从大学的组织结构来看，学校、学院以及系是大学这个组织的不同层级，各个层级的目标应该是一致的，如果出现各个层级的目标不一致就会形成“力不朝一处使”的现象，最终大学的整体目标就得不到实现。但是如上文所分析的有那样，学校和学院之间的责权利没有缕清楚，而学院与系之间的关系也没有明确地界定，学系的领导仍由学校任免，学院处于权力的“赋闲”地位。在科层制的结构中，权力的旁落自然就得不到他者的尊重。作为权力空壳的学院根本无法对系进行行政领导，更不能统领全院成员达到“同心同德”的标准。

事实上很多学院中的学系都有自己的目标，而且这种不同的目标需要通过学院层面的整合，学院权力的缺位导致这种整合成为“天方夜谭”式的童话。我们考察了某一大学的文学院，该文学院是由原来的外语系、中文系、历史系、哲学系、社会学系等学系组建而来的，可以说，这些系原来的实力都比较强，各有各的优势。但是，外语系的创收能力强，所以在学院的各种事务中表现得比较强势，如职称评定指标、经费使用等方面总是和别的系发生摩擦，被其他系所排斥。就连学院的教学方针都很难统一：中文系要强调新旧与中外的结合，外语系强调的贯通中西的精神，历史系讲究中外兼重，社会学系要凸显基础知识，而哲学系强调理论的深刻性。各系各持一词，难以达成一致。当然，其中既有权力划分不当的原因，也有各学院院长或者系主任素质与能力的差异。

3）运行机制失控

任何一个组织如果要有效地运转，就必须建立起一个有效的管理系统，而这个系统的运转效率就是这个系统的效率，因此，建立一个运转机制合理高效的系统成为组织效能提升的关键因素之一。大学院系学术组织设置既是一个学术问题，也是一个实践层面的管理问题。

内部结构合理高效的管理系统必然包括管理机构、监督机构与反馈机构，并且三个机构之间的运转机制非常科学。大学组织也是如此。大学组织中的决策系统是对学校重大问题作出决定并交给执行机构付诸实施；而监督机构必须按照学校的决定以及相关的政策法律法规，逐级进行监督与评价，不断纠正执行机构中的一些不合理行为，以确保学校各种决议能沿着正确的轨道落到实处；而学校也必须建立起一个能正确反馈政策或者决议实施效果的闭环反馈系统，以保证学校决议或者政策的持续改进。信息反馈机构既要对学校的信息进行有效地收集，还要汇集全体智慧为学校的决策提供咨询论证和科学依据。只有在大学管理系统内部形成了良性的运行机制，才能顺利地实现大学的目标。目前，我国大学院系学术组织设置的不合理造成学校运行机制的不顺畅，集中表现在以下几个矛盾难以解决。

（1）学校职能部门与学院之间的运行不畅

1949年以后，我国大学长期在行政化的框架下运转，政府机构的官僚化组织原则与结构形态很自然地复制到了大学组织，大学组织架构以及运作方式与官僚制别无二致。这种组织运转模式看似合乎管理的逻辑与组织运转的逻辑，但是，大学毕竟不是纯粹的官僚机构，而是一个学术组织，从管理的角度来看必须遵循一些官僚制的规则，但是从知识的角度来看，它理应遵循大学的知识逻辑，实行自由平等、民主协商的学术运转机制。虽然现代大学本身是一个具有“双元组织结构”特点的集合体，科层制及其表征的行政化管理在一定时期依然会存在，但是，这种管理倾向过于强大并形塑了大学的行政体制，严重异化了大学组织本来应具有的学术氛围。

随着很多大学的合并以及扩招，现在的大学大都是万人以上的大学，还有一些大学的学生规模数已经达到了数万人，这就必然造成学校校长的管理幅度过大，难以应对，只能依靠职能部门进行管理。而大学事务越来越繁杂性、头绪越来越多，学校设置的职能部门也就越来越多。由于科层制固有的“顽疾”造成学院一级有着越来越多的“婆婆妈妈”，学院往往疲于应付不同部门的行政性事务，并且很多事情都是点名要院长一级的领导参加，如果没有相应级别的学院领导参加酒会被认为不重视这个只能部门，以后就可能会被这些职能部门“穿小鞋”，自己的利益受损，如职称评审、学科申报、物资采购、资金分配、评估等方面都有可能受到影响。学院的领导有大部分精力耗费在应付各个职能部门的调研、考察、评估、会议、填表等与学术无关的事务中，至于学院的发展往往被搁置。长此以往，学院层面对职能部门是“敢怒不敢言”，有时候明着答应，暗着对抗，实际上职能部门与学院之间的运行受到严重阻碍。

（2）各院系之间的平衡约束机制不健全

由于同一大学中的各个学院的基础、规模以及创收能力是不一样的。在学校资源紧缺的时期，哪个学院的学术声望高、创收能力强就会在学校的各种事务中具有更大的发言权。这样就会造成一些基础好、实力强的学院依靠自己的话语权在学校争夺更多的资源，造成“强者恒强”的局面。相反，那些基础差、势单力薄的学院就会在学校内部的资源竞争中处于劣势，造成“弱者恒弱”的困境。

笔者在调研中发现，有一个行业性大学的传统学科非常强势，尽管学校已经开始向综合性大学转型，但是这个以传统通信学科为核心的学院在学校中占据了“独尊”的地位，无论是学校历届高层领导，还是职能部门的一些中层干部，大多出于该学院，学校都笑称该大学只有两个学院，即通信学院和非通信学院。该学院学生人均资源占有量是其他学院的两倍以上，而教师的福利待遇也远远高于其他学院。这种学院之间的不平衡竟然没有一个合适的制度来进行调节与控制，在学校产生了不好的影响，严重影响了其他学科的发展。

（3）部门之间的权力意识过重，造成部门之间的运转不畅

我国的传统文化中历来就有“仕”的文化基因，因此，“官本位”的思想早就固化在国民的性格特征中。在大学这个环境中也不例外。多年来，外界一直呼吁大学要“去行政化”，破除大学中的“官本位”思想，但是，这个坚冰依然难以破除。一些职能部门的领导或者一些职能部门根本就不愿意将自己的权力移交出去而接受其他人或者其他部门的“驱使”。这种狭隘的官位思想使一些部门或个人利益置于学校利益之上，权力成为一种资源与利益，大学中个人与个人、部门与部门之间争夺“权力与利益”的现象屡见不鲜，而部门的服务意识淡漠、服务的制度保障与组织保障缺位，部门之间的扯皮与推诿现象严重。由此延伸，学院内部之间的院系之争、系系相峙的现象也不少。

2.2.2 对现行学院制学术组织的反思

1）我国大学院系学术组织设置乱象的因果分析

造成我国大学院系设置乱象的原因不是单一的，其中有文化根源的因素，也有现实局限的因素，也与人们看待新生事物的态度与方法有关。

（1）现代大学制度不健全

现代大学制度是确立大学内部关系、保证大学学术本色、营造学术氛围、实现学术自由，完成学术使命的根本保证。如果没有健全的大学制度，大学的运行与发展就会出现紊乱。大学的院系设置改革是大学制度完成自我完善与发展的实践性活动，它不但需要大学有勇于探索的勇气，更需要大学有相应健全的制度保障，这是实现改革良性发展的前提。

当前的院系设置改革制是由高校自发进行的、为优化自身结构和发展学术而进行的内部管理制度建设。也正是这种自发性与探索性造成了这种改革没有现成的模板与完整的理论指导，只能在经验的基础上进行不断地改进与提升，其中必然隐藏着巨大的风险。如何规避这种风险呢？这就需要现代大学制度进行保障。有了现代大学制度的保障就可以保证改革逐步向符合我国国情与校情的方向发展，形成可操作的院系设置模式；也只有依靠现代大学制度才能在改革中正确厘清学校与学院以及系之间的权力结构与利益分配关系，建立起科学高效的运行机制。而我们现在的院系设置改革既缺少现成的经验，更缺少完善的现代大学制度作保障，所以造成院系设置乱象丛生。

（2）院系设置改革的价值取向不一

价值取向是一定主体基于自己的价值观在面对或处理各种矛盾、冲突、关系时所持的基本价值立场、价值态度以及所表现出来的基本价值倾向。我国大学的院系设置变革需要面对各种矛盾与冲突，以及各种复杂关系的处理，但是，因为不同的高校或改革的实施者所持的价值观念不一样，使他们在面对这些矛盾与冲突的时候所采取的行动不一样，就形成了各种不同的院系设置方案，也形成了各种新矛盾。

无须讳言，我国传统的高校内部组织结构存在诸多不合理现象，因此人们对于院系设置改革寄予了各种不同的价值观与期待：或是希望通过院系设置来消解专业之间、学科之间的壁垒，并促成边缘学科、综合学科和横断学科和学科群的不断产生；或是希望通过院系设置变革来改变日益拓展的行政管理幅度，以便达到不同管理层次之间的基本平衡；或是希望通过院系设置改革来激发学院和学系的办学积极性，提高管理绩效；或是希望通过改革打造一个集庞大学科群与优势学科为一体的人才培养平台，以此培养基础好、口径宽且适应性强的高素质人才；还有的大学希望通过院系设置改革，优化学校的组织结构，挖掘办学潜能，实现资源的优化配置；更有一些大学希望通过院系设置改革来提升自己的公关形象，产生广告效应，提升学校的社会美誉度，等等不一而足。当一个改革被赋予过多的使命与任务的时候，它本身就难以承载这种负重了，出现事与愿违的现象也就是情理之中的事情了。

（3）条件的制约与现实阻力的困扰

任何改革都会牵涉到对原有状态的破坏与重构，也必然会引起一些既得利益者的阻碍，也会受一些客观条件的制约。因此，任何改革都会遇到现实的阻力与条件的制约，从而影响改革的速度、深度、广度以及效果。

大学的院系设置改革是在原来的“学校—系”的二级管理模式的基础上进行的，这就必然会对原有机构进行调整和重新设置，那么在原有体制下必然有一些既得利益者，他们很难将自己的利益拱手相让，必然会对新的制度进行回击，改革的难度就会增大。所以，有些改革者就会半途而废，有些改革者就会强力推进，最后成功，还有一些改革者会在改革中妥协，形成“半拉子工程”。同样，学科之间的融合也不是简单的物理融合，而是一种全方位的互相渗透和衍生。我们需要有一定的原则、方法、方式来促进它们的交叉与融合？组建新的院系后如何调整学科方向？如何建设好领导班子？如何建构理顺好“学校—学院—系”之间的关系？还有诸多的问题在实践中会非常复杂。也正是这种复杂性引起了院系设置改革的杂乱。

以上分析说明，目前我们在进行院校设置变革的时候首先是忽视了院系设置的学科性，将学科“悬置”于院系设置问题之外，其中可能有我们对学科本身缺乏足够的认识和把握等原因，因而就对学科在大学特别是研究型大学中的重要地位缺乏系统的理论研究与理论支撑，引起了在院系设置改革中的行为与结果差异较大，甚至混乱。院系是大学中教学科研的重要单位，是最基层的学术组织的集合体，院系设置的本质应该是学科的组织基础建设，其核心问题可以说就是学科建设问题。但是，由于我们一直以来只重视大学中的有形之物——院系，而忽视了大学中的无形之物——学科。因此，我们很少从学科的视角来系统地研究大学的组织问题，因而不能在院系设置变革中做到理性思考与系统思考的统一，对其系统性与其内在的学科发展逻辑把握不够，所以院系设置的动态性不强。

2）当前院系学术组织设置乱象的负面影响

由于院系改革价值取向的多向度性、改革阻力的多重性以及制度保障的薄弱性是学院设置改革时出现“各取所需”“因陋就简”“追赶潮流”以及“脱离实际”的状况，这必然会对现代大学的发展产生负面影响。

首先是可能削弱了优势学科的实力。进行院系学术组织设置改革的目的就是为了增强学科的交叉与融合，发挥学科聚集与综合的优势，但是，如果盲目贪大求全、过分为建设学院而强行拆分原来的一些学科系就会引起学院之间的专业之争、人员之争、设备之争，不但不利于凝聚学科群体的力量，实现学科的交叉与融合，还会削弱原来的优势学科的实力。

其次是可能造成资源浪费与效率下降。一些大学在实施院系设置改革的时候盲目追求“小而全”“大而全”的管理模式，这样很容易造成重复建设与资源的浪费，如行政人员的增多、教师人数的增加、图书、设备等资源的重复建设等等。而且，摊子过大或者过小都会引起资源使用的效率低下，不利于办学效益的提高。

其三就是造成管理运行机制失灵。目前很多大学的院系设置改革的不规范性与不彻底性的弊端已经开始显现出来，造成的直接后果就是管理运行机制的失灵，既造成了原来学校集中管理权的“丢失”，引起学校对学院和系的影响力减弱的现象；另一方面，学院或者系往往也感到自主权限的不够，导致学院或者系的地位被“虚化”，学院与系的积极性与创造性降低，大学良性运行机制难以建立。

逻辑与理论

院系学术组织设置改革的依据

逻辑是人的一种抽象思维，是人通过概念、判断、推理、论证来理解和区分客观世界的思维过程，逻辑是判断事物的顺序和规律。只有经过逻辑思维，人们才能达到对具体对象本质规定的把握，进而认识客观世界，才能使人的认识从低级的感性认识阶段达到高级的理性认识阶段。同样，理论是概念、原理的体系，是系统化了的理性认识，是由一套系统的观念通过内在的逻辑关联起来的对世界的理解系统，或者指“人们由实践概括出来的关于自然界和社会的知识系统”。[①] 任何理论都隐含着人们对时代和现实的独特的问题意识，不但揭示着这些问题产生的原因还指导着解决这些问题的方法。

大学院系学术组织设置的改革是一个时代的问题，需要我们深刻理解这个问题的本质规律性，并用具有时代意义的理论来加以解决。首先我们必须抓住大学院系学术组织设置改革的逻辑起点，只有找到了起点，才能运用适切的理论工具使得问题迎刃而解。

3.1 学科逻辑：知识的分化与融合

3.1.1 学科的本质：知识的聚合

从“学科”的概念来看，学科的产生就是源于知识发展的制度化，在这种制度化的规约下，学科就成为了相对独立的知识体系，因此，知识体

---

① 现代汉语词典 [D]. 北京：外语教学与研究出版社 ,2002:1181.

系是学科的题中应有之义。既然我们认为学科是一种相对独立的科学知识体系，那么，知识就是学科得以建立的基础，但是并非所有的知识都可以成为学科。我们知道，知识是由经验世界产生的，而人的经验世界是变动不居的，随着人类实践的不断深入，知识会呈现出增加、淘汰与更新的发展路径，知识的种类、数量、结构以及形态也不断地发生变化。而学科是以知识为基础的，必然与知识的发展存在一定的关联。与知识发展的路径向对应，学科也经历了“学科蒙昧阶段”“前学科阶段”“学科阶段”以及“创生学科阶段”。在“学科蒙昧阶段”，由于人类的实践水平不高，认识事物的能力不强导致了人类知识往往以难以分类的混沌状态出现，从外在表现来看，主要是一种神话或者巫术的形式来表现人类的追求，这种“知识”具有很强的个体性与非系统性，与现代意义的“学科”相去甚远。而在“前学科阶段”，尽管知识的分类具有主观性与随意性强，相互关系比较简单而松散的特点，但已经按照“学术取向”和“知识普系”两个维度来对知识进行分类，带有“科目”的特征，并开始蕴含了“学科”的一些属性。在“学科阶段”，人类借助于记忆、想象和判断等三种认识世界的理性能力，将人类知识进行细分并建构成具有体系化的知识网络，特别是将知识区分为主干知识以及非主干知识，使知识“架构”成枝干清晰的树状谱系。“学科阶段”的知识分类使得知识之间形成了自己的领域边界，区分了不同性质的知识，使得近代科学研究成为可能。在“创生学科阶段”，科学的知识体系变的愈趋膨胀和复杂起来，科学分化越来越精细，学科的种类也就变得越丰富多彩，知识向高度综合化、整体化、跨学科化方向发展，“一方面，知识的分门别类的研究比近代科学更精细、更深入；另一方面，横断学科、综合学科、交叉学科的出现使知识综合化、整体化的趋势更加突出。”[①] 正是基于此，科学知识的分类体系越来越复杂，又急切需要更新。这也正好反映了科学知识的发展促动学科发展的内在联系。黑克豪森（H · Hechhausen）认为，“学科是对同类问题所进行的专门的科学研究，

---

① 宣勇，凌健 .“学科”考辨 [J]. 高等教育研究，2006（4）:26–28.

以便实现知识的重组、知识的一体化以及理论的系统化与再系统化。”① 这是因为，“任何一门学科在其未成为‘学（科）’之前，总是支离破碎、不成系统的，一旦成为‘学科’，它就是一个由不同的但却相互延伸并连接在一起的，具有内在逻辑的知识单元和理论模块组成的知识系统。”② 可以看出，无论学科本身有多复杂，也无论学科变迁有多坎坷，其本质依然与知识紧密相关。因此，知识就是学科存在的基点，更是学科发展的基点。

任何研究领域或知识体系一旦被学科建制后形成了“学科”，就表明了这个研究领域或知识体系就形成了“框定”自己的学科边界，而这一门学科知识的增长就有了“固定的轨道”——本学科的发展逻辑，而对于归属于这一学科的学者或者教授而言，学科建制就将同一领域内的学者集合成为一个学科共同体，这个共同体就自然而然地被赋予了一定的学科身份而以示与其他学科共同体的区别，因此，大学院系学术组织设置改革不能漠视或者违背这种学科逻辑，而对于以促进高深知识的发展与应用为旨归的研究型大学来说，院系的设置更需要遵循学科发展的内在逻辑。

3.1.2 学科的分类

从上面的分析可以看出，“学科”的涵义是多重性的，由于文化语境而使“学科”具有不同的表述或者在内涵上具有不同的侧重点。但是，“万变不离其宗”。从实质看来，学科总是一种与知识生产紧密相关的、并形成了相对独立的知识体系。学科概念的核心还是科学知识的类别化和体系化，是人类在劳动过程与认识世界中，针对实践对象而将人类原有的庞杂无章的知识进行细化与分类并重新组合后所形成的相互之间相对独立的一种知识分类体系。基于这个概念，学科就必然存在分类。

知识起源于人类改造自然世界与人类世界的实践，而这种实践表现为人的生产劳动与日常生活。无论是中华文明还是西方文明，它们都最先发端于人们生产生活密切相关的活动或技术，所以，古代知识或者古代文明

---

① 杨天平.学科概念的沿演与指谓[J].大学教育科学，2004（1）:13-15.

② 杨天平.学科概念的沿演与指谓[J].大学教育科学，2004（1）:13-15.

的起源都具有经验性、技术性与实用性等特点，最终目的就是要满足当时人们最基本的生活和生产需要。我们当今的诸多专门科学无不是日常生产和生活经验的升华与结晶，如几何学发源于土地测量与勘定；力学产生于建筑和军事技术；生物学起因于人的健康与疾病；化学肇始于冶金和印染；竹理学发端于政治和家政等等。[①]随着人类生活与人类社会逐步复杂，对知识的整理、学习与传承已经成为社会发展与进步的需要，因此知识分类已经成为必然。虽然我们无法考证究竟是谁最早对知识进行分类，但是这不妨碍我们现在对知识分类的认识。目前对知识进行分类的方式主要有以下几种。

1）以知识的经济属性与依据进行分类

其中的代表人物就是美国的著名经济学家弗里茨·马克卢普（Fritz Marchlup），早在1950年代他就开始了对知识和知识产业的研究，他用一种功用主义的经济学视角将知识分为实用知识、学术知识、消遣知识、精神知识和不需要的知识等五种。他这种分类方法显然受经济学领域中知识管理理论的影响，强调了知识的作用与价值，将知识置于一种产业立场，为知识的产业性提供平台。

2）以知识的教育属性为依据进行分类

柏拉图（Plato）是古希腊伟大的哲学家，乃至全部西方哲学乃至整个西方文化最伟大的哲学家和思想家之一，也是是西方客观唯心主义的创始人，他认为人的一切知识都是由天赋而来，它以潜在的方式存在于人的灵魂之中，在他的观念中，知识处于理性、理智、信念和表象等四种状态之中。理性与理智是对知识本质于客观的认识，而信念与表象是知识本质的衍生品，难以永存而容易消逝。亚里士多德（Aristotle）是柏拉图知识分类法的继承者与发展者，他进一步将知识的种类整合为理论知识、实用知识和创造知识等三类形态。如数学、几何、代数、逻辑、物理学和形而上学等知识就属于理论知识的范畴；伦理学、政治学、法学等就属于实用知识

① 杨天平．学科概念的沿演与指谓[J]. 大学教育科学，2004（1）:13–15.

的范畴；文学、艺术、演讲等因为具有很强的发展性与变动性而属于创造性知识的范畴。亚里士多德的“知识三分法”一直被西方沿用近1800余年，直到15世纪才被进一步发展。很多教育学家受到柏拉图与亚里士多德的启发，把知识分为事实性知识、概念性知识、程序性知识和原认知知识等四类。[①]这种分类方法无疑是站在教育教学的立场的，其目的就是为了更好地实现教育目标。

3）以知识的科研属性为依据进行分类

以知识的客体来类化知识是学术界的一个普遍方法。被誉为“解释学之父”的德国哲学家威廉·狄尔泰（W·Dilthey）将知识“一分为二”地划分为自然科学知识和社会科学知识，从此现代知识体系宣告建立。狄尔泰之后，德国哲学家温德尔班认为知识主要是两类：一类是客观的规律性知识，如有关自然界的物质世界等的知识，它们注重的是规律的探寻；还有一种是认为制定的法则性知识，它们注重的是事件形态或特征的描述，并且二者在研究方法上也各有差异。而温德尔班之后，德国哲学家李凯尔特（Rickert）的《文化科学和自然科学》（1899）运用康德（Kant）的先验哲学来研究社会历史领域的问题，并根据人类认识知识的兴趣与方法将知识的类型重新划分为文化科学知识和自然科学知识。

4）以知识的形态属性为标准进行分类

卡尔·波兰尼（Karl Polany，1886—1964）是20世纪公认的英国最彻底、最有辨识力的知识论学者。他认为有些知识是有一定的具象的，可以通过文字、图标或者数学公式的方式来表达，这些知识就是一种可以言传的显性知识，还有一种知识是不可言传，也不可通过文字来表述的，这部分知识具有隐性的特点，被称为隐性知识。波兰尼的这种观点对世界的影响也比较大，如经济合作与发展组织（OECD）在1996年发表的《以知识为基础的经济》报告就以波兰尼的观点为参照将人类的知识划分为可以编码的显性知识（包括关于事实与现实的知识、关于自然规律和原理的知识）以及

① 张燕，黄荣怀．教育目标分类学2001版对我国教学改革的启示[J]．中国电化教育，2005（7）：16–20.

意会知识（关于技能和诀窍的知识和关于人力资源方面的知识）。

5）以知识的研究方法为依据进行分类

19世纪以来哲学的中心任务之一就是对人类认识世界和改造世界的方法理论的探讨。伴随着方法论研究的深入以及方法论的逐步成熟，各种研究方法也被广泛使用来甄别知识的类型，这其中影响较大且被广泛运用的研究方法主要有数学方法、逻辑学方法、历史学方法以及实证的研究方法等。特别是二十世纪50年代以后，因为数学的研究方法在科学研究中的卓越贡献，所以数学的研究方法被广泛使用来对知识进行分类以及检验学科的成熟程度。能用数学方法进行研究的学科就是成熟的学科，反之则称为不成熟的学科，如哲学、历史学、传统意义的教育学、政治学都被称为不成熟的学科，特别是传统意义的教育学已经被称为“次等学科”了。而逻辑学的研究方法根据知识的具体与抽象程度将知识分为三类：抽象学科、具体学科和介于二者之间的学科。①

6）以知识的结构体系为标准进行分类

中科院院长路甬祥持系统论的观点，他认为知识分为自然科学知识、技术与工程科学知识、社会与人文科学知识等三大类的知识共同构成了知识的本体结构。而在这些知识中各自的地位和作用也略有不同，其中处于核心位置，起指导性和工具性作用的是哲学、数学、信息科学和系统科学等知识；而居于中间层、对社会生产力发展或者物质生产起关键作用的是生命科学、物质科学（包括物理和化学）、生态、地球与环境工程等；而居于外表边缘层面的是认知科学、心理科学、行为科学、人类学、语言学等学科的知识。三类知识作用各异、地位不同但是对于人类社会缺一不可，他们共同构成了一个互相依赖与融合的系统，只有三者相辅相成、互相交叉与综合才能促进人类社会的共同发展。

除此之外，知识的哲学属性、社会属性、自然属性等都被纳入到了研究者的研究视野，其分类情况无法细述。从上述可以看出，知识的分类不

① 张燕，黄荣怀．教育目标分类学2001版对我国教学改革的启示[J].中国电化教育,2005（7）:16–20.

是一成不变的而是一直处于一个动态的过程当中，学科分类必然要受到人们认知视角的影响，同时，知识生产的社会性也决定了学科分类还会受到社会需求的影响。人的多样性决定了人们认识角度的多样性，进而决定了人们在进行学科分类时采用的标准也存在差异性，分类体系和结构的差异也就顺理成章了。不容置疑的，知识的积累与发展是无止境的，因而各门学科的发展也是动态的、不断深化、交叉与综合。它的深化往往与人类认识能力的不断增强而同步，每一种新的分类出现都代表着人类认识的一次进步，都是对知识的一次重新审视、评价和挖掘，与此同时，对学科的划分也就越来越科学。

经过以上的分析，我们话语已经锁定在知识范畴内来谈学科，也正是在知识范畴内讨论学科的分类问题。恩格斯曾指出："没有种的概念，整个科学就没有了"，[①]"无数杂乱的认识资料得到清理，它们有了头绪，有了分类，彼此间有了因果联系，知识变成科学"。[②]随着对知识内涵的认识加深，人类从不同角度对知识进行了分类。而知识的分类原则也成为学科分类的基本原则。

3.1.3 学科发展的悖论式趋向：分化与融合

通过上面的分析我们可以看出，现代学科是知识的聚合，也是受制于知识的发展走势。从历史来看，学科的发展或者大学学科的发展总是伴随着知识的发展路径经历了三个阶段。

第一阶段：近代萌芽发展阶段。现代大学起源的公认时间和地点是中世纪的欧洲。可以说当时还没有诞生近代科学，在人们的眼中，世界并没有细化，而是一个混沌的整体，人们把握世界与自然的基本方法是用感性直观或者理性思辨的方式。因此，在最早的大学中，意大利的萨莱诺大学与博洛尼亚大学的诞生正处于社会"黑暗的千年"，无论社会的文化还是科

① 恩格斯．自然辩证法 [M]. 中共中央编译局编译，北京：人民出版社，1971:95.

② 中共中央马克思恩格斯列宁斯大林著作编译局．马克思恩格斯全集（一卷）[M]. 北京：人民出版社，2008:657.

技都是处于一种“蛮荒”时代。这些最早的大学还没有明晰“学科”与学科发展的真正含义。因此，这些大学包括1150年成立的巴黎大学都是单科性大学，以医学或者法律甚至神学为主。尽管这些学科门类中还涵盖类似于现代的一级或二级学科等次级学科，但是，并没有现代意义的学科分类与学科结构。如博洛尼亚大学传授民法是以罗马法与教会法为主。

在这个时期知识界的话语权集中在哲学，哲学是无所不包的知识体系，被称为各种“智慧和知识”，即使到18世纪前，西方的自然科学还是被称作自然哲学。

后来，随着实验科学的兴起和广泛应用，这种以还原论和分析论为核心方法论的科学能够使研究达到穷根究底以及十分精细化的地步，而与实验科学相关的一些自然科学知识就陆续脱离了哲学而成为一个独立形态的学科。这无疑引起了知识的分化，从而促进了现代科学的发展，最终形成了呈树状发展的学科结构。

第二阶段：现代学科的建制与分化。由于17和18世纪以后科学新建制和新实践的得到了蓬勃发展，到19世纪诸多的现代学科开始涌现。其中标志性的事件就是科学学会的诞生，这成为知识划分的肇始。虽然自然学科还没有摆脱“哲学”的影子，依然冠有“自然哲学”之名，但是终究还是划清了自然科学知识与其他学科的界限，为以后的精细化提供了基础。现代的物理、化学和生物等学科就“脱胎”于十七世纪中到十八世纪末的“自然哲学”。

可以说十八世纪是现代学科的“诞生纪”：自然哲学裂变为众多的现代学科，社会科学也从“道德哲学”这一母体中呱呱落地；到二十世纪“人文学科”全部收纳了对那些被排除在自然科学与社会科学和社会科学两大范畴之外所有“次等学科”，如现代哲学、古典文学、美学、史学、语言学等。

可以肯定的是始于17世纪的学科“圈地运动”为十九世纪现代学科“革命”奠定了基础。然而，这场“革命”终究还不是一场彻底的“革命”，还需要有其他的制度与此相配合，如在实践中建立一些与学科相关的教育机构或者在机构内部制定一些学科教育的标准等。因此，在十九世纪以与学科相关的教育机构与教育标准的建立成为“第二次科学革命”的基本任务。在这“第二次革命中”一些新颖的教育实体和教育形式的出现与勃兴标志着学科建制的最后定型。如，以洪堡大学的代表的德国研究型大学（research university）以及在法国出现了专门的新型的大型院校，这些机构已经超越了原有的仅仅为学者提供安身立命的保障的功能，更是促动他们强化自己的专业界限，放弃自己谋求在全范围内科学家群体的认同的追求。作为后起之秀的美国卓有成效地模仿并改造了德国的研究型大学模式。这些研究型大学通过不同方式的专业性组织将世界各地专业相同的学者联系起来，大大加快了知识专业化生产的速度。一些具有代表性的、群体较为庞大的学科已经始建立了专业的专业协会，通过协会学者们可以选举自己学科的领导人与建立自己专业的学术期刊，大家互相沟通学术进展甚至对学者的学术成就进行评判，并且以在这些期刊发表自己的学术论文为荣。

第三阶段：当代的交叉、融汇与贯通。学科的建制以及学科协会的出现大大加快了科学的发展，到二十世纪中期之后，科学在物质生产和知识生产等方面的成就已经是日新月异，成果累累了，而科学本身也开始进一步的分化与整合：在微观上，当代科学的门类越分越细，出现了越来越多的学科，在宏观上却又开始出现了交叉、融汇与贯通的趋势，交叉学科、边缘学科以及新学科不断形成。

一方面，学科呈现出精细化发展趋势。经过几个世纪的发展，以数学、化学等学科为代表的基础性学科已经通过建立自己严密而系统的定理公式以及理论范畴而成为学科的典范而受到学者的认可与推崇。由于数学、化学等学科的形成而大大促动了其他学科边界的形成，然而，这些学科边界形成始终回避不了科学研究的综合性特征，在科学研究中势必引起一些基础性学科之间的交叉、拓展、外延，从而形成一些前所未有的新兴学科。如在物理学领域，量子力学的概念、原理、方法等被移植到化学和生物学领域，就产生了量子化学和量子生物学两门学科。物理学科和化学学科交叉就产生了物理化学和化学物理学科，物理化学学科延伸产生了胶体物理化学、染色物理化学等学科，胶体物理化学进一步延伸产生了絮凝学。电子计算机的诞生使古老的数学学科获得巨大的延伸空间，相继产生出数值计算方法、计算流体力学、过程仿真等学科。① 另外，计算机应用学科是以数学学科的发展为前提的，虽然只有二十余年的发展历程，却由于其内涵的丰富性、应用的广泛性以及发展的快捷性而成为改变当今世界生活方式的一门新兴学科。在地质学中，由李四光创立的地质力学也是学科交叉与融合的典范。可以看出，以数学、物理、化学等基础学科的概念、定理、方法等为原点，向外延伸与交叉产生了许多有自身严密学科体系的新型学科。

另一方面，学科又呈现出整合性发展趋势。科学的发展并不总是朝着一个方向进行的，而是呈一种散射状发展趋势，在科学进一步分化发展的同时，还呈现出一定的聚合发展趋势，这种聚合发展并不是简单的学科概念、学科理论的简单组合，而是相互融汇以后，整合为一个理论与方法更加完备的新学科。也就是说，科学有向统一性和简单性进展的趋势，还有向多样性和复杂性进展的趋势。"当今高新技术的重要特点就是创新性，不是原有技术发展轨迹上的线性延伸，不是原有实践经验阶梯上的单纯叠加，而是以现代科学研究的最新成就为基础，开辟与以往技术发展有根本性不同的新空间。" ② 当今的很多高新技术的创新就是由不同学科的交叉融合而产生的：基因工程整合了细胞生物学、生物化学、遗传学、分子生物学、临床医学等多门学科；刚刚萌芽的物联网研究融汇了微电子学、生理学、密码学、伦理学、计算机科学、通讯科学、材料科学、社会学等看似不相关的学科的思想、理念、方法与技术，文科、理科与工科杂糅在一起。可以看出，世纪当代高端科技的演变历程都脱离不了多学科连续交叉的整合过程。而这个过程有三种模式：第一是通过学科方法的融汇贯通产生横断性学科，数学、系统论、控制论、信息论等就是方法的交汇；第二是各种学科整合在一起、进行综合与杂糅形成具有"高、精、尖"技术的综合性学科，如信息科学、环境科学、能源科学、航天科学等就是不同技术的整合；第三是大范围内的学科交叉与渗透，不但是科学与技术实现整合，还

① 邹晓东 . 研究型大学学科组织创新研究 [D]. 浙江大学 ,2003:24.

② 邹晓东 . 研究性大学学科组织创新研究 [D]. 浙江大学 ,2003:24.

实现了文、理、工科等多种学科的广泛交叉。

很明显，在当代科学的纵深化、精细化发展以及不断综合与整合的大趋势 中，后者是主流，这生动地说明了客观物质世界或人文社会与不同学科之间存在必然的逻辑联系，并且可以相互转化。

就如德国物理学家普朗克（Planck）所认为的那样："科学是内在的统一体，它被分解为单独的部门不是由于事物的本质，而是由于人类认识能力的局限性。"[①] 尽管科学的分化不是尽善尽美的，依然有自身的局限性，但是，在分化的过程中加深或拓展了人类对于世界的认识，外延拓展到一定程度就会交叉与汇通，最终产生新的整合。从哲学的角度看来，学科的分化与综合就是矛盾运动的否定之否定规律的真实体现。高屋建瓴的哲学原理告诉我们，在科技日益发达的二十一世纪，科学的发展也必然会经历一个分分合合的历史过程，并且，这种分与合的大趋势会从科学领域延展到整个社会文化领域。

从上述分析来看，现代的学科已经呈现出一种悖论式的发展趋势：一方面朝着精细化发展的趋势进行，学科有越分越细的趋势；而另一方面，学科又在精细化发展的基础上进一步整合，一些学科的界限越来越不明显，开始进一步的合并，成为一个大学科。而大学以研究高深知识为己任，对知识的传承、创造以及转化功能就注定了大学与学科之间的"血缘关系"，学科成为大学中的"基因"，大学学科也是学科的"守门人"和"鉴定者"。因此，大学的发展与科学或者学科的发展之间已经成为一种不可断裂的联动关系。这就为我们进一步分析大学的院系设置方式变革提供了一定的理论与现实依据。

3.1.4 院系设置的学科秉性

伯顿 · 克拉克在《高等教育系统》中指出："只要高等教育仍然是正规的组织，它就是控制高深知识和方法的社会机构。它的基本材料在很大程

① ［美］希汉 . 哲学家、科学家和科学的统一[J]. 金吾伦，译 . 自然科学哲学问题，1981(4):12-14.

度上是构成各民族中比较深奥的那部分文化的高深思想和有关技能。"[①]他进一步分析指出："高等教育的任务是以知识为中心，正因为那令人眼花缭乱的高深学科及其自体生殖和自治的倾向，高等教育才变得独一无二——不从它本身的规律去探索就无法了解它"。[②]而克拉克的这种观点与布鲁贝克的观点不谋而合："传递深奥的知识、批判现存的知识，并探索新的学问领域"[③]两个高等教育研究领域的大师非常肯定地说明了大学的知识特性：非一般的肤浅知识，而是高深知识，即高层次的、在已知领域与未知领域交界的边缘或者学科前沿的知识。大学就是要研究与传承这些高深知识并将这些研究成果运用到社会，但是，高深知识是不断向未知领域拓展与发展的，而以知识的聚合为特征的学科也随之不断向前发展。大学的本质就是研究和传授高深知识的场所。所以，大学的本性就与知识和学科有先天性的联系。

毫无疑问，大学是一个典型的学术组织，而学科是这个学术组织中最基本的单元。教学、科研与社会服务等大学的三大基本职能的发挥无不依托大学学科这一平台，可以说学科是大学生存与发展的基本元素，是高校的细胞组织，也是大学发展的核心。世界上不存在没有学科的高校，高校的各种功能活动都是在学科中展开的，离开了学科，不可能有人才培养，不可能有科学研究，也不可能有社会服务。甚至，有学者把学科看成是大学的"专利"，甚至将学科的概念与大学的功能紧密联系起来，认为大学学科是"根据培养专门人才、进行科学研究和服务社会等任务及知识自身特点会知识进行有组织的社会分组，是拥有自己的一套观念、方法和主要目标的相对独立的知识体系。[④]可以说大学学科就是基于大学组织而发展与演变而来的概念，但是又通过自身的不断丰富来服务于大学这个"母体"。而"大学"这个词语的最初含义也近似于当代社会中的"行会"组织，其

---

① [美]伯顿·克拉克.高等教育系统[M].王承绪，等，译.杭州：杭州大学出版社,1994:12.

② [美]伯顿·克拉克.高等教育系统[M].王承绪，等，译.杭州：杭州大学出版社,1994:42.

③ [美]约翰·布普贝克.高等教育哲学[M].王承绪，等，译.杭州：浙江教育出版社,2002:13.

④ 蒋洪池.大学学科文化研究[M].北京：光明日报出版社,2011:3.

主要功能也仅仅是给社会提供某些行业的特定知识技能的培训与资格检验。在12世纪之前，一些所谓的高深知识以及高深知识的传播往往向知名教师所在地发生聚集，但是并没有形成固定的场所。但是12世纪以后，由知名教师和学者聚集地的相对稳定而吸引越来越多的学生，并逐步形成了有了接近现代意义的“大学”（university）。大学开始集成了“学科”（faculty）、“住宿学院”（college）、“固定课程”（curriculum）、“考试”（examination）以及颁发“毕业证书”（degree）等多种要素的特殊的学术机构。在知识经济社会中，学科已经成为大学的一个“基因”，且不断发展与进步。纽曼甚至认为：“大学要么指学生而言，要么指学科而言。”①

尽管大学与学科并不是同时产生与发展的，并且学科也不仅仅局限于大学而存在的，但是，从历史的角度来看，学科确实发端于大学之外，却勃兴于大学之中。在过往的历史长河中，大学的功能不断拓展与增强，大学之于学科发展的作用也不断强化与跃迁，学科已不再游离于大学的周围，而成为大学的“核心细胞”。现代大学是学科的集聚地，也是学科产生的策源地，是学科知识产生的主导场所、学科新人的培育所，只有大学里才实现了知识生产和人才培养的整合。在学科综合发展模式占主要地位的今天，大学以其得天独厚的人才优势、资源优势和环境优势，成为学科发展的主要阵地。②

大学作为一个高深知识的专门研究机构，必然以知识的聚集为特征，也必然存在以知识分类为基础的学科。作为知识生产特殊机构的大学，学科与大学教育的结合是大学组织功能发挥的必然，是一种合目的性的存在。学科和大学的交汇点，矩阵结构的节点，大学学术组织都是以学科为基础的知识组织，以知识为直接操作材料，承担着教学、科研、咨询服务等职能的知识组织。③因此，大学的基本职能的实现往往是通过以知识分类为依据，以高深专门知识为主要内容的学科来承担，可以说学科是大学的基本元素

① [英] 约翰·亨利·纽曼 . 大学的理想 [M]. 徐辉，等，译 . 杭州：浙江教育出版社 ,2001:20.
② 翟亚军 . 大学学科建设模式研究 [D]. 中国科学技术大学 ,2007:30.
③ 翟亚军 . 大学学科建设模式研究 [D]. 中国科学技术大学 ,2007:23.

之一，是大学的基本框架，大学其他制度都是围绕着学科而建立起来的。

根据学科的涵义分析，学科具有创造知识和科学研究的维度、教育教学的维度以及学术组织等三个维度。而大学也正好具有为创新知识而进行的科学研究、为传承知识而进行的科学研究以及为高深知识的传承与创新提供平台的学术组织。因此，深刻理解大学的学科对理解、理顺以及优化大学的职能有重要的意义。

从实践的角度来看，大学的学科往往与专业联系在一起，大学学科往往是按照学科的属性以及人才培养的目标差异而将学科分为基于学科性质的基础学科、应用学科和职业学科。美国颁布的《学科专业目录指南（Classification of instructional Programs）》中就将基础学科划分为自然科学、人文科学和社会科学三大类。自然科学主要包括数学、物理、化学、生物等学科；社会科学主要包括经济、政治、社会、心理学等；而人文科学主要包括是文学、历史、哲学等学科。而应用学科主要包括工学、医学、商学、法学等；职业学科或者说技术学科主要包括建筑、教育、新闻、管理等学科。

而我国国务院学位委员会、国家教育委员会于1997年联合颁布的《授予博士、硕士学位和培养研究生的学科、专业目录》以及1998年教育部颁布了《普通高校本科专业目录》中对学科和专业也进行了分类。在两个版本的分类目录中共列出了11个学科门类（本科目录中没有“军事学”，此学科为研究生目录独有）。这11个学科目录分别是：哲学、经济学、法学、教育学、文学、历史学、理学、工学、农学、医学、管理学。2011年，国务院学位委员会、教育部公布了新的《学位授予和人才培养学科目录（2011年）》。在文学门类下“蛰伏”多年的艺术学独立门户，升级为门类，成为哲学、经济学、法学、教育学、文学、历史学、理学、工学、农学、医学、军事学、管理学之后的第13大类学科。一级学科由89个增加到110个。这是我国27年来第四次更新学科专业目录。而1992年国家技术监督局颁布了《学科分类与代码》（国家标准 GB/T 13745-92 ），将学科分为自然科学、农业科学、医药科学、工程与技术科学、人文与社会科学等5个学科门类，这些学科门类中包含了58个一级学科，635个二级学科，2058个三级学科。虽然这个分类比较详细，但是并不被广大非教育部门所采用，其适用范围仅仅在大学的文科科研管理部门，自然科学科研管理部门也不采纳这种分类法。反而，大学的自然科学科研管理部门采纳的是1999年国家自然科学基金会颁布的学科专业目录。在这一个版本的《目录》中，国家自然科学基金会将现有学部把学科分为数理科学、化学科学、生命科学、地球科学、工程与材料科学、信息科学、管理科学等7大类，其中包含了39个一级学科，367个二级学科，还细分了若干个三级四级学科。

从上述实践看来，知识最密集、学科分类最细致和最完整的是大学，学科的分类标准也是多元化的，并没有形成共识性的分类目录。尽管分类不尽相同，但是，大学学科的基本特点具有一致性。我们可以确定的是，知识性是学科的本质也是大学的本质。而大学的院系是大学组织的重要部分，是大学职能的主要承担者。从教学与科研的维度来看，无论是以前的讲座制还是当今的班级制，抑或是人文或者理工科的研究莫不是以高深知识为对象的，对高深知识的追求与探求是大学院系的基本存在方式与活动的基本内容，对高深知识的运用与创造程度已经成为大学院系的核心竞争力之一。从历史来看，巴黎大学应该是世界第一个建立完备的院系体系的大学，在最早的神学院、文学院、法学院、医学院等四个学院中，教师与学生都是在“传递深奥的知识，分析、批判现存的知识，并探索新的学问领域”。①

学科是研究型大学最基本的组织单元。牛津大学、剑桥大学、哈佛大学等世界一流大学无不拥有众多一流学科，大学三大职能的实现也必须依托于学科组织。大学的社会声誉以及学术声望与学科水平高低直接相关，大学的生机就来自于学科发展的活力。可以说，没有世界一流的学科，就不会有世界一流的大学。对于一个研究型大学而言，学术水平的高低直接决定大学的学术水平。一流的科学研究首先是抓住并突破了学科的前沿，

---

① [美]约翰·布普贝克.高等教育哲学[M].王承绪，等，译.杭州：浙江教育出版社，2002:13.

以此获得生长点，而这些生长点的发展往往是通过学科之间的不断融合而被发现的。这些活动都是在大学的基本组织结构——院系中进行的。

可以看出，无论是历史上还是现实中，对高深学问的探究已然成为大学院系最主要的活动，大学与院系之所以能够存在就是因为从“高深知识”这个领域获得了合法性，因此，高深知识就是大学和院系的核心，一旦脱离了对高深知识的探究，大学和院系就失去了存在的合法依据。并且正是这种对高深知识的研究活动给大学提供了绵绵不断的发展动力，大学与院系就是以自己对高深知识得天独厚的研究优势才逐步从社会的边缘迅速走向了社会的中心，大学系统就是社会的轴心系统了，大学与院系已经是现代社会的轴心机构，知识早已成为现代社会的“轴心”。[①]

辩证唯物主义的基本理论告诉我们，任何事物的发展都需要合适的环境；而组织行为学告诉我们，组织的绩效和组织的形式与结构有很大的关联性。因此，今天我们所探讨的大学院系设置问题就是基于大学发展环境与组织形式的一个探讨。而由于大学的高深知识特性就决定了大学内部的所有变革，无论是办学形式的嬗变，还是制度与措施的建立与实施总是紧紧围绕着高深知识的发展这一核心而进行的，而高深知识的发展在大学中的外显形式就是学科的不断分化与整合。因此，大学院系学术组织设置变革的根本目的就是要建立一个有利于大学学科发展以及大学资源合理配置、院系自主管理的机制。通过院系设置的变革以及新机制的建立，从组织形式与制度保障上更好地促进大学学科的交叉与融合，充分激发广大学者的创造热情，形成高深知识不断深化与演变的良性发展态势，使大学与院系通过知识的发展来更好地展现自身的创新能力，更好地担当其引领社会发展的历史重任。

① 杨如安 . 知识管理视角下的大学学院制改革研究 [D]. 西南大学 ,2007:48.

3.2 管理逻辑：知识管理与科层管理

大学院系是大学教学科研的主要机构，是一个集人才培养、科学研究以及社会服务为一身的实体性机构。而实体机构毫无疑问地具有物质性，而物质的基本特性就是运动与发展。而正是因为它的运动与发展才使大学充满活力。但是，作为一个实体性运行的机构就必然涉及到机构内部以及机构与外部组织（大学）之间的权力与资源配置问题，这就必然涉及到人、财、物以及权力的配置方式与使用。

但是，大学的院系不是一般的组织，而是有着自己独特的组织目标的组织。大学院系的核心目标就是促进学科的发展与知识的创新，是大学更好地实现人才培养、科学研究以及社会服务的功能。因此，大学院系不仅仅是一个如何设置的问题，还有一个就是院系设置之后的管理问题，这两个问题可以说是院系设置问题的两个不同层面。但是，无论如何我们在院系设置改革的时候就必须充分考虑到院系的管理逻辑，既要考虑院系本身作为一个现代科层组织的普遍性特点，也要考虑作为一个知识聚合体组织的院系所具有的特殊的组织目标。

3.2.1 知识管理的内在要求

知识管理是二十世纪八十年代起源于欧美和日本等国的一个企业管理理论与实践。在二十世纪八十年代，在信息化浪潮下，科技进步或者知识对经济的贡献率已由二十世纪初的5%左右上升到二十世纪末的60%—70%，科技进步与知识聚集已经成为国家富强的源泉和人类走向文明进步的主要动力。同时，世界各国的工业品市场已经开始由卖方市场向买方市场转向，企业的竞争力主要是靠产品的高附加值来实现，因此，越来越多的企业开始由劳动密集型向知识密集型转向，企业的竞争力也由单纯的产值与利润率转向了以创新指数为代表的持久的核心竞争力。一些跨国企业或者有远见的企业开始在企业的组织内部实施或者推广知识管理的一些方案与措施，以提高自身企业的竞争力。通过近三十年的实践与完善，全球五百强企业均不同程度地推行了知识管理，并且卓有成效。因此，知识管理的理念与方法不但成为现代企业管理的一种策略更是现代组织管理的异常革命。

虽然，知识管理的理念与实践还是处于“幼年”阶段，其使用与推广方兴未艾，还有很多不完整、不规范甚至还没有达成一致意见的地方，更不敢妄言形成完整、全面、系统的知识管理学的理论体系。但是，知识管理的基本理论模型以及基本特征已经初见轮廓：管理的核心就是知识，即通过确认和有效利用已有的和获取的知识，并通过对各种知识的连续性管理，提高组织的创新能力和创造价值的能力，以满足组织现在和未来事业发展需要的一种过程。[①]

大学的本质特性就是对高深知识的探求、传承、创新与运用，因此，知识性是大学的本质属性，大学的院系就是大学内部进行知识传承与创新的核心组织，不但是大学主要活动的场所，还是大学基本职能的实现机构。如果根据知识管理的基本理念与理论，合理使用知识管理的一些方法与手段，在大学开展院系设置的改革，不但可以拓展大学院系的学科容量，有效利用制度优势和资源优势，使院系和学者能人尽其才，形成充分发挥自身智力禀赋的学术氛围；还可以提升学者与院系的知识创造能力，形成知识共享与创新的校园文化与价值观念，从而提升办学效益。

1）知识管理的理念与维度

知识管理不是一个盲目的过程，而是一个有理论依据、有具体目标以及原则与制度的活动。这种活动是在一定的外部环境中，在组织内外部原有知识的基础上，借助于一定的管理方法与手段，使每个成员所固有的知识技能与潜能得到最大限度的发挥，并在成员的合作与交流重要形成相应的文化价值观念来推动知识的共享与创新，进而时整个组织的知识总量得到增强，提升组织的竞争实力，组织的效益得到最大化。

这是一个庞大的体系，诸多因素贯穿其中，但是，这个体系却包含

① 杨如安 . 知识管理视角下的大学学院制改革研究 [D]. 西南大学 ,2007:32.

了清晰的框架，如知识管理的核心理念、管理的基本维度、管理的原则与方法等等。理念是组织或者行为的指南针，也是决定事情发展方面与成败的关键之一。那么，知识管理的核心理念是什么？个人性与共享性是知识的基本特性中的其中之二。知识一旦为个人所获取就可以成为个人的“独享”，或者个人知识如果不进行交流就很难在人际中进行传接。但是，一旦知识在人际中进行交流就可以实现知识的传接与创新，并且传接的各方原有的知识不会减少，而是会在总量上得到总体提升。目前，知识经济已经初露端倪，知识的流动性与创新周期已经越来越短，这就是知识生命周期的短暂性与和增值性。这种流动和变化着的知识必然需要人的开发、传接与利用。在一个组织中更是如此，组织内部如果缺乏知识流动与共享的有效机制，就会造成组织内部的信息阻滞与不畅，造成组织活力的缺失，使组织失去对外界的应有反应能力，从而引起组织的效率降低以及效益漏损。因此，在一个组织内部实行知识管理就是要促进知识从个人性走向组织的共享与创新，实现知识的融合与增值。

要想更好地实现知识管理的目标，首先要有足够的知识资源，可以说，知识资源是实现知识管理的重要前提。由于知识的增值性是在知识资源的互相交流与流动中实现的，因此，只有拥有足够多的知识资源才能更好地促使知识的交流与融合，在交流与融合中实现知识的增值。当然，知识资源的扩张既要靠已有知识量的变化，而更好的方式就是要实现知识的创新。那么，由此可以推断出一个基本结论：知识创新是组织知识管理的核心主题之一，而大学院系组织设置的变革就是为了实现知识创新。知识创新离不开科学研究与实践，也只有在这种研究与实践中才能不断地获取新知识，并把这些知识运用到院系的各种活动中去，促使大学获得自身的竞争优势。

那么，知识的共享与创新是如何成为可能的呢？我们知道，知识的创造与传播过程都离不开人和技术两个基本的维度，知识说到底还是人类的知识，创造也是人的创造，除人以外的生物是没有创造活动的，当然，人是借助于劳动工具来实现自身对客观世界的改造的。因此，知识管理活动离不开人和技术的因素，知识管理的两个维度就是人的维度和技术的维度。

科学证明，大脑是产生人类思维的物质基础，没有大脑就没有思维活动，更无知识的传接与创造。人的大脑不仅仅是隐性知识的载体，更是知识创造和传播的内生性力量。知识的转化无不需要人的参与。无论是人类通过观察、模仿或者亲身实践而进行的隐性知识的传播；还是通过集体行动、边做边学还是职前培训与职后进修而获得的显性知识，其获取知识的主体还是人。

但是，人对客观世界的改造并不是局限于人类自身的先天性手段与能力，而是可以通过制造工具能动地改造客观世界。人类在组织内部实施的知识管理也是人类的一种实践活动。在这种实践活动中，技术手段不但在知识创造和传播过程中的联结化阶段起作用，还在知识的“外显化”与“内在化”过程中起重要作用。如知识的编码与存取无不依赖信息技术，知识的“外显化”往往可以通过现代通信技术与网络技术，因而，知识管理中技术的因素也是至关重要的。当然，人与工具并不是分离的，而是紧密相联的，两者偏废一方都不可。

2）知识管理的目标

知识管理的核心理念就是知识的共享与创新，但是理念过于宏观，需要进一步明确成为可操作性的目标。

在组织内部实现知识管理到底要实现什么目标？目前学界还存在很多不一致的观点。如美国管理学家奎达斯（Quitas）根据知识的发展进程将知识管理的目标分解为知识的发布、开发、获取、扩散等六个方面；而法拉普罗则从知识衍生的层次出发将知识管理的目标分为知识的外部化、内部化、中介化与认知化等四种功能；还有学者借助于项目管理的观点，将知识管理的目标分为创建知识仓库、改进知识存取和传输、改革组织知识文化及环境等几个方面；更有学者从提升知识性能的角度将知识管理的目标分为提高创新能力、提高快速反映能力、改进生产效率、改善技能素质等。但是，目前比较一致的观点是将知识管理的目标具体分成知识共享、知识创新、提高竞争力、知识链管理和建立知识生态等五项，并且对各项目标提出了一些原则性要求。

所谓的知识共享就是要使组织内部成员的个人知识通过各种交流的方式为组织中其他人所共享，使个人知识财富转化为组织知识财富。知识共享包含了诸多具体的内容，如组织成员之间的知识流动，隐性知识与显性知识之间的转化以及个人、团队与组织之间的知识流动等等。从知识共享发生的条件来看，需要从缄默知识、知识的表出、交流、理解以及创新几个环节入手加强共享激励机制的建设，并从技术层面加强建设，建立明确的知识共享模式与机制。

而知识创新就是通过在科学研究中追求新发现、探索新规律、创立新学说、创造新方法以及积累新知识的过程。没有知识的创新就没有科学技术的创新，也不可能有科学技术进步与经济增长的革命性力量。知识创新从个人、组织和国家三个层面步步递进，个人的创新活动可以形成创新团队或者组织，而众多创新团队与组织的聚集就会逐步形成一个国家的知识创新体系。

在知识经济社会，知识的管理能力与创新能力是组织竞争力的重要指标。任何国家和组织如果没有知识的创新体系，这个国家在竞争中就会处于劣势地位，一直到被国际社会淘汰。因此，对知识进行管理的目标之一就是提升组织的核心竞争力。大学作为知识或者是高深知识密集的场所，如果没有持续发现新知识、创造新知识的能力，这个大学就会动摇作为一所大学而存在的社会基础。

知识链是知识管理中的一个关键性问题。通常讲的“知识链”就是指以人为本的业务流程中的知识流动，通常与业务流程中出现的问题密切相关，并可根据与流程的关系分为线性知识链（它的知识流动与业务流程问题解决方向一致）、适应性知识链（它的知识流动方向偏离业务流程的进度方向）。[①] 知识链管理的主要作用在于提升组织的创新能力以及组织产出的质量，从而使组织在一种渐进的发展过程中逐步优化和改善了组织的运行绩效。

---

① 邹晓东 . 研究型大学学科组织创新研究 [D]. 浙江大学 ,2003:67.

知识管理的终极目的应该还不是在组织的绩效而是在于知识本身。知识是在充分共享和交流的基础上创新的，而知识的共享与交流并不是单一和疏离的，在这个交流中人和组织形成了节点，而这些节点就借助于组织的交往形成一系列连贯的链条，节点与链条组合成一个网状的结构，这个网就是知识流动的主要范围，当然并不是全部范围，而是有新的知识不断流进这个网状结构中，这样就形成了一个以人和组织为节点、以协作交流为链、以知识流为内容的系统构成了知识生态，其实质是知识共享、交流和创造系统。[①] 知识生态的观点借鉴了生态学的理论凸显了个人和组织在社会网络形成中的地位与作用，这不但区别了传统的以信息技术为核心而形成的知识交流网络，而且将知识创新的过程置于一种动态进化的过程，用一种整体观与进化的观点来为知识创新提供恰当的环境。

3）知识管理的基本原则

原则是观察问题、处理问题的准则，没有原则，对问题的处理就会失去基本方向。知识管理既然是一个有序的系统，那么必然有一定的管理原则。一个组织内部的知识管理要达到的目的之一就是知识的互相流动，并产生新知识。其中个体知识要想通过交流成为组织的共同知识势必需要组织内部的不同成员以一种平等的方式参与其中。因此，知识管理的首要原则就是建构能激励组织成员积极平等参与知识交流的制度与文化氛围。

接下来的问题是，组织内不同成员之间的参与并不代表能进行合作，这就需要在知识管理的过程中建立一个成员之间的互信机制，让成员之间、成员与组织之间以及成员与管理者之间建立一个良好互信的开放环境。只有这样，成员之间的合作才会有基础。因此，知识管理的第二原则就是信任原则。

当然，知识管理还必须有公开透明的原则，以便做到责权利的清晰。在企业性组织中，知识管理还需要使知识资本化，将指令性管理转向智力支持与服务，并在一定契约基础实现知识产权制度，保证智力成果的顺利

① 翟亚军 . 大学学科建设模式研究 [D]. 中国科学技术大学 ,2007:96.

共享。

尽管知识管理的理念、原则与方法都与我国大学的院系组织管理有很大的适切性，但是，大学毕竟是一个特殊性的学术组织，它与知识密集的企业还是存在极大的差别，至少大学是一个非盈利性的知识聚合性组织，大学本身有着自己特殊的运行逻辑。也就是说大学既有作为一般知识组织的基本特性，还具有一般知识组织所不具有的个性。而马克思主义哲学原理告诉我们，矛盾的普遍性蕴含在特殊性当中。大学的院系设置也是如此，因此，在研究院系学术组织设置变革的时候我们既要遵循大学院系作为一般的知识组织的基本要求，更要关注其与其他组织不同的个性，如果照搬企业管理的方法就会扭曲了大学的本真。

3.2.2 科层管理的必然选择

由于大学的知识特性使大学院系学术组织设置的不能脱离知识管理的基本逻辑，而大学不仅仅是一个知识的聚合体，大学也是一个有着层级结构的组织，组织的存在就必然导致组织的管理效率问题。因此，大学院系学术组织设置的变革不仅仅要遵守知识的逻辑，尽量使大学建立一个能促进知识共享与创新的院系结构模式。但是，作为组织形式的大学院系学术组织结构也得遵守组织管理的基本逻辑。

1）现代科层制组织的管理模式

科层制（bureaucracy）和官僚制是同一种含义。它是区别于封建君主权力、行会权力、行会、地主、武装力量等的一种以正式规则为主导的管理方式，具有专业化、权力等级、制度规范化和非人格化等基本特征。这种管理模式是西方工业文明与技术理性相结合的产物。①

马克思和列宁曾经对作为资本主义国家机器而存在的官僚制度进行了严厉的批判，并指出官僚制是资本主义国家制度腐朽的具体体现。因此，官僚制是一个贬义词，似乎带有强烈的意识形态的意味。因此，德国的社

① 姜传松．大学组织科层化：二律背反及其调适 [J]. 江苏高教，2007（2）:5-8.

会学家马克斯·韦伯将“官僚制”转称为“科层制”，并突破了原有的社会学概念，将其延伸到政治学、管理学等其他多个学科，科层制以强大的生命力成为当今社会中绝大多数组织的管理模式，也是现代性的标志之一。

马克斯·韦伯是第一个全面系统地分析科层制的学者。在他看来，科层制是一个有着特定结构、行为原则以及功能的组织结构形式，在其中至少具有“专门化、权力等级、规章制度以及非人格化”等基本特征。科层制组织已经预先按照工作类型和目的对每个成员进行了分工，从制度上要求成员要坚守自己的职责范围并要专精于自己的工作。但是，在工作中每个成员或者岗位之间都有一个制度化的等级原则，不同等级之间的职权是明确而不能随意跨越的，高级别的成员或岗位控制或者监督下级。因此，组织的运行以及成员的活动都是在这个制度框架内进行，成员与组织之间的界限或者权力分配都是由制度进行清晰的限定，无论是组织中的一般成员还是官员都不得滥用制度所赋予给自己的权力，抑或将个人情绪带入组织决策中，以保证组织决策的理性特征。

可以看出，科层制实际上是对组织的权力体系关系、任性专断和感情进行“强制性协调”，从而使组织具有理性精神，而组织就是在这种强制性协调下成为一个有机整体并稳定运行，从这个意义上来说，科层制是一种组织制度的创新，它不但使组织实现了秩序化而且强调了效率第一的组织管理理念。科层制组织的制度设计包含了精确性、效率、持续性、统一性等理性特点，并强调组织中的等级界限以及命令服从，不但可以减少组织成员之间不必要的摩擦以及人力、物力的浪费，从而更好地实现了组织功能。

也正是因为科层制的这种高效率性使她迅速被现代社会组织管理界所接受和采用，并认为“科层制”无论是在可靠性与合理性方面还是在稳定性与普遍性等方面都要比其他组织形式更加优越，甚至是当今提升组织效能的最佳形式。

那么，科层制是通过何种方式或者机理来实现组织自身的可靠性、合理性、稳定性和普遍性的呢？这需要从以下几个方面来分析。

首先是科层制中权力架构的等级性以及不同层级之间分工的明确性可

以将复杂的决策进行分解和简化，从而保证了科层制的可靠性。组织决策之所以能够顺利实现，其中的首要条件就是组织成员能够通过合适的信息渠道准确地获取有效的工作信息，如工作目标、手段等。科层制就是从权力等级中建立了信息沟通的有效途径，从而使成员理性地解决各自之间的合作与冲突问题，并利用最适合自己的方式来实现自己的工作目标。

其次是科层制利用自己建构起来的严密的权力等级体系保证对每个成员的掌控，从而使原本由人组成的组织具有一个非人格化的特征。组织的内部聚集了一个专家群体，这些专家群体具有某一种专门的知识和精准的预判能力，他们可以利用组织的目标、结构、成员特性以及档案资料而对未来的事件进行较为准确的预测，从而使组织行为具有较强的理性与合理性。

再次，科层制组织消解了过去人格化管理的弊端，在组织内部建立了严谨而全面的书面制度，使得各种法令、决策或者条例都能得到文字的固定，并使这些制度具有很强的可操作性，组织的一切行为都是按照这些制度的规定而进行，组织的行为就具有较强的稳定性。历史也证明，科层制组织形式在近半个多世纪中以一种排山倒海之势将社会的各种机构，如工业组织、政府机构、工会、宗教组织、大学等等机构进行了科层化，从而奠定了科层制在现代组织形式中的“霸权”地位。

可以看出，科层制之所以如此盛行是因为它本身顺应了工业化社会的工业理性与效率最大化的理念，将管理效率的理想有机地贯穿在各个组织成员的行为之中，从制度上促使个体效率，从而保障了集体效率的实现。

2）大学组织的科层制特征

当代社会的绝大多数社会组织或多或少地具有某些科层制特征，现代大学也例外。如大学中的专业化、权力等级、规章管理等无不体现了科层制体系的基本特征。

现代大学起源于中世纪时期的行会组织，这些组织并没有今天这么庞大也没有今天这么复杂而紧密的组织结构，在大学内部实行的是以“教授治校”为主的管理模式。现代制度经济学的观点认为，制度的核心功能就是节约交易成本。但是，制度本身的维持也需要成本，当制度维护成本低于节约的交易成本时，制度就会彰显其本来的价值，并得到长久的持续；反之，制度就会被淘汰。现代大学的科层制的发展历程也无法逃离这个宿命。

即使“教授治校”在很大程度上可以保证学术的独立性以及大学的学术品格，但是，从制度经济学的视角来看，这种管理模式所产生的交易成本是比较昂贵的。我们知道，教学不是僵化的活动，而是一个在具体情境中变动不居的，作为教学活动的教师与学生本身就存在着信息不对称的“势差”，而且大学与外界活动时，大学与世俗政权与教会都存在较大的“能级差异”，这种地位与信息的不对等就会导致教师、学生、社会以及教会之间的交易成本增加。而且，这种成本也会与大学规模的增加成正比关系。“当管理上的协调比市场上的协调更有效率和更有利可图时”，[①]这种具有效率优势的科层制就会在大学组织中找到自己的新阵地。科层制的大学组织通过建立一种“保证体系”的方式，用一种高效率和低成本的途径将办学者、出资人、学生等组织成员有机地联合起来。从而彰显了成本和效率上的优势。工业化浪潮促使了大学的迅速扩张，也使大学越来越难以实现原有的“教授治校”的管理模式，因此，越来越多的大学身不由己地实行了科层制。

从以上可以看出，现代大学实行科层制本身就具有了一定的合理性，特别是现代大学从社会的边缘走向了社会的中心之后，大学的很多行为不可能局限于大学组织内部，而是和社会其他组织之间存在能量交换或者行为交集，大学活动主体的多元化和市场化成为不可逆转的趋势与现实。教授治校的内部性与大学行为的市场化就会形成矛盾，而科层制就是通过管理层级将市场交易活动限定在大学组织内部进行，通过节约成本和提高效率为优势促使了大学活动主体的多元市场行为的“内部化”，规避了市场行为的多重契约性、不确定性和高风险性，从而使得大学活动的成本得到有效下降、活动的效率得到了提升，从而可以使组织的本身特性与外界环境

① 钱德勒 . 看不见的手——美国企业的管理革命 [M]. 北京 : 商务印书馆 ,1994:8.

达到一致。因此，大学本身对效率的诉求就为大学实行科层制提供了一个有效的理由。

大学一直有一种“自我清高”或者“独立思想”的情结，所以一直主张自己的“学术自由”希望自己走一条认识论的大学发展之路；而世俗社会对大学又寄予厚望，希望大学走一条政治论哲学的发展之路，希望能对大学的学术自由有所干预。尽管我们暂时无法对政治论和认识论的两种大学理念做出孰是孰非的判断，但是，我们已经从实践中可以感受到和观察到现代大学的发展既需要大学拥有学术自由的基本权利，同时也不能缺少社会对大学行为的适当干预。要实现现代大学的真正繁荣就必须将大学置身于社会生产实践之中，而不是沉浸在理想主义的“象牙塔”中，这就需要大学的学术自由与社会的干预之间形成合理的张力，实现基本平衡。但是，这种平衡不能被随意打破，因为任何一方的膨胀就会使原来平衡的局面被破坏，无论是学术自由的膨胀还是社会干预的过度都会危及到大学的生机与活力。从大学的本质来说，大学存在的根基就是学术的自治与自由。但是，辩证法的原理表明，世界的任何事务都是矛盾的统一体，矛盾既对立又统一。学术的自治与自由并不是孤立地存在而是总与社会的干预和控制共同存在的。如果“学术自治”与“学术自由”因为失去了制衡而绝对化，就会使大学作为学术行会本身所固有的散漫、偏执、保守以及排斥社会的“先天性不足”的特性得到滋长，最终危机到大学的生存根基，中世纪大学的衰败固然有很多原因，但是大学学术的过度自由和自主是一个不容忽视的因素。

可以说中世纪大学之所以向现代大学转型，就是学术自由与社会干预这一对矛盾不断运动的结果。任何绝对的观点与行为都是不符合事物发展的历史与逻辑，超现实的学术自治和学术自由必然会危及到大学的生存与发展。因此，在大学走向社会中心之后，大学的规模日渐扩张、功能与角色日趋复杂，大学所要承担的社会责任也日益繁重，因此，实现学术自由与社会干预之间的优势互补、学术责任与社会责任的有机统一才会更好地实现现代大学的基本功能，也能更好地促使自身的学术繁荣。

科层制是大学实现社会干预的有效通道，也是行政权力在大学产生的基础和载体。“大学的行政权力主要是政府对大学的授权，是政府行政权力在大学中的延伸。行政权力是社会影响大学的中介，间接行使社会干预的职能。”① 在当前的大学科层组织结构中，大学的校长作为最高的权力者通过科层组织将自己的权力自上而下地层层放射，并通过横向的水平（职能）分权和纵向的垂直（结构）分权以实现大学行政权力的整体目标。② 显而易见的是，大学的科层制可以在很大程度上保证外界对大学实行有效干预，并能在一定程度上保持大学的内外部逻辑的合理性。

大学的院系就是大学科层制中的一个层面，也是大学权力承接与下传的一个关键性环节。大学的院系是以行政组织建制为设置方式，它往往承担着上级分配下来的资源，并掌控了这些资源在自己层级范围内的分配权。

大学的院系并不是由学术同行自发组成的，而是遵循自上而下的行政组织构建原则，按照行政机构的产生方式组建，院系的权力结构和大学整体的权力体系一样，实行的是一种机构化与正规化的权力架构，实行的是科层制组织原则。大学的学术权力和行政权力就是通过院系这种机构来行使，因此，院系既充当了一种学术机构又充当了行政机构的双重角色。显然，我国的大学院系学术组织设置所遵循的是双重的组织运作方式：一种是学术组织的运作方式，一种是行政组织的运作方式，即一边要尊重学术组织的基本逻辑，一边又要通过制度化、非个人性的手段使得院系被赋予一种不平等的强制性权威，并以这种权威来协调各学者或者学科领域之间的关系。就如一些学者所指出的一样：“中国大学的教师就此而论实行的是等级制——无论教研室，还是学术（位）委员会，都是等级制的表现”。③ 而且，大学的院系在处理学术事务的时候并不完全按照学术的逻辑，而是夹杂着很重的行政化色彩，行政命令与官僚习惯被运用到学术事务的处理，

① 周光礼．学术自由与社会干预——大学学术自由的制度分析 [M]. 武汉：华中科技大学出版社，2003:189.

② 姜传松．大学组织科层化：二律背反及其调适 [J]. 江苏高教，2007（2）:5-8.

③ 韩水法．谁想要世界一流大学？[J]. 读书，2002（3）:41.

如院系内部的学术委员会、教师职称评议组、教研室等并不都是纯粹的学术性组织，而是被赋予一定行政权力和行政职能的学术组织。因此，院系已经超越了纯学术组织的特性而成为一种反行政化的组织，院系事务中所包含的教师职称评议、学生学位的审批、各种教学与科研政策制定、成果的评定等等无不涉及到行政权力。

以上分析可以看出，现代大学早已脱离了原初的纯粹行会组织特性，而是在不断地世俗化，规模的扩大以及与社会的不断“同构”使行政管理成为必然。不过，尽管大学组织具有了行政组织的科层制特征，但是，追求高深学问依然是大学的终极使命，科层制管理并没有改变大学学术活动的主体地位，因此，大学的行政化管理还是紧紧围绕着学校的学术活动而进行的。追求高深学问是大学的逻辑起点，决定了大学组织的基本特性依然是学术性，不过现代大学的管理跨度已经扩大了，大学院系的设置也必然要考虑组织的现实特性，并遵守科层管理的基本逻辑。

3.3 理论基石：院系设置改革的工具

组织的变革不仅需要一定的理念与逻辑路径，同时还需要在这个基础之上寻找院系设置改革的理论基石，以便在改革过程中形成必要的思维框架，或者形成必要的策略。从我国大学院系学术组织设置与运行的具体情况来看，大学的院系改革需要借用以下几个理论。

3.3.1 管理跨度理论

管理跨度，也叫管理幅度，是管理学基本理论中的一个重要范畴，其内涵是是指在一个组织结构中，管理人员能够直接管理或控制的部属数目。[①] 无论哪个组织都会面临着一个现实问题，就是组织中的一个上司究竟管理多少个下属才会使绩效最大化的问题。在管理组织中既包含管理组织的横向跨度也包含组织的纵向跨度问题。管理的纵向跨度就是管理的层

① 周才堂 . 管理幅度设计 [J]. 经营管理者 ,2000（6）:27–28.

次问题，也就是管理组织的纵向等级结构和层次数目；而横向跨度就构成了组织结构体系的横向结构，这种横向与纵向结合的组织结构体系就构成了管理组织的整体结构。一般来说，组织管理的横向跨度与管理的纵向跨度呈相反的发展趋势：组织规模一定的情况下，横向跨度大就会引起纵向跨度减小，反之亦然。因此，组织管理的有效性往往与组织结构中的横向跨度与纵向跨度的比例关系相关。只有经过科学的分配二者之间的比例关系才能保证上级对下级的有效领导，提升组织的效率。管理跨度的研究表明，管理跨度并非是可以无限增加的，任何一级管理机构都应保持一个适当的管理跨度。[①] 管理跨度的宽窄是直接影响组织效率的重要因素，或窄或宽都不利于组织的高效运行。管理跨度理论认为，由于能力、经验、精力、知识的限制，一个管理者所能管理的下属人数是有限的。当下属人数超过一定限度，管理者就无法进行有效管理。研究表明，基层管理者能有效管理的下属不宜超过15--20人，中层管理者能有效管理的下属不宜超过10人，高层管理者能有效管理的下属不宜超过7人。[②] 当然，在一个组织当中，管理者的管理能力、组织当中的权力分配方式、成员的能力、组织的外部环境都会影响这个组织的管理跨度。大学组织中教学和学术组织数量的确定也可以由此得到启发。

对于大学中的院系设置而言，管理跨度可能就包含着两个层次的问题：一是学校究竟直接管理多少个院系或者职能机关才会达到效益最佳？二是一个学院能直接、有效地领导多少个系科或者教研室。从理论与现实来说，任何组织的管理跨度总是有限的，并不是可以无限制地增加的，只有保持一个合适的管理跨度才能使组织的管理有效或者最佳值。当一个组织管理的下属部门太多就会陷入“协调陷阱”，使管理效益降低，这个时候就需要通过在上下级之间建立中间性的管理层次或者合并下属的方式来减少管理跨度，提高管理的效率。当前，很多大学就是通过整合系科设立学院的方式来减少大学的管理跨度的。

① 薛天祥 . 高等教育管理学 [M]. 桂林 : 广西师范大学出版社 ,2004:228.

② 芮明杰 . 管理学 : 现代的观点 [M]. 上海 : 上海人民出版社 ,1999:131.

具体事物需要进行具体分析，这是辩证法思想的精华之一。因此，在不同的组织机构中，由于组织涉及的行业、规模以及内部管理背景等方面存在差异，所以，组织的跨度也应不同。就大学的院系设置而言，不同的学校也应该根据自己的具体情况来确定本校的院系数量。

3.3.2 知识管理理论

知识管理理论最早美国管理学教授彼得·德鲁克博士于二十世纪六十年代提出，到1990年代中后期，波士顿大学的信息系统管理学教授托马斯·H·达文波特在系统研究的基础上提出了完整的知识管理理论，现在已经成为西方国家指导知识管理实践的主要理论。这种理论认为，知识与有形资产相反，它具有收益递增性质，如果不使用就会发生减少，如果实现知识的交流与共享就会呈几何级数的增殖。当两人以上交流知识的时候，两人的知识就会取得线性增长，而这两人和别人进行交流与共享知识的时候就会通过别人的质疑、深化、修正等方式使得知识收益获得指数性增长。而知识在不使用或者不交流的情况下就会发生“呆滞”现象，甚至发生知识的流失。

探究高深知识是大学组织最基本的特征，也是大学组织的逻辑起点，也是大学组织形式、运营及管理的核心。大学的知识管理之所以与其它组织有所区别就在于大学知识的广泛与高深，因此，大学的知识管理应包括知识的收集、整理、保存、传播、应用和创新等多个环节，是显性知识与隐性知识的双重管理，也是内部知识与外部知识综合管理。无论是在大学等知识性组织里，形态和内容各异的知识可以通过交流与共享后发现和产生新知识，而这些新知识经过不断累积后就可以产生新的学科。因此，从知识管理的角度出发大学要建立适当数目的院系，才能促使知识的交叉与融合以及人才的培养。

事实已经证明，知识管理不但取得了明显的现实效益，还促进了现代大学的发展，可以促进知识型大学、创新型大学的建构，并提升大学的核心竞争力。

3.3.3 管理集成理论

管理集成理论是一种综合性的解决复杂问题的新理论与新方法。这种理论认为，系统一旦实现了开放，那么这个系统中的各个单元或者其他要素就会一直与其所处的外部世界进行信息、能量以及物质交流，并且这种交流并不是孤立的和单向度的，而是形成一个整体性的影响网络并对各要素发生作用，当两个或两个以上的要素或管理单元集合成一个有机整体时，这种集成就会发挥出整体性效应，最终使整体功能发生改变。①

系统功能的整体化趋势变化就会导致管理理念、管理方法与手段等从单一化走向集成化。即将管理中常用的计划、组织、协调与控制等手段置于组织活动的每个环节，形成集成的系统管理理念与方法，从而使组织得到优化，并能够发挥系统的整体优势。而且，这种集成化的管理实质就是要通过各种管理来促进组织的知识生产、知识传播以及知识的广泛应用，产生新的价值。

管理集成理论对大学的院系设置调整具有指导意义。通过对这一理论精髓的把握，我们可以按照一定的集成模式对学科关联度比较大的学院或系进行重组，就可以有利于新学科的产生，最终会最大限度地提高学校的整体功能。

3.3.4 知识创新群理论

群（cluster）的概念起源于1990年代的西方，群的概念是波特关于国家竞争优势理论的继承与深化。群的理论认为，“为了获取新的和互补的技术、从互补资产和利用知识的联盟中获得收益、加快学习过程、降低交易成本、克服（或构筑）市场壁垒、取得协作经济效益、分散创新风险，相互依赖性很强的企业（包括专业供应商）、知识生产机构（knowledge producing agents，包括大学、研究机构和工程设计公司）、中介机构（包括经纪人和

① 海峰等．以知识为核心的管理集成理论探析 [J]. 中国软科学，1999（8）:105-107.

咨询顾问）和客户通过增值链相互联系形成网络，这种网络就是群。”[①]那么，为什么要组建群呢？组建群有什么好处？“群理论”认为，组织通过群不但可以获得新的互补技术、协同经济或互助经济，还能开展创新、提升效率、克服市场之间的壁垒而减少竞争、分散个体的风险；群内的个体通过互相的学习，并互相使用互补性资产与知识，从而达到互惠与“双赢”。因此，在世界范围内有很多的战略联盟存在，这些联盟的主要目标是通过群来取得新的互补性知识以加速学习过程。从经济管理领域来看，发达国家的优秀公司已经开始超越了以前那种“单打独拼”的发展方式，而是试图“在增值链内和增值链之间寻求非内部化活动，转向在公司已有或者可以容易得到的资源和能力内寻求专业化竞争优势。”[②]

现代创新理论持有一种交往的理念，他们认为创新是在交往中实现的，创新过程既是个体交互过程，也是社会交往过程，创新能否实现需要一种网络化的综合环境来促使知识和产品链的有机结合。现代大学已经被公认为典型的知识创新组织，按照“群”的理论内涵来理解，研究型大学就是一个知识创新群，在这个群中存在着一些基础性或者主导性的学科，这些学科之间通过持续不断的交往与交融滞后就产生了系列的创新活动。以大学中的汽车工程学为例，由于大学为社会承担了汽车制造的研究任务而集聚了机械制造、计算机、材料学等多种学科的资源，在工作中这些学科发生了交叉，形成了关于汽车工程学的系统知识，最后就产生了这个学科。在研究型大学外部，由于大学承担的某项创新型技术的时候，和其他大学或企业的持续联系，由此创新而成知识创新群。我国正方兴未艾的纳米材料研究的产生就是一个典型例子。

由此可以看出，知识创新群就是在知识之间的交互作用中而形成的。但是，由于知识的产生需要知识主体对客观外部世界进行实践，这就使知识具有了外在性特征，同时，知识还可以通过各种方式进行传承或者迁移，

---

① Van Den, Hove N.,&Roelandt, Theo J.A.T.（1998）Cross-field Clusters’ Innovation Styles[J]. Technology and Strategic Management. 8（4）: 7.

② 芮明杰 . 管理学 : 现代的观点 [M]. 上海 : 上海人民出版社 ,1999:131.

因此，知识本身还有继承性特性。但是，这种外在性与继承性是发生在不同个体之间的，这种交流中会存在交易成本，因此，创新群的形成以及总体绩效存在一定的成本。不过，组织学的理论认为，无数单个个体活动的绩效之和与这些单个个体组成的组织的绩效并不相等，后者可能大于前者，这就是聚合效应，而群活动的边界就是由这种聚合效应的大小所决定的。

在研究型大学中最具“知识创新群”特征的就是学科群。学科群是由无数不同学科有机整合而成，并且具有特定的目标，在学科群内部不同学科之间进行信息的交流与互动，在这种交往中就会发生知识的相互共生、无论是模式还是方法都可以发生新的裂变，产生聚合作用后就能形成促进学科群发展的协同效应。

概而言之，“知识创新群理论”为我们研究型大学的院系设置提供了一定的理论参考，启示我们在院系设置的变革中要考虑学科的适当聚集，既要考虑学科交流的畅通性，又要考虑大学一个院系学术组织内学科数量的保有量，以保证学科交流的可能性。

院系学术组织设置改革的基本构想

知识本身往往是一种“非具象”之物，很难以单独的形式出现，而是借助于一定的实体来展现，如书本、影像或者其他实体等。在大学中，知识往往是通过专业来展现的。尽管在学术界对专业的理解有很大的差别，但是总体看来也仅仅是在概念的外延上存在分歧。概括起来看，学者对知识概念的认识主要集中在广义、狭义与特指三个层面，即分别指知识的专门化领域、一些特定的社会职业以及大学中的专业。而且有学者进一步指出：大学的专业是根据学科分类和社会职业分工需要，分门别类进行高深专门知识教与学活动的基本单位。[①] 显然，专业的划分的基础就在于学科的分类以及社会职业的划分。从我国的实际情况来看，高深知识的载体就是专业与学科，要进行高深知识的探究就得借助于学科与专业。因此，大学中按照学科知识体系的范畴来设置专业，以优化专业结构来更新与深化高深知识。

任何专业都是由专业的培养目标、课程体系及师生构成。没有培养目标就等于教育教学没有规则与目标，专业就失去了“灵魂”；而这种培养目标就是要依靠恰当课程来实现，没有课程的参与，培养目标就成为“空中楼阁”无从实现；但是，专业中的师生是探究高深知识的主体，也是实现探究高深知识的能动性力量。上述三个基本要素不但是专业构成的基础，也是专业特色的集中体现。

大学中的专业就是彰显大学高深知识的传承、创新以及运用的“桥

① 潘懋元．潘懋元文集（高等教育学讲座）[M]. 广州：广东教育出版社，2010:27.

梁”，而专业在现实的大学中逐步已经逐步超越了纯粹的学术概念，而是开始聚合形成了具有一定组织结构功能的院系。按照专业组织起来的院系成为高深知识探究与传播的物质基础。在院系中，学者通过组织的一些基本功能更好地交流与互动，从而更好地探究高深知识。因此，建立高效的院系组织可以促进大学学科的交流，扩大学科与专业的容量，培育新的专业，以更好地行使大学的职能。

4.1 研究型大学的特征探析

4.1.1 知识创新性特征

与普通大学不同，研究型大学不但要担当人才培养的职责，还要担当知识创新的重担，似乎研究型大学天生就有这一使命。国际通常将 *Nature* 和 *Science* 杂志作为世界顶级科学成果象征，并以在杂志上发表科研论文的数量作为衡量一个大学学术水平高低的标准。据统计这两本杂志上科研论文的第一作者有2/3来自公认的世界一流研究型大学。其中，2001年度美国的哈佛大学在著名 *Science* 上发表的学术论文占一半，排在全世界前10位的大学，发表的论文占22%；而排在前100位的大学在杂志上发表论文的数量占到了七成以上。不但如此，研究型大学还能紧跟时代步伐甚至是引领社会的发展方向，自身不断地发展一些处于世界前沿的科技或者形成最新的学科，自然而然地拥有处于该学科的领先地位。另外，研究型大学由于具有规模优势与制度优势，使得学科的综合、交叉和渗透更加便捷与深入，这必然会更容易产生对人类社会发展具有深刻影响的创新性科技成果。

研究型大学之所以能成为国家科技创新体系的重要组成部分，是与国家科技政策和巨额科技投人密切相关。1945年，美国著名的总统科学顾问V·布什向总统提交了一份报告《科学：无边的疆界》，这份被誉为美国战后科学发展的纲领性文件中，明确提出了资助基础科学研究活动是美国联邦政府应尽的责任，大学，尤其是一流大学（Top University）是美国基础科学研究的主要承担者。随后产生的美国国家自然科学基金（NSF）成为大学从事知识创新研究的重要经费来源，美国联邦政府还大力支持大学创建高水平的国家重点实验室，鼓励大学在国防与军事领域的科技进步中发挥积极的作用，使得研究型大学在基础科学研究领域保持较高的研究平台。

以日本的"科学研究补助金制度"为例，这种制度的主要目的是为本国从事基础研究的科学家提供经济资助，尽管这种制度宣称资助的对象包含了所有具有法人资格科学家，而实际上将80%以上的资金投向了高水平的研究型大学。1998年东京大学获得资助的项目高达3427个，资助经费为140.5亿日元，占当年总经费的1/10。①

中国的研究型大学同样也是国家科技创新的中坚力量，许多重大科技项目，如国家自然科学基金项目、国家重点科技攻关项目、863高科技项目，973高科技项目等等，近80%基础性的、重大的科研项目由研究型大学承担。可见，我国研究型大学是高水平学术研究的代表，也是知识创新的主要基地。

4.1.2 一流科学家的集聚地

研究型大学聚集着一批在科技界、学术界和知识界有重大贡献的科学家和知名学者。据统计，世界著名的诺贝尔科学奖获得者，近80%来自世界一流的研究型大学。排名世界前100位的大学拥有诺贝尔科学奖获得者占世界所有大学的94%和全部获奖数的71%。剑桥大学云集了20多位诺贝尔奖得主；斯坦福大学有23位诺贝尔奖得主、114位国家科学院院士、201位国家文理学院院士、72位国家工程院院士；美国麻省理工学院有12位诺贝尔奖获得者、97名国家科学院院士、210名国家文理学院院士、91名国家工程院院士、23名国家医学院院士。中国一流的研究型大学也是中国顶尖级科学家的汇集地，截止到2011年5月，北京大学拥有两院院士70人，清华大学71人，上海交通大学35人，复旦大学35人，南京大学32人，浙江大学27人、武汉大学16人。美国著名的科学社会学家哈里特·朱克曼

① 宣勇.大学组织结构研究[D].华东师范大学,2004:56.

（H.zuckerman）在《科学界的精英—美国诺贝尔奖金获得者》一书中，揭示了科学界、学术界存在着“马太效应”这一现象。由于著名学者或大师是某一学科的学术权威，在争取社会资源方面就有了得天独厚的优势。在中国的研究型大学中，许多国家重点实验室、工程技术研究中心都是由中国科学院院士或中国工程院院士领衔。另外，如“863项目”或者“973项目”等关系到国家未来发展的重大科技项目以及国家自然科学基金中的一些重大项目80%以上是由高校中的著名教授担任首席科学家，这令普通大学望尘莫及。

4.1.3 一流的科技平台

一流的科学研究需要一流的物质保障，科技平台是重要的物质保障之一。先进的实验条件可以从物质上保证科学研究的高起点。科技最为发达的美国最先意识到科技平台的建设问题，自第二次世界大战结束以后，美国政府前后耗资数千亿美元打造了数百个重点实验室，而这些实验室有90%安置在前百强的研究型大学。无独有偶，上个世纪末，日本耗资100多亿日元打造的国际化研究平台“卓越的科学研究中心”有70%设置在日本的研究型大学，使这些大学成为名副其实的基础科学研究基地。而中国长期投资建设的“国家重点学科”“国家重点实验室”“国家工程技术中心”等，有90%以上在研究型大学落地。研究型大学已经成为世界各国创新体系中最为重要的部分。

4.1.4 优秀的生源以及研究生教育为重点

世界各国的研究型大学都是高水平的“长青藤大学”，受到各国最优秀学生的仰慕。许多高水平的研究型大学都是控制本科学生的招生数量，扩大研究生招生数量，尤其是博士、博士后的招生数量。因此，研究型大学的研究生教育与本科生教育接近1:1。例如，2010年，复旦大学有普通本科生13237人，研究生13851人；2011年清华大学本科生招生3763人，硕士生招生3882人，博士生招生2106；2012年浙江大学在读的本科生22557人，硕士研究生13413人，博士研究生7398人。而每年全国各省的高考状元以及各类科学竞赛的尖子生都被这些一流的研究型大学“收入囊中”，一流的生源给研究型大学带来了生机和活力。优秀生源常常具备“二高一好”，即学术抱负高、智商高，学习习惯好。研究型大学的本科生中有60%以上的学生能考上研究生或出国深造。因此，本科教育的特点与教学研究型大学或教学型大学有所不同，主要是为攻读硕士、博士学位做准备。

国外的一流的研究型大学也同样如此，如日本东京大学2009年在校学生人数为2.8万人左右，其中本科生为1.6万，研究生为1.2万（硕士生5700人，博士生近6300人）。研究生与本科生之比为1:1.5。又如东京工业大学在校学生为1万人，其中本科生为5千多，而研究生也有4千多（其中硕士生为3000人，博士生为1300人），研究生与本科生之比为1:12。据统计，日本一流的研究型大学中有80%的本科生直接升入研究生阶段进行学习。而研究生的教育模式主要是参与导师的研究性工作，特别是博士研究生更是在创新性领域担当更多的研究任务。因此，研究型大学所从事的科学研究总是引领该领域的发展，达到了成果与人才的双丰收。源源不断地培养出一批具有创新型和探索性的优秀人才，在这一过程中也带来了源源不断的创新性成果。研究型大学的研究生有着活跃的思维以及强烈的探索热情，借助于大学优秀的师资以及卓越的科研平台已经成为知识创新的生力军。

4.2 院系学术组织设置改革的价值取向

价值取向（value orientation）是价值哲学的重要范畴，它指的是一定主体基于自己的价值观在面对或处理各种矛盾、冲突、关系时所持的基本价值立场、价值态度以及所表现出来的基本价值倾向。人们在工作中的各种决策判断和行为都有一定的指导思想和价值前提。管理心理学把价值取向定义为“在多种工作情景中指导人们行动和决策判断的总体信念”。人的价值取向直接影响着工作态度和行为。诺贝尔经济学奖获得者、著名心理学家西蒙认为，决策判断有两种前提：价值前提和事实前提。说明价值取向的重要性。[①] 院系设置的改革同样要有一定的指导思想和价值前提。

4.2.1 院系学术组织设置的基本取向

大学院系不仅仅是一个具有科层制特点的组织，而是聚集高度智慧并以学术探究为生存基础的学术组织。它不但要和一般组织一样有着自己的权力架构以及等级界限，还应该具有作为学术组织的一些特点。

大学院系除了应该具有的行政性组织特点以外，作为学术性组织它还应该具有多重的组织特点。首先是学术的规范性。库恩对科学发展问题持“历史阶段论”，认为每一个科学发展阶段都有特殊的内在结构，而体现这种结构的模型就是“范式”。瑞泽尔进一步解释，范式是存在于某一科学论域内关于研究对象的基本意向，可以用来界定什么应该被研究、什么问题应该被提出、如何对问题进行质疑以及在解释我们获得的答案时该遵循什么样的规则。可以看出，范式的概念基本等同于我们常说的学术规范。大学院系就是以专业和学科为基础组织起来的，因此大学的院系就必然存在着专业和学科所固有的一种强制性的学术规范性。

其二是组织目标的无止境性。任何组织都有自己的组织目标，是组织争取达到的一种未来状态，它是开展各项组织活动的依据和动力。每一个社会组织，都有自己预期的目的或结果，它代表着一个组织的方向和未来。对组织来说，宗旨是共同目标；对组织成员来说，共同目标是组织阶段需要到达的目的地。没有目标，这个组织就无法完成自己的使命和组织宗旨，但是，组织的目标并不是一成不变的，而是要随着环境、时间以及条件变化而不断变化。一般性的行政组织的目标往往很难比较具体而明确。但是大学院系并不是一般的行政组织，它是以高深知识为组织生存与发展的逻辑起点，而知识是一个永无止境的领域，所以，院系组织的目标就具有无止境性。

第三，组织内部界限的划分是以知识为基础。在行政性组织中，组织

① http://baike.baidu.com/view/1151623.htm.

内部的部门或者子组织之间具有明显的界限，而且不同内部组织之间的权力分配非常清晰。大学的院系不是纯粹地依靠权力来划分界限与维持运转的。知识本身就具有专门化的特点，而高深知识的专门化程度更高。大学内不同院系的划分就是以不同的学科群为基础进行划分的，而在大学院系组织内部的子组织也是以不同学科或者专业来划分界限的，这些界限的划分超越了以权力为基础的行政组织的划分方式，使得院系之间、院系内部组织之间的差异变成知识领域之间的差异。

最后，院系组织内部权力关系的平等性。科层制组织内部的权力架构是呈明显的等级，不同等级之间的界限十分明显，并且下级要对上级毫无条件地服从，这种服从是超越了个人能力与知识的范畴的。但是，大学院系的主体是教师和学生，他们之间都是学术探究中的行为主体，并不存在行政组织中的领导者与被领导者的等级关系。院系组织的主要行为就是师生共同进行科学探究，而在科学探究中师生之间就是一种平等、互利关系。院系的实质就是学术共同体，在院系中师生有着发展知识的学术共同目标；质疑与探究知识的旨趣；专业化的学术规范；广博的知识储备。

可见，大学院系的学科特性是十分明显的。对院系设置的改革首先要尊重院系的本质属性，只有在这个基础上进一步尊重基本规律才能有序、有效地进行院系学术组织设置调整。基于此，我们在院系设置中要遵循以下几个价值取向。

4.2.2 坚持教书育人的价值取向

院系发展史历史的必然，也是知识发展的必然。在中世纪欧洲的巴黎大学、博罗尼亚大学以及后来的牛津大学与剑桥大学，在最始初都没有现代意义的院系，而是只有为穷困孩子提供食宿的具有救济意义的“院”，但是，之后随着人数的增多以及知识的分化与教学的需要，这种“救济院”演化为学生生活与教学的机构。现代意义的学院就有了雏形。之后，原来的一些讲座制度逐步被学院中的一些课程或者辅导课所替代。到十六世纪，英国大学的院系成为实施教学的真正主体，之后，世界各国的大学都效仿了这种模式。在现代大学中，院系已经成为一种基本的教学科研单位，是大学基本职能得以实现的主要场所。而通过教学科研来促进人才培养是现代大学的主要任务，也是院系所承担的主要任务。纵观中外大学院系学术组织设置的历史，我们可以看到，院系的形成、发展与成熟并不是一蹴而就的，而是与学科的发展同步。学科的发展依赖与知识的分化与综合，在原有学科的基础上进一步分化和深化就形成了相关学科或者交叉学科，这些学科最后聚集成为学科群，学科群也随着知识的不断演化而逐步扩张。学科的发展与演化路径就是大学院系的发展路径，因此，学科知识的发展逻辑形塑了大学院系的演变路径。因此，大学院系的设置变革首先要站在大学最基本的职能以及院系的基本功能的基础上，充分考虑院系设置的学科性，坚持教书育人的价值取向。

4.2.3 坚持学科发展的行为取向

坚持正确的价值取向可以很好地把握事件的发展方向，但是，过于宏观的理念与价值取向在实践中很难把握。因此，需要一个中观层次的方法论来对院系设置改革进行指导，以保证院系设置改革过程中的行为取向。

从历史和现实来看，院系设置改革必须遵循学科的逻辑，并且这是保证院系设置变革行为的正确性。

学科建制的主要目的就是要通过知识的传接与学科权力的实施，使这一学科能够得到发展。学科的发展包含了诸多要素：学者专家群体的壮大、系统化的学科专业培养制度、学科人才的辈出等等。可以说大学最早的教学就是一种基于学科的规训活动，是学科建制的初级形式，而随着大学的发展，大学不再局限于讲座式的教学活动，而是将原来的教学与科研结合起来，形成了教学与研究的组织单位——院系，并由此形成了制度化的学科。因此，大学院系学术组织设置改革的必须关注学科的发展。

如我们前文所述，学科是制度化的、独立的知识体系。任何被称为学科的知识领域一定有自己的边界以及自己的“学科范式”，由这门学科衍生出来的知识必然也遵循这个学科范式，其学者也是必然属于原来的学术共同体，并拥有自己的学科身份。因此，大学的院系设置变革需要尊重和遵守这一学科发展的基本逻辑。基于学科发展的基本逻辑，大学的院系设置变革可以有两种行为取向：一是“长线型”的院系设置改革，即坚持以知识本身发展为长远目标，从知识发展的条件与环境入手，在较长时期内实行稳定而有效的院系建设政策与措施，如培养和打造一个结构合理的学术队伍、建立长久和持续的资金投入制度、人才培养体系等等。二是“应急型”的院系设置改革，就是以学科发展的阶段性特点为前提来进行改革，如加速学科的融合与交叉、新学科发展的某些现实需要等等，这类院系设置方式往往是通过强势的行政命令来集中一些学科资源与学者，根据阶段性的具体目标来解决“应急性”问题，如果当应急性问题被解决后，由于知识的累积会在一定时间段内形成新的学科，新的院系也就会获得“学科上的合法性”，如果知识的累积程度很有限并且研究范式也无法突破，则这种通过行政性力量而建立的院系就无法获得学科上的合法性，最后还是会消亡，学科也会恢复到常态的发展状态。但是，无论是哪一种路径，以学科为核心的院系设置变革的最终目的就是发展高深知识。

同时，以学科为中心开展院系学术组织设置改革也需要关注的是不同的学科类别会引起院系改革特点的差异。国际惯例以及我国的实践习惯将知识分为自然科学知识、技术与工程科学知识、社会与人文科学知识等三大类的知识，它们共同构成了知识的本体结构。由这三种知识聚合而演变为人文科学、社会科学以及自然科学三大门类，它们各自拥有独特的认知领域、社会功能以及学术圈或学术共同体。并且各大门类下都有很多具有可交融的学科，这些学科可能在研究对象、研究方法、研究理念上具有一定的可交流性，而且有一些学科就是来源于这个大门类中的学科分化、综合或交叉，如生物化学、天体物理学、教育社会学等。学科的分类以及学科的演变特点就决定了大学院系学术组织设置的特点，以人文与社会学科为例，由于它们内部的学者群体、学术资源以及研究方法具有很强的交流性，可以形成较大的交集，因此，可以单独设立学院，学院下面可以设立不同的系。其内部组织整体来看，当代西方大学的院系设置多以一级学科为基础，目前国外大学69.1% 的学院是按照学科门类和学科群设置的，30.3% 的学院是按照一级学科设立的，而我国只有27.7% 的学院是按一级学科设立的，66.1% 是按二级学科设立的，[①] 国外大学的经验为我国的大学院系学术组织设置改革提供了可以借鉴的样本与思路。

4.3 院系设置改革的基本原则

原则是观察问题与处理问题的准则。在开展院系学术组织设置改革的时候我们也必须把握好各种原理与原则，可以在一个有效的框架内进行改革，避免一些不要的失误。大学的院系设置改革可以根据院系设置所涉及到的各种要素，进一步细分不同的设置原则。如一些学者从学科建设的角度提出了有利于集中学科力量，提升学科水平的原则；有人从学校宏观管理的角度提出有利于提高学校执行力的原则；有人从目标责任的角度提出有利于提高管理水平的原则；还有人从组织结构以及权变理论角度提出了有利于提高办学效益的原则。[②] 另有学者从现代科层权力的角度提出“职、责、权、利”一致的原则；从教学角度提出提高教育质量的原则；从学科发展的角度提出前瞻性原则；从管理效力的角度提出分级管理原则。[③] 毫无疑问的是，学者们的这些探索都有一定的偏颇，但是都有很现实的指导意义。但是，原则是人主观意识的产物，因为人对事物的认识不同，对同样问题的处理原则与方法也就存在差异。不过，原则不能过于细化，否则原则就会成为束缚人的行动的枷锁；同样，原则也不能过宽，否则就会形同虚设，达不到规约的目的。大学院系学术组织设置改革的原则应该紧紧围绕着院系设置的本质与功能，并结合我国的现实情况来实施。

---

① 时伟 . 论学科发展与院系调整 [J]. 江苏高教 ,2007（5）：32—35.

② 何小江 , 等 . 南昌大学校院系三级管理的尝试及体会 [J]. 扬州大学学报（高教研究版）,1997（2）：14-15+52.

③ 郑能波 , 吴中平 . 略论高校校院两极管理体制的改革 [J]. 浙江海洋学院学报（人文社科版）,2003（3）：62—65.

4.3.1 管理幅度的可及性原则

管理幅度的可及性原则就是指任何组织中管理人员所掌控的下属数量一定要控制在上级领导者可掌控的范围之中。这是所有组织机构在组建或者运作中必须解决的问题，否则，组织的管理就会失去有效性，组织效率低下甚至影响组织目标的实现。在对大学的院系设置进行改革的过程中，科学地控制学校能直接有效地管理的院系数以及学院能管理的学系数量是改革成败的关键。任何个人或者上级组织所能管理的幅度总是有限制的，不可能无止境地拓宽管理幅度。当下属部门的数量超过上级所承受的极限时，就必须增加中间的管理层次来缩小管理幅度，提高组织的管理效率。在实践中，很多大学在扩张过程中由于系科的增多，逐步超出了学校的管理幅度，往往在学校与系科之间增加了学院这一管理层级，大学授权给学院对系科进行管理，于是，原本扁平化的大学组织结构形式就成为"高个子"的组织结构。

但是，在大学中设置多少个院系或者学术组织才是最合适的呢？洛克希德认为，影响管理幅度大小的变量主要有六个，即职能的相似性、地区的相似性、职能的复杂性、指导与控制的工作量、协调工作量、计划工作量等。[①] 这说明，行业、规模、内部管理条件的差异都会引起组织管理幅度的差异。

在关于一所大学究竟应该设计多少个学院才适宜这个问题上，有人认为应该是4—8个，[②] 也有人认为应该是8—10个，[③] 有研究得出世界大学平均设学院9.7个。[④] 根据管理跨度理论与我国的实践表明，大学所直接管理的学院数不能多于10个，学院所管辖的系科最好不要超过8个，因为大学学科的过度分化也会制约知识的增长以及人才培养的质量，因此，适量的院系数可以更好地促进不同学科之间交流与融合。

---

① 薛天祥 . 高等教育管理学 [M]. 上海 : 华东师范大学出版社 ,1997:202.

② 许放 . 我国高等学校学院制研究 [J]. 现代教育科学 ,2002（11）:30—32.

③ 王凤花，张定铃 . 试论完善学院制管理 [J]. 绍兴文理学院学报 ,2003（4）:24—25.

④ 刘少雪，等 . 创新学科布局规范院系设置 [J]. 清华大学教育研究 ,2003（10）: 66–75.

尽管我国的大学在规模、形式以及一些管理方式上存在一定的差异，但是，大学作为一个学科组织，更多地具有学科的基本属性，因此，不同大学对院系设置的理解容易达成共识，并在院系设置的多寡上形成公认的"度"。与国外的一些世界著名大学的比较，我们发现，我国大学设置的学院总体上来说数量偏多、规模偏小。2005年，北京大学有除体育部以外的24个学院和16个独立系；清华大学不包括医学部有13个学院和5个独立系；吉林大学除公共教学部以外的7个学部，共设有学院42个。[①] 而据李福华（2008）对中外大学院系学术组织设置情况的比较研究，我国大学学院的数量要比美国同类型大学中学院的数量高出1倍以上。如同处于研究型大学层面的北京大学的学院数是哈佛大学的2.6倍，清华大学的学院数是麻省理工的2.2倍。我国教学研究型大学的学院数量平均为19.5个，是美国同类型高校的2.52倍。国外大学的院系设置体现出更强的综合性，又具有明显的学科融合和交叉特点。

院系数量过多不但会超越学校的管理跨度，部分优秀的学者就会滋长官风，败坏学术氛围；还会增多学院数，减少了学科容量，反而会阻碍学科的发展和人才培养。实践表明，我国大学直接管理的院系数量总是在15个左右的实体性学院。

4.3.2 学科发展与大学目标一致性原则

大学院系的设置说到底就是为了学科发展以及管理便利，而学科发展应该是主要目的。但是，学科发展和大学的目标往往还存在一定的差异。因为不同的大学有不同的具体发展目标，而且，由于历史的原因我国还存在很多具有行业背景的大学，行业性特色就决定了这些大学的学科发展目标具有一定的个性，而组织形式及其管理模式大学达成自己目标的重要途径之一。因此，我们在进行院系学术组织设置改革的时候需要考虑院系设置与学校的目标相一致。

---

① http://www.pku.edu.cn; http://www.tsinghua.edu.cn; http://www.jlu.edu.cn.

大学在目标与定位方面的差异就决定了大学内部学术机构的设置和管理方式的差异。按照我们习惯的大学分类方法，大学有研究性大学、教学研究型大学以及教学型大学；有单科性大学还有综合型大学等等。就研究型大学而言，大学院系的设置往往要着重考虑其学术性，即如何保证学术工作所需要的多学科交融等特点，那么院系设置的时候可以重点考虑讲座、研究所、研究中心以及学群等形式的组合；而对于以教学为主的大学以本科层次人才的培养为自己的发展目标，这就要求这类大学关注教学的可组织性与便利性，如美国大学的文理学院、日本新构想大学的“学群制度”就有很多值得我们学习的地方；而教学研究型大学承担着教学与科研的双重发展目标，在院系设置的时候就要考虑多种模式的混合使用。

大学院系学术组织设置改革的旨趣在于促进学科与学术发展，所以院系设置都必须紧紧围绕学科发展与人才培养两大任务而展开。这就决定了大学院系学术组织设置的时候要充分尊重学科发展的基本规律以及学科的基本规范。在设置学院的时候以学科知识的发展趋势与要求为标准，以学科群与学科门类为口径，尽可能地扩展学院的学科容量。而如果没有形成足够的学科数就采用以学科系的形式进行设置。从主流来看，大学的院系，特别是学院的设置以学科性学院为主体类别的比较多。学科性学院可以以某一学科群作为组建基础，也可以某单一学科作为单位组建，也可以跨学科组建。各种模式各有优劣也各具合理性，目前，从学科发展趋势以及复合型创新型人才配药要求来看，以学科群为基础来组建学院，以单一学科来设置“学系”是比较合理的而且可以对新兴学科的发展提供条件，如当前的文学院、理学院、教育学院等等均属于此类。

基于学科群而设立的学院还可细分为三种：从同一个学科逐渐发展衍生出来的线性学科群；彼此间能互相支持的相邻或相近的相关学科群；在不同学科的交叉地带产生的交叉学科群。[①] 这里的“学科群”应该是一个发展性概念，其中既有普遍意义上的由1—2个学科发展起来的学科群含

① 王凤花，张定铃．试论完善学院制管理 [J]. 绍兴文理学院学报，2003（4）：24—25.

义，又有随时代发展而演化出来的学科群含义，学科群形成的标准就是核心学科特征明显，并且其下位学科已经形成，如物理科学与技术学院、教育科学学院等等是建立在某一主要学科基础之上的学科群学院，因为物理学科以及教育学科通过向下位学科发展而逐步形成了学科群。

而对于以二级学科方向或专业方向为基础组建的单科性学院而言，因为没有学科群的出现，所以在本质上是一个系级学院。目前很多地方高校存在众多的此类学院，如地方高校中的外国语学院、生物学院、体育学院等等，其中往往是1—2个二级学科方向或者专业，并不存在学科群。这一类的学院往往是因为学校重视某一系科而“提位晋级”的，也有可能是由于市场因素造成的，如遍地开花的旅游学院就是市场驱动下设立的。尽管这种模式可能不利于复合型人才的培养，但是在某种程度上可以促进这一学科的发展。如有些大学的旅游学院逐步形成了旅游管理、地理文化、旅游经济等等学科群。因此，系级学院也有存在的合理性与必要性对于跨学科学院来说，两个看似相关性不强的一级学科可以经过研究对象、研究方法、研究人员等方面的交叉而形成跨学科的新学科或专业。从目前的实践来看，我国现在按照学科门类设置学院、按照学科专业设置系科的方式比较普遍，这样既可以促进学科发展，又可以减少大学的管理幅度。

4.3.3 权变性与特色性相结合的原则

高超的组织艺术必须要根据时间、地点、环境等各种条件来确定，这种艺术就是现代组织结构设计中的权变艺术。[①] 这里说的权变艺术就是管理学中的“应变性”原则或“情境性”原则，即随着具体情境而变或依具体情况而定的意思。权变学派的理论认为任何组织结构都是具有情境性与变动性，没有一个“放之四海而皆准”的普适性组织结构形式以及组织管理方式，而是要取决于组织所处的具体情境，针对具体情况进行分析之后才能确定组织的基本机构。权变学派强调组织变化的不居性，并否定组织

① 芮明杰 . 管理学——现代的观点 [M]. 上海：上海人民出版社 ,1999:97.

结构本身优劣性，强调组织结构与环境变化的同步性。权变理论的组织观点彻底颠覆了古典、新古典、行为科学组织理论，否定了组织形式统一性以及模式规范性的意义。权变理论的核心就是通过组织的各子系统内部和各子系统之间的相互联系，以及组织和它所处的环境之间的联系，来确定各种变数的关系类型和结构类型，强调在管理中要根据组织所处的内外部条件随机应变，针对不同的具体条件寻求不同的最合适的管理模式、方案或方法。

权变的管理艺术启示我们，在院系改革的实践中既要维护院系设置的一些本质性规范标准，但是也不能被一些规范标准所僵化，而是要在时代背景、国情校情的基础上灵活把握。如果本校的某个学科具有雄厚的基础以及强劲的发展势头，我们从打造品牌、发展优势学科以及提升大学知名度的角度出发就可以将这一学科单独建立一个学院或者系，使之成为学校直接管理单位，打造为特色学院或者系。世界大学的实践也证明，这种方式是大学特色发展的良好途径。据初步估计，世界一流大学有20%的学院是具有优势学科和超强实力的特色学院，如牛津大学的林肯学院、哈佛大学的肯尼迪政府管理学院、耶鲁大学的戏剧学院、加州理工大学的地球科学学院等，而我国北京大学的光华管理学院、南京邮电大学的物联网学院、湖南大学的“岳麓书院”都是为了凸显学校的学科优势、打造大学品牌、提升大学竞争力而成立的。这些事例说明，大学特色学院的设立前提就是要有一定的学科优势，并且，这种特色学院要“少而精”，并且抓住学科与时代的主旨，形成真正的特色，切忌将特色泛化与普遍化，否则其优势就会淹没于普通院系之中，由于少而精的设立策略使得特色学院只能处于大学院系的次要地位，仅仅是院系设置的点缀或者凸显重点，规范性的院系应该是大学组织的主体。特色 院系和规范性院系相得益彰在大学中一起构成网络化的学科群，形成学科层次清晰、学科联系紧密、学科融合频繁的学科发展格局。

由于时代的发展，社会力量参与大学的办学也日益频繁，由此而催生一些特殊的院系，从体制上说有一些院系是民间力量参与的公有民办二级学院，江苏省有很多公立高校存在这种学院，如南京师范大学的中北学院就是中北公司参与办学，南京航空航天大学的金城学院就是金城集团参与办学；还有一些大学的二级学院或者系有其他地方政府、科研院所、行业产业部门、其他国内国际大学等单位参与办学，如南京师范大学泰州学院就是泰州市政府参与办学，这种共建性质的院系可以为大学提供较好的学术资源，拓展办学空间，密切大学与社会的关系，其效果是一般院系难以企及的。

现代大学组织在某种程度上具有一定的相似性、相容性以及耦合性，因此，大学院系学术组织设置的基本方略是可以互相参考借鉴，为我所用的。但是，在大学内部的院系、研究所或者研究中心等组织的形式与功能还是存在一定的差异，不过这些组织的目标是一致的，要想这些组织的形式与功能达到互补，就需要科学地设置组织层次，并使组织的职能划分得当，在遵循管理原则和逻辑的基础上划分明晰的责权利架构，构建闭环的运行机制，才能更好地提高效率和效益，更好地实现大学的基本职能。

院系学术组织设置的模式与实践

理想的大学院系学术设置应该怎样？尽管很多学者对此进行了不同角度的研究，但是无论是理论的研究还是实践的研究，似乎都没有给出一个大家形成共识的答案。

笔者也无意要建立一个被大家公认的大学院系学术组织设置模型，因为即使本研究建立的模型再完美无缺也是历史的产物，在大学院系学术组织设置原则中本人就提出了权变的原则，也就是要与时俱进，并根据具体情况具体分析。但是，本研究可以从学科建设的角度来提出研究型大学院系学术组织设置的一些愿景。既然是愿景，那一定是相对宏观与理想化，也许这种理想状态在一定的时期或者较长时期都无法实现，但毕竟，这种愿景是根据本研究所提出的逻辑而建构的，至少在一定程度上是符合大学本质的。

从我国实际情况来看，研究型大学主要是“985工程”的大学，这一类的大学规模一般较大，有比较齐全的学科，研究能力比较强。理想中的研究型大学的院系设置应该是以学院或者独立的系为管理中心，并且这些学院或者独立系在内部组织中应该具有实体性、主体性以及自主性。管理中心在院系，决策中心在学校，教研中心在院属下的学系。这样院系就是在学校与系之间的实体性机构，无论是组织机构还是人财物事的管理权限都是具有主体性，院系可以在教学、研究与社会服务等方面行使很大的自主权并体现大学的基本职能，而大学内部的其他组织机构的活动应该是以院系为中心，为院系的活动而服务，保证院系运行的效率；同时，院系在组织内部拥有自主决策的权利，加强院系内部学科的交流与融合，产生新的知识与学科，在大学之外可以根据自身的学科特点吸纳社会资金参与办学以及为社会提供服务，通过自主管理提升院系的效益。

以学科为中心来设置大学的院系可以为知识的共享和创新提供物质基础，为大学建立责权利相统一的组织观念提供较好的示范，更为知识的发展、人才的培养以及科学的进步提供坚实的保障。

5.1 大学院系学术组织设置的理想模式

5.1.1 大学院系学术组织设置的前提要素

现代大学在肇始之初是没有院系这一级组织的，我国大学是“后发外生”型的发展模式，我国大学的院系设置也是外国的“舶来品”，特别是在上世纪八十年代至九十年代，我国高等教育体制改革开始进行，伴之而来的是高等教育结构调整，一些重点大学开始了大学内部的院系设置改革，如中山大学、武汉大学、北京师范大学、华中科技大学等研究型大学最早开始了院系设置的“破冰之旅”。很多大学将原来的系升格为学院，可惜的是，当时的学院多数是虚置的，学院的规模、权力、职能依然和原来的“学系”没有两样。之后，不同层次的大学也纷纷效仿，并有所创造与发展。目前，多数非研究型大学的内部组织结构基本是“学校—学院—系”的架构，特别是一些冠以“学院”名称的大学下面也设置了“学院”——即系级学院。并且多数院系的学科实力以及规模都不尽如人意。尽管这些现象引起了人们的关注，但是问题并没有得到真正的解决，其问题的根源具有复杂性。但是，透过问题得表面我们至少可以发现问题背后的实质：院系设置该遵守什么标准的问题，也就是院系设置的前提性因素问题。根据我们前文所分析的院系设置的实质与逻辑来分析，在实践中大学院系学术组织设置的必要条件，即前提性因素主要有三个：

1）学校规模要素

知识的交融必须有足够的知识个体存在，如果知识个体的数量本身就很小，那么就很可能无法得到知识的充分交流与融合的效果；从管理的跨度来看，如果规模太小，在顶层权力的管理幅度之内，就没有必要增添中间层级的机构来集合部分管理对象了。因此，大学本身的规模是试行院系设置改革的因素之一。

学校规模主要是指大学的学生、教师以及管理人员的数量之和。从我国的实际情况来看，规模超过一万人的大学，因为系的数量不会太多，实行“学校—系”的二级管理模式即可，这样可以使学校的管理下沉，便于联系基层；而师生数超过一万人的大学由于管理跨度过大，如果依然采用“学校—系”的二级管理模式就会使学校无法应对，降低管理效能。

问题在于，为什么以一万人为标准呢？据杨如安博士的理解是因为目前我国大学普遍规模是在一万人以上，研究型大学的规模普遍在2万人以上，如武汉大学学生在5万以上。但是，日本学者天野郁夫以日本大学的规模为研究对象，认为万人以上的大学是巨型大学；而美国学者克拉克·克尔对巨型大学的理解似乎超越了简单的人数概念，而是从大学的目标、权力主体、服务对象、社群数量等多种要素出发，认为巨型大学的实质就是多元结构，并为不同的群体与顾客服务。可以看出，克拉克理解的巨型大学不但是人数众多而且权力分散，结构复杂。从世界大学的规模来看，著名的研究型大学人数均超过2万人，在学校组织内部都设立了院系层级，如美国伊利诺大学设立15个学院；丹麦哥本哈根大学有5个学院（下辖130个系和研究所）；加拿大多伦多大学15个学院，如此等等不一而足。我国规模一万人以上的普通本科大学有500多个，占大学总数的70%左右。因此，我国的实践与外国的经验证明，大学规模是院系设置的基础因素之一。

2）门类齐全的学科要素

大学对高深知识的传承需要有多层次、多门类的学科交叉。其中不但需要有人文社会学科，还需要有自然学科，只有在组织内有多学科结构才能满足现代学科之间的相互渗透与交叉，使他们既能高度分化又能高度融合。也只有这样才能更好地实现跨学科、跨专业、跨文理领域的综合研究以及培养复合型人才。

如果一个大学的学科数目多则拥有的教师资源也必然要丰富，为大学生开出的课程也会相对增多，知识的流动速度与增值也就会加快；同时，学科数目多可以为学生知识的交叉与融合提供较好的物质基础，学生可以在不同学科的知识海洋中获取自己感兴趣的知识，并经过个人经验知识的筛选与组合，可以创新出很多知识；另外，知识的价值就在于交流以及被人类所运用，知识就是在交流中得以深化与发展，也只有经过交流才可能实现共享并衍生出新的知识。因此，足够的学科数目是实现学科之间互相交流与师生共享的基础。世界著名大学的都不是学科单一的大学，而是学科门类比较齐全的大学，如牛津大学有24学院，下设80多个系；洪堡大学有12个学院，下设有60多个系；荷兰的莱顿大学有9个学院，下设155个系。

现代科技的发展趋势与现实要求也需要不同学科的联合。当今大型的工程项目大多数不是单一学科能完成的研究活动，如“三峡工程”“飞天计划”等等都是多学科研究力量共同努力的结果。尽管学科门类齐全更容易形成交叉学科和新兴学科，但是，不仅学科数量并不是形成交叉学科与新兴学科的决定性力量，还得关注学科的质量。如果学科门类很多，但是在有限的资源下，所有的学科都没有优势，而不能形成优势学科，就不能很好地实现学科的交融。我国的研究型大学往往具有自己的优势学科，并具备有学科交叉与综合的有利条件，如物质基础、制度环境、资金投入等，如果我们能够以学科类别和学科发展为核心来开展院系学术组织的设置，那么对我国研究型大学优化专业设置、促进学科发展、培植新兴学科和交叉学科都有积极的作用。

3）学术水平要素

实践证明，学术研究具有某些不可控制性，这些不可控制性是由于一些不可控制的因素造成的，并且这些因素在学术研究中具有不可或缺的地位和作用。学术研究既需要有学术领头人以及恰当的研究领域与视角，更需要良好的学术氛围。

学术氛围也许是一个比较形而上的词语，但是在实践中这种形而上的氛围能让学者实实在在地体会到。学术氛围主要是指学术的自由度和学术的自主度。学术自由主要指大学学者可以不受约束、不受限制和不受威胁地探索高深学术问题，发表自己的学术观点，传播自己的学术思想；学术自治指的是学术机构的自治，即大学作为一个学者团体，学者们自己管理自己，不受外来的控制。大学的学术自由和学术自治，均基于对认识论哲学的认同上，学术自治主要源于学术自由的思想，又对学术自由起一定的保护作用，即自治是学术自由的组织保证。①而学术自治与学术水平紧密相连的。当一个学校的学术水平高的时候，学校的如果学术水平高，那么大学与周边环境之间的交流程度较高，就需要更大程度的学术自治来加以保护与促进。因此，大学的学术水平是影响院系设置的条件之一，也是院系设置变革的目的之一。

学术水平高的学科可以通过竞争学术资源的方式来改善自身学术发展的物质基础。同时，学术水平高的学科本身内部蕴含着极有生命力的生长点，更具有突破与改造现存概念要素，衍生新学科的能力，最终完成本学科的纵深发展。

研究型大学的总体学术水平要高于其他一般性高校，并且有良性循环的学术风尚。尖子院校具有强大的优势，它们为自己建立了一种‘良性循环’，通过这种循环，优势又产生优势，而标志着高等院校上层地位的资源和活动，又大部分流向那些已经拥有大量资源和活动条件的同一院校。②在美国“研究型大学的教授，三年内在杂志上发表的论文是非研究型学院和大学教授的两倍多。这一群体的领头人站在复杂的知识体系的顶点进行着指挥，并对决定什么是正统的科学具有至高无上的权力。”③可以看出，研究型大学雄厚的科研实力与知识的共享与创新提供了条件，也为大学的院系设置提供了条件。较高的学术水平可以通过优势学科与重点学科的带动促使知识的进一步分化与融合，但是这需要通过科学合理的院系设置来实现。

---

① 卢晓中.当代世界高等教育理念及对中国的影响[M].上海:上海教育出版社.2001:27.

② [美]伯顿·克拉克主编.高等教育新论——多学科的研究[M].王承绪，等，译.杭州:浙江教育出版社,1988:152.

③ [美]菲利普·G·阿特巴赫.比较高等教育:知识、大学与发展[M].人民教育出版社教育室译，顾明远主编.北京:人民教育出版社,2001:107.

当一个大学的学术水平不能承担起知识共享与融合的重任时，以学科发展为中心的院系设置改革也就没有任何意义了。

从行政管理的角度来看，政府希望大学能“各安其命”，找到自己的合理定位于发展路径，尽可能少地给政府带来麻烦。“政府……最不需要的是越来越庞大的大学系统，不喜欢所有的新学院和技术学院都去仿效大学，不喜欢这些新学院和技术学院像大学那样呈现更多的文科专业，不愿意让他们拥有大学的权利和特权，不赞成它们开展研究和研究生工作并实行自治和自我管理。”[①]显而易见，院系设置或者学院制度的实施主要还是落户于高水平的研究型大学，其目的还是为了高深知识的进一步深化与创新。

院系设置可以推动学科的发展已经成为时代的趋势，而院系设置需要多学科的联合与交流，更需要高水平的学术能力，这些条件往往只有研究型大学或者多学科型大学更具优势，故适合建立这一体制。对于那些学科发展较慢、基础较弱的单科性大学来说，可能更适合原有的“学校——系”的二级管理模式。当然，按照上文所述的“权变性”原则，也可以根据情况的变化适时地调整院系设置，改变原有的组织结构，更可以根据需要将多种设置方式综合使用。

5.1.2 以学科逻辑设置大学院系的基本路径

前文已有论述，大学院系的设置具有很强的学科性，特别是研究型大学的院系设置更应该遵循学科的基本逻辑。在满足一定的前提性因素之后，大学院系学术组织设置首先要遵循学科的发展逻辑。那么，在实践中我们应该如何在学科逻辑下设置院系学术组织呢？

1）以大学科群或大学科门类为基石构建学院

自上世纪九十年代以后，我国大学掀起了一股设立二级学院的浪潮，原来大学的中的系大部分发展为二级学院，更有一些原来是单科性或者专门性的学院升格为大学之后，其内部的系就自然而然地升格为二级学院。

① ［美］伯顿·克拉克．高等教育新论——多学科的研究［M］. 王承绪，等，译．杭州：浙江教育出版社，1988:145.

而一些原来有“高等专科学校”升格为单科性或专门学院的高等学校也将原来的系升格“学院”成为学校的普遍性的教学科研组织。我们也不能否认大学中的学院设置完全忽视了学科与学科群的存在，不过从严格意义上来说，确实没有多少大学在院系设置的时候完全遵循了学科发展的逻辑。笔者通过对大学网站的浏览、统计与比较发现，我国大学的二级学院设置非常混乱：有的是在一个学科的名下设置了若干个学院，不但割裂了同一学科内部知识体系的连贯性，还人为地制造了不同学科之间沟通与兼容的难度，更妄谈催生新的学科了，这无疑影响了学科的战略性展开及分化，抑制了学科的持续进化。还有一些大学错误地理解了大学学科群，将学科群等同于特色学科与交叉学科，甚至机械地将无数个学科联系在一起，仅仅从数量上来判断是否存在大学科群，缺乏对学科之间的互通、互溶性的认识，造成“学科群”概念的混乱以及学科群发展方面的抱残守缺，在学院设置方面的无规则性，只有个性而没有规则，影响了学科人才的产出率。根据贾莉莉的研究：“美国大学74.76%是按学科门类设置的，而中国按学科门类设置的学院只有22.1%；中国大多数的学院以一级学科为设置标准，其比例达到了54.7%，而美国以一级学科为设置标准的学院只有18.45%；在美国研究型大学的学院中，基本上已经取消了按照二级学科进行设置的学院，在我国大学学院设置中，仍有8.29%左右的学院以二级学科为设置标准。”①

在学科层面，大学院系的设置首先要依据学科的成熟度。学科本身就是大学知识体系的一个外在表现形式，目前，绝大多数的大学院系就是依托一定的学科而设立的，特别是以相对成熟的学科为核心形成学科群，以此来构建院系。那么，学科成熟的标准是什么呢？科学界普遍认为，学科成熟之后有三个主要的外部标志：首先是形成了成熟的学科体系，如令人信服或者公认的、独有的学科概念、学科目标、系统的理论体系、比较稳定的学科研究领域等；其次，在这个学科周围有形成了一定的学科群，也

① 贾莉莉.学科视角下的中美研究型大学学院设置比较分析[J].中国高教研究,2009(7):23-26.

就是说，以这个学科为主干产生了诸多分支学科或边缘学科，构成“树状”的学科群；第三是有固定的、专门的学者群体、体系化的教材等从事学科研究与发展的软硬性条件。最近的学科分类体系表明，我国当前的学科分类体系中一共有十二种学科门类，这些都是比较成熟的学科。以这些学科为中心，形成了众多的一级学科和二级学科。但是，在西方发达国家就不存在我们国家这种分类方式，而是由各大学根据本身的人力、物力、财力以及社会发展的需要，有选择性地发展自己的重点学科和特色学科。比如，美国著名的康奈尔大学就是以农、畜牧业为自己的核心研究领域，农学和牛奶专业是美国一流学科与专业；同样，美国的匹兹堡大学依靠自己位于“钢铁中心”的独特地理位置，大力发展了自己的机械、冶金等工科学科，其工科性的学院发展异常迅速。

以大学科群为基石建构二级学院可以在我国大学院系学术组织设置的规范性与大学自我发展之间的形成必要的张力。大学科群的成熟性必然形成一个学科的共同规范，这样就会给大学院系学术组织设置提供相对稳定的参照系，同时，不同大学又有自己的学科优势，这样各自大学科群的发展程度不一样，学校就可以根据自己的实际情况来更好地实现自身的优势发展，也可以为一些大学更好地实现自己的比较优势，因而，具有很强的合理性。学院对学科的促进功能是“随大学功能及角色的时代转变而逐步明确起来的，特别是在学科间的联系已经密切到在教学及研究中不可分割而集成为学科群的时候，二级学院就几乎成了现代大学一个必要方面。”①

大学的学科群本身具有有机整合具有一定相关性的不同学科资源能力，这些学科聚合在一起就可以形成互动与相互支撑，进而形成交叉与融合，共同丰富知识的内涵，加快知识从“理念”向“物化”转变的过程。现阶段，大学中的学科群主要有两种形式，一种是我们通用的学科专业“门类”，包括文、理、工、农、医、政、法、管理等，这些学科门类试从中世纪开始发展起来的，可见其生命力比较强，得到了世界的公认。还有一种就是在

① 张师伟，吕润平．我国大学中的学科群与学院设置[J].法学教育研究（第5卷），2011（2）:31-46.

科学理论研究的深入以及实用性科学技术的运用当中，人们逐步发现了不同学科之间所存在的一些新的联系或者产生的相关性，并且在这些具有一定相关性的学科通过某种产业或行业为其介质而整合在一起，产生了全新的大学科群。第一种形式的学科群是以大学的学科为基础的，而第二种形式的学科群是大学学术特色与学术创新能力的体现。以大学科群为基石来建构大学内部的二级学院，既符合大学的内在本质也符合大学生存与发展的外在环境。

大学一直以探究“高深知识”为自己合法性存在的逻辑，也是大学的历史基点。也正是这种逻辑起点与历史基点决定了学院的建构必须以大学学科群为基石。中世纪以来，大学就一直以传承知识与创新知识为自己的本质要求以及行为指南，即使大学的内外部组织系统结构越来越复杂，但是始终没有脱离对高深知识的探究这一核心任务。所以，大学内部组织结构的变革必然要遵循和服从大学的本质要求——遵循高深知识的内在发展逻辑。知识发展的逻辑与历程告诉我们，知识经历了一个从“混沌无序——分化——综合”的循环往复的过程，作为大学内部的学术组织的院系，也经历了与知识发展路径相似的过程，如“以一些学科为基础成立系科——分化成一定的专业——以一些相关学科为基础成立学院”的进化方式，这与知识的发展趋势不谋而合的。

再者，所有的知识都不是孤立的而是相互之间存在着有机联系的，世界上根本就不存在与外界隔绝的学科或学科群，反而，某一学科领域的重大创新就是源于周边其他学科或学科群的启发或带动，“不仅许多重大理论发现或发明往往是在艺术性想象中首先完成的，而且即便是一般人也很难在没有艺术性想象的情况下，进行任何有较大创造的劳动或活动。”① 同时，开放性也是学科与学科群的一种本质属性，任何一个学科的发展都不是“闭门造车”的结果，纵使进行纯粹的理科学科的发展也需要人文社会方面学科的滋润与引领。“文艺复兴以来人文领域的重大变化孕育了基础理

① 凌四立 . 大学学科群系统演进中的学术团队及其治理研究 [D]. 中南大学 ,2012:54.

科领域的重大知识或理论创新，当然重大的理科学术创新也往往同时开启了人文领域思想解放的阀门，哥白尼的理论在人文领域产生的重大影响是众所周知的。"[①]复杂性科学也告诉我们，学科之间的知识联系并不是简单的线性关系，而是由于学科群的理论体系在本质上具有开放性，使得大学科群"不能割断所包含学科与其他学科群的知识联系，更不能包办属于不同学科群的学科之间的联系，而且学科群之间存在的日益密切的知识联系也必然体现为不同学科群内部的各个学科之间相互联系。因此，人类知识的分门别类不仅没有阻断不同学科之间在联系上的层次性，而且随着学科的进化还日益强化了不同层次学科之间的密切联系，当然属于不同学科群的学科之间的知识联系又主要是通过学科群来完成的，或者说属于不同学科群的不同学科之间的知识联系往往表现为学科群之间的相互联系。"[②]由此可以看出，即使某个学科归属于某一个学科群，但是并没有固定在这个学科群当中，而是不断地和其他学科群保持信息交流，也正是通过这种信息交流使得这个学科的知识不断地进化与发展，因此，学科在本学科群中的交流以及它与其他学科群之间的信息交流成为学科发展的主要方式。我国大学中二级学院的建立忽视了学科发展的必然规律，是学院设置没有规范的制约，不但割裂了学科的集群化发展的纽带，阻碍了学科间的综合与分化，造成了相应学科的集体性战略落后；还制造了不同学院的学科之间的鸿沟，阻滞了学科群之间的知识联系。

因此，知识自身的发展规律也向人们昭示：也正是不同专业或者学科经历相互交叉与磨合之后会产生了新的交叉性、边缘性和横断性学科与专业，这些新学科与新专业的产生就是知识内涵拓展与深化的另一个重要途径。

基于上述分析，如果以大学科群或者大学科门类为构建学院的基础，那就需要我们在学院当中包含更多的相关性较强的学科与专业，以保证它们之间进行相互渗透和融合的可能性，同时专业也不能太细，以防止专业之间的壁垒过多，形成交流的障碍。所以，学院应建立在学科群或者学科

---

① 张师伟，吕润平．我国大学中的学科群与学院设置[J]. 法学教育研究（第5卷），2014(2)：31-46.

② 张师伟，吕润平．我国大学中的学科群与学院设置[J]. 法学教育研究（第5卷），2014(2)：31-46.

门类的基础之上，并承担本科生和研究生培养以及科学研究任务，这样设置的院系适应性强，质量稳定，体现了研究性大学的特征，有利于大科学的发展，同时这种标准也决定了学院教学科研活动的边界以及大学学院设置的数量。如我们可以组建工学院、农学院、教育学院、理学院等等。美国众多研究型大学中的文理学院按照学科大类设置，其中包括了“人文社会以及自然科学等基础性学科文理学院为美国高校核心课程的形成及通识教育的实现提供了重要的组织保障、文理学院这一大的学科平台，便于学科之间的合作，开设大量的交叉学科课程。文理学院一般都设有数十个系部，提供几乎从A到Z的专业，几千门的课程，比如，哈佛的文理学院有32个系，8个本科学位专业，55个研究生学位专业，9个跨学科协调委员会；普林斯顿的文理学院提供39个系部与专业，26种跨学科（跨系）专业。除文理学院外，工程与应用科学学院也为美国的高级工程人才培养提供了宽阔的学科平台，使多样性、交叉性的工科人才培养课程体系得到保证。”①

2）以二级学科为单位建立系

根据科学学的研究，当今科学的发展趋势是“小科学”越来越小，“大科学”越来越大。所谓的“小科学”就是以科学家的兴趣自发进行研究不以实用为目的基础研究；而所谓的“大科学”就是人们为实现特定目的、由国家资助的规模巨大的科学研究。作为一个探究高深知识的研究型大学，既要有担当“大科学”研究的能力，又要有促进“小科学”研究的环境保障。但是，从我国大学现有的院系设置来看，我们在发展小科学和大科学方面都存在着不足或者缺陷。主要表现为适应“小科学”发展的微观基层组织结构松散、形同虚设，而适应大科学的发展平台建设不力。当代科学发展既分化又综合的规律告诉我们要在这两方面都有突破。

学科发展逻辑为主线来设置院系，并以此来组织大学的人才培养、科学研究和社会服务等活动，服务于国家长远发展具有很强的合理性。在以学科群或者大学科门类为基础建立学院的基础上，我们只能在学院之下按

---

① 宋鸿雁．中美高校学院设置比较研究 [J]. 教育发展研究，2016（4A）:65-68.

照一级学科组建学系，在学系之下按照三级学科或者研究方向来组建教研室。如我们在工学院之下可以设置很多的系，如力学系、机械工程、光学工程、仪器科学与技术、材料科学与工程、电气工程等32个系；而在管理学院内可以设立管理科学与工程、工商管理、农林经济管理、公共管理、图书馆、情报与档案管理等等5个系。

但是，在一些研究型大学中，因为一些一级学科无法和其他学科组合成新的学科群，也可以设立一定的学院级的学系，也可以称为院级系，这种系往往获得与学院的同等级别而享受到学院下属系不一样的资源配置或者外界的关注，有利于促进原学科的进一步发展。如某大学设立了知识产权学院，就是以二级学科为基础设立的系级院，它顺应了当今社会对知识产权知识与人才的社会需要。

还有一种方法就是将一些以交叉学科为主的跨学科系升为院级系，这种系成为跨学科或者多学科合作，适应大科学发展的新型柔性系级组织，我们可以称为学术系，它不拘泥于以哪个学科为基础，更专注于要解决的前沿性或者交叉性的学科发展问题，关注会促成那些学科的融合等等。同时，我们还应将系部学术组织与课程等变革同步进行，以免名不符实，而形成“大帽子底下没有人”的尴尬局面。但是，系级学院或者学术系的数量应该严格控制。

3）以前瞻性的学科为基础成立特色学院

学科的发展是流动变化的，如果我们仅仅一味地以学科的成熟度作为院系设置的唯一标准，那么，院系设置就很难推动学科的发展。如果我们过分强调院系设置的刚性标准而缺乏对学科发展的现实性的考虑与洞察，就会错失发展新学科新知识的可能，更不利于特色性学科与专业的发展；反之，大学的院系设置就会失去正确的方向，随意性就会很大，院系设置就会不断地变动，学科不但不容易融合，反而会增加学科之间的摩擦。因此，我们在坚持以学科成熟度以及大学科群为基石的基础之上，在学院设置时还要根据知识的发展趋势、敏感度来把握未来知识或者学科的生长点，甚至是当时社会的现实需要来灵活设置学院。一个结构良好、设置合理的院系组织不仅能很好地推动已有学科的发展，还能很好地把握好当前学科的发展趋势以及社会的动态需求，在一些新萌芽中发现促发新学科或者新领域的产生，不但有利于知识的发展，还有利于大学品牌与社会声誉的提升。有人对世界上30所著名大学学院设置进了研究，发现其中24所大学设有特色学院，占校内学院的数量的20%左右。[①] 尽管特色学院不是大学的主流，但是其学科优势与实力令人刮目相看。如哈佛大学的政府学院并不是按照学科设置的，而是顺应社会的需求而设立的年轻学院；加州理工大学的地球科学院是汇集了很多学科门类而设立的项目式综合学院；康奈尔大学的就业与劳动关系学院是根据社会管理的领域来设定的，很难看到学科的影子；威斯康星大学的实用生活院在名称上更是彻底摆脱了学科的影响。可是，这些学院所包含的学科往往是在全美国甚至世界都是一流的。

同样，我国的武汉大学将原来的武汉大学、湖北医科大学、武汉水利水电大学以及武汉测绘大学等四所高校合并后，不但保留了原来几所单科性大学的学科，还在学院名称上体现了原有的优势学科的特色，如包含了水利类专业特色的水利水电学院；独立设立了口腔医学院，这样学院的特色性也一目了然。还有南京大学的软件学院等。

当然，一些研究型大学与社会机构，如地方政府、科研院所、行业产业部门、其他国内国际大学进行的合作办学而设立的学院也是可以作为特色学院而保留的。如北京大学的光华管理学院，其实质还是以管理学学科为核心设立的学院，但是冠以“光华”二字体现了大学与其他之间的密切联系，在扩大大学的办学空间方面可以起到超乎一般学院的作用。

还有一种以培养综合性创新人才为核心的超学科的学院，如北京大学的元培学院、华中科技大学的启明学院、南京大学的匡亚明学院等就是为了培养宽口径的综合性创新人才的特色学院。这些学院以重点学科为依托，按学科群打基础，以一级学科方向分流，贯通本科和研究生教育的模式，培养立志献身基础学科及其交叉学科研究和教育事业的优秀人才。可见，

---

① 严燕．关于大学学院设置的规范性与灵活性问题[J]. 江苏高教，2015（5）:9-12.

这种学院的设置适合了现代知识与学科发展的综合化趋势，具有“超链接”的意味，具有一定的推广性。

但是，任何事物的数量增多到一定时候就会引起质变，因此，我们提倡以大学科群或者一级学科为基础开展院系设置的基调不变，这种特色性学院是一种有益的补充，但是一个学校中特色学院的比例不能太高，一般认为是保持在大学总学院数的20%以内为好。

5.1.3 以管理逻辑设置大学院系的基本路径

研究型大学已经不同于中世纪欧洲的大学，高等学校的行政管理在维持大学日常运作、教学教务管理、办学效益提高以及人、财、物等资源的配置方面，发挥着越来越重要的作用。因而对行政权力和学术权力都要给予充分重视，不能有所偏颇。对此，著名高等教育家朱九思教授说：“大学行政管理的作用丝毫不容忽视，但不能因此就用行政权力代替学术权力。”然而，实践中明确区分高等教育系统中所有的行政权力和学术权力并非易事，姚启和教授指出：“学术管理和行政管理往往交织在一起，很难划分”。[①] 因此，这从客观上使大学具有了现代科层制管理的必然要求。

1）研究型大学院系的实体性地位

按照学科逻辑建立的院系在大学教学中具有极其特殊的地位。大学贯彻党的教育方针和办学方向，要依托学院的努力来实施；大学培养合格高级专门人才、发展科学技术以及为社会服务的基本任务，主要通过院系的工作来实现：大学的教学质量、科研水平、学科建设、师资力量等反映大学整体水平的各项指标，主要依托学院的积极努力来提高；大量的教育管理工作主要依靠学院来完成。总之，学院管理效能发挥如何直接影响着一所大学的水平。从国外大学的院系在大学中的地位也可以看出，大学在很大程度上依赖于学院的发展。即使在行政权力大于学术权力的美国，“这些行政机构只不过是巨大的学术冰山的露出水面的部分，这座冰山的漂移方

① 姚启和 . 高等教育管理学 [M]. 武汉 : 华中理工大学出版社 ,1999:121.

向绝不只是在大学之上的行政机构和外部的政治力量所决定的。……在这些级别里，学院控制仍然，占主要地位，它所面临的只是官僚性的各个大学行政权力的挑战。大学系统的这些基层结构基础深厚、牢固，顽强地抵制外部强加的变革。”① 从这里可以看出，即使是在美国，院系也是大学中的管理核心层面，拥有很大的权力。

按照大学中科层制管理的特点以及结合大学学科为中心的院系设置原则，院系应是大学内部的一个从事人才培养、科学研究、为社会服务的实体性机构。“实体”按照《现代汉语词典》的解释，实体是“哲学上的一个概念，马克思主义以前的哲学，认为实体是万物不变的基础.唯心主义者所说的精神、形而上学的唯物主义者所说的物质都是这样的实体。”

马克思主义哲学认为，“所谓实体，就是永远运动着和发展着的物质。”从这里可以看出，实体是一个实实在在的东西，它不是一个虚设的机构，不是一个空壳，实体院系是相对于虚体学院而言的。

把院系设置为具有实体的性质，这是实施学院制在学院设置时就必须确立的指导思想，并应将这个思想贯彻到学院制的实施方案中，贯彻到每个管理者的头脑中。要使学院成为相对独立的充满生机和活力的办学实体，必然会涉及学校内部权力、资源等的有机配置。学校通过适度放权，使学院所承担的学术管理、教育管理以及行政管理职责与其完成这些职责必须动用人、财、物的权力相一致。

那么，院系的实体性地位是从何而来呢？首先，确院系的实体性地位是学科发展、知识创新的需要。设立学院制的目的是为了促进学科的发展，促进知识的创新。把学院设立为大学的办学实体，能更好地履行大学人才培养、科学研究、为社会服务的职能。例如对人才培养问题，在我国以前校、系两级管理体制情况下，以系为单位的人才培养，学生很难了解到其它系的情况，如果想学习其它系的课程，就更加不容易了，容易使学生对大学的教育产生“只见树木，不见森林”的结果。学生毕业后虽然专业性

① [美]约翰·范德格拉夫等.学术权力——七国高等教育管理体制比较[M].王承绪，等，译.杭州：浙江教育出版社，2001:127.

强，但知识面窄，对现在越来越要求通、专结合的工作显得不适应。

以院系为核心实体单位可以加强多学科在培养人才中的联合，顺应了新的社会要求。一般来说，学院是包含了几个系的综合体，学院本身不但拥有自行设置课程的权力，还可以协调自己所属的不同系一起展开多学科教学，以拓宽学生的知识面，从而满足社会对复合型、开拓型以及应用型人才的需求。同时，学生在同一个学院中可以自由选修其它专业的课程，使学院的资源得到共享，提高了利用效率，增强学生发展的个性化水平。而对于大学的研究功能以及服务社会功能来说，实体性的学院可以充分调动本学院的有效资源以及师生的积极性，加快高深知识的传播、创获与应用的速度。

其次，确立实体性是树立责权利相一致的需要。责权利相一致表明，在一定的岗位上，握有必要的权力，完成赋予的职责，而后得到约定好的与职责相对应的报酬.这就要求责任明确，职务实在，权力恰当，利益合理。目前大学对教学、科研统一管理，对人员统一调配，对财务统一核算。学校的教学、科研管理权、干部的任免权、人事调配权、经费预算审批权、教育资源的配置权等基本上全部集中在校一级。系、部、室、所

作为教学和科研机构，只有责任，却没有相应的权力。各种教育资源配置和校内津贴分配与教学单位的教学任务、科研成果、办学效益无紧密的关系，严重地损害了教学单位的积极性，使整个学校缺乏生机和活力。进行学院制改革，实行以学院管理为主的新体制，最关键的就是下放教学科研管理权、人权和财权，将事权、人权、财权统一，将经费分配与学生人数、课时数、实验个数、专业数挂钩，将津贴分配与效益挂钩。使学院一级有充分的教学科研管理权、用人权、经费审批权、津贴分配权，从而调动各教学单位的积极性。由于学院办学的规模、质量、效益直接与教学单位的职工利益相关，学院教职工会积极出谋划策，关心、支持学院的改革和发展，同心协力把学院办好。

第三，确立实体性是目前我国一些大学施行学院制后的经验总结。在二十世纪九十年代以后，我国许多大学都纷纷实施了学院制的管理模式，

组建学院或推行学院制已成为高校内部管理体制改革和学科建设发展的一种思路，得到越来越多高校的认可。但因为每个学校但状况不一致，致使组建学院的模式多种多样，学校所赋予各学院的权力也不一致，有的学校甚至是虚实结合，实体学院没有实权显得不“实”，虚设学院过于松散显得更“虚”。由于缺少研究、缺少指导、缺少经验，一些学校领导没有站在长远发展的高度上，冷静分析、科学论证、慎之又慎地决策，有的草率决定，有的任其自然，“分久必合，合久必分”的虚体学院运作带来了较大的负面影响和人、财、物的波动，严重影响了学院制的运行效果 . 有学者总结认为“从中外学院内部管理的实践看，综合性大学中学院制管理取得成功的标志应有以下几点：学院是学校内一个相对独立的办学实体；有相应的财务自主权和面向社会办学权。”[①] 从学院制运行的效果来看，根据学者调查结果，认为实体学院的运作效果好于虚体学院。

2）大学院系内部的权力架构

我国研究型大学具有多个权力主体。一般而言，党委书记是政治权力系统的核心，而校长是行政权力系统的核心，可以说，目前的研究型大学校级层面主要是由政治权力系统与行政权力系统构成的。但是，作为大学本质的学术权力又是由什么力量来行使呢？从历史经验与理论双重视角进行分析，都应该由学术带头人为首的学者群体来行使。因此，政治权力、行政权力以及学术权力三类权力的主体就会按照各自独特的职能定位不均衡地分布在学校高层、中层以及基层三级组织机构中。

对高层组织机构而言，主要的任务就是按照上级主管部门的要求，负责制定学校发展战略规划、目标和学校的规章制度，以及协调各个院系之间的人、财、物等教学资源的配置。它并不直接担负大学的核心人物——教学和科研工作，而是要为大学的核心工作——教学、科研工作提供必要的财政基础和物质条件。所以，学校层面的权力的运行就是以行政逻辑为核心，校级各个组织机构的成员、不论身份都以执行上级的命令、遵循行

① 吴杨，施卫东 . 大学学院制制度下内部管理与运行机制创新的探讨 [J]. 南京航空航天大学学报（社科版），2009，（4）:52-55.

政规则为天职。相对于学校层级来说，作为中层组织机构的院系主要担当的是统筹协调下属基层组织额人、财、物等资源的配置，为本学院、系或者教研室的运行与发展提供必要的条件和支持，但是，院系本身也要直接承担本院系的教学、科研和社会服务工作。可以看出，院系一级组织机构在很多程度上是行政性的，但是已经具有一定的学术属性，院系的权力运行机制要遵循科层制的行政原则也要遵循学术自由的原则，不过还是以行政规则为主。

院系组织是一种非常特别的组织机构，既处于大学共同体的核心，又处于大学共同体的边缘。一方面。大学离开了学术组织的基本形式——院系组织，大学也就没有了存在的必要了；另一方面，教研室以及系科处于大学组织的最底部，他们主要是通过院系与学校发生联系的，除个别大学外，教研室或者系科不再算作是大学的行政组织，其内部成员也一般没有行政职务和级别，身份主要是教授、副教授、讲师等学术职称和职务来标称。但是，大学的系科与教研室又是教学科研任务的主要承担者，专业课程的设置、教学计划与教学大纲的制定、科学研究的选题、论证与研究、专业技术人员的聘任和晋升等等都需要学院中的系科或者教研室来落实。因此，对于院系设置当中的权力架构来说，我们应该在一定逻辑基础上重置权力架构。

在科层制体制下的学术组织结构必然涉及到权力问题，也就是谁来掌管权力，谁来做决策，谁有话语权，谁的音量高的问题，这关系到院系组织职能发挥的效果问题。在研究型大学的院系中，究竟谁应该由谁来行使院系组织的决策权？是院系的行政负责人还是教学科研人员？是否还有其他方式？

我们知道，行政权力是基于职务的权力，强调的是遵循科层制的管理逻辑。按照这一逻辑思路，不同层级之间的等级关系十分严格，不容超越，下级对上级命令的服从和执行是第一位的。通常，当下级的想法与上级命令发生冲突或者不一致的时候，下级就得无条件地放弃或者保留自己的想法，而不是按照自己的想法行事。而学术权力是基于专业高深知识的权力，强调遵循专业水准的逻辑。通常，一个人对一门学科或者专业掌握的知识越多，他应该拥有的学术权力就越多，对学术事务的决策就有更多的话语权。按此推理，教授的学术权力自然就会大于讲师的学术权力。在学术事务的决策上，前者应该有更多的话语权。学术权力与个人职务无关。一个学院的院长的学术权力不应该就一定大于一个普通教授的学术权力。

院系作为一个学术组织，起主导力量应该是学术权力。即使院系作为一个大学的中间型主体机构，从整体上来说它与大学校级层面的关系是一个行政性关系，但是在院系内部的主导性力量不能是行政性力量，而应该是学术性力量，也就是说这个院系组织应该是一个自我治理的组织。教学科研人员应该是院系组织内部的自我治理的主体，而不是大学科层制管理体制中的“低级职员”。由于院系的组织使按照学科或者学科群来组建的，对于院系内部的学术事务而言，具备了专业知识的教学科研人员比一般的行政人员更了解一个学科的知识结构、发展现状以及学术前沿，对于一个专业的课程设置与教学计划来说也最有发言权；他们更有能力来评价一个教学科研人员的工作能力与业绩，也可以在教师聘任和晋升中发表更客观的评价。同时，由于大学不同于企业，拥有高深知识的学者的教学科研人员的工作不仅具有独立性、个体性和专业性，而且其效果特大多比较滞后，很难完全运用行政管理的手段对学者的教学科研工作进行有效的管理，因此，当科层制模式下的行政控制力失灵的时候，就要依靠学术人员的自我管理能力来维持院系的稳定。还有，过多的行政权力以及行政干预不仅难以取得预想的效果而且往往会事与愿违，产生严重的负面影响。一所大学能否成为世界一流大学关键在教师，在于教师的责任心和创新能力。如果一所大学基本的学术组织的院系机构是以上级行政权力来主导的话，教师没有或者很少有参与学术决策的权力，那么教师的责任心就会逐步消解。任何人都不愿意为别人的决策负责，当教师仅仅成为别人决策的“代理人”的时候，既极可能出现“道德风险”。因此，在这种情况下，无论大学的教学和研究水平有多糟糕，教师内心或许都不会感到愧疚，相反，教师还会指责行政权力的“越位”，让行政管理人员承担绩效差的责任是教师的当然选择，从教师科学研究的规律来看，教师的创造力主要来自无约束的好奇心与自由组织团队进行攻关研究的能力，尤其是一些需要合作研究的课题，两者缺一不可。在行政权力主导下，教师要服从各种行政命令，自己的思想变得不重要，教师的创造激情也会逐步消退。加上各种人事壁垒、学科壁垒阻碍了教师的自由组合，使教师的创造性思想难以付诸研究实践和转化为具体的科研成果，教师的创造力也被消解，学科的发展也就因此僵化。

基于此，大学的院系不应该是在外部行政力量推动下被动运行的，有效的院系机构应该是自我治理的组织。学校将院系作为一个相对独立的实体组织，只是从宏观上进行管理，类似于美国等国家的邦联制国家体制。选拔和聘用教学科研人员、决定科研选题、组织科研力量进行课题研究、决定院系或者教研室的管理模式等权力应该分配给院系中的教学科研人员，让他们自主决策，甚至院系的负责人也可以由教学科研人员选举和轮流担任，而不能由上级任命。学校更不能以上级管理部门自居，而是应该将自己置于院系组织的“助手”或者“平等的首席”的位置，帮助院系以及教学科研人员将自己的创新思想转化为现实，共同促进学科的发展与人类的进步。世界一流大学在这方面有很多成熟的经验，值得我们学习，并可以与我国实际情况相结合加以运用和发扬。

5.1.4 双重逻辑下的大学院系运行机制

系统论的原理表明，任何一个系统要能够有活力地运行，就必须建立高校的运行机制。大学的院系作为大学系统的一个独立的中观层次的系统，也是如此。

从大学系统来看，院系组织的建立既要和整个系统保持内在的“一致性”，即以学术为组织内在联系的基本逻辑，在大学组织内部形成联系的主线。同时，大学院系本身在资源利用、学术思想以及用人机制等方面要保持开放性。在我国的大学中，由于受到集权的管理体制的影响和本位主义思想的束缚，所有的院系都被赋予了一定的行政级别，并享有与该行政级别相应的政治待遇和行政权力。即使是按照学术逻辑建立起来的一些学系或者教研室也都赋予了一定的行政级别，成为与其他行政组织权力对等的单位。在这种情况下，就需要大范围地开展院系设置的调整，调整现有的院系组织，理顺学科间的关系，建立好良好的院系运行机制，促进多学科立场、观点与方法交融。

从大学的特性来看，每一所大学都是一个复杂的系统，他是有两个子系统构成的：管理子系统和技术子系统组成的。前者包括党政管理机构以及管理人员、规章制度、管理设施和管理经费等要素，其功能是对学校组织进行领导、统筹和协调；后者则是包括校、院、系下属的学术机构及其工作人员、工作程序、工作条件。两者之间互相影响、互相作用，在要素组成上也有一定的重合。院系组织机构是组成大学这个复杂系统的中层机构，下属的学科系或者教研室是最基本的单元。他们既和管理子系统有关，更是技术子系统的一个核心组成部分。对院系或者教研室而言，教学科研人员、行政辅助人员、经费、仪器设施设备、书刊资料都是重要的输入要素，但是能否有效地发挥作用并不完全取决于这些要素的数量与质量，还取决于它们的组合方式。因此，建立科学规范、成熟稳定的院系运行机制，包括用人机制、财务管理机制、资源共享机制等等是对院系作为学术组织运行的有力保障。

1）用人机制

以学科为基础组建起来的院系组织的人员构成是非常复杂的。一方面，院系是以教学、科研人员为主体；另一方面，由于院系组织也是人、财、物等资源的聚合体，也存在独立于学术事务之外或者与学术事务有关的行政性事务。因此，也需要有一定的行政辅助人员，对承担大型科研或者开发项目多的院系来说，更是如此。说到底，就是在院系组织内部也存在着学术权力与行政权力的二元结构，如何建立科学协调二者关系又能促进学科融合与发展的规章制度来确保院系组织的有效运行就是院系设置改革的一个重要内容。另外，在院系组织内部，教学科研人员和行政管理人员本身也是不同类型的人员组成的。例如，根据职称或者称号的等级，可以将教学科研人员分为学术领军人物、学术带头人、学术骨干、一般教学科研人员，或者教授、副教授、讲师、助教，也可以根据学校或者与院系签订的人事合同性质，分为专职人员与兼职人员、固定编制人员与流动编制人员，等等。研究生也可以作为院系中的学术人员。行政人员又可以分为兼职行政人员和专职行政人员、担任领导职务的行政人员和担任教学科研任务的行政人员等等。如何协调这些人员的关系并确保他们的权力不受无故侵害，以更好地促进学科的发展，也要求院系组织变革的时候加以关注与考虑。

国内外的研究型大学的成功案例就表明：科学规范的用人制度就应该有助于院系等学术组织的稳定性、创造性以及知识的发展性。因此，从这个角度来看，美国研究型大学建立了对低、中级资历教师采用的有限期合同制管理的模式是有一定的合理性的，对他们实行“非升即走”。这样有助于保障教学科研人员学术面前人人平等，使优秀的学术人才脱颖而出，从而保障学科中学术人的不断涌现。因此，我们可以借鉴这种制度在教师考核与晋升机制上遵守公平的学术原则，避免暗箱操作和个别人的学术垄断，避免论资排辈代替学术水平，彻底打破人员单位所有制，鼓励科研人员根据研究课题的需要以及教学的需要来自由组合，这样以一种隐性的方式来推进学科知识的交叉与融合，无论是从学科发展的角度还是从院系组织优化的角度都有很强的现实意义。

另外，我们也必须明确的是，院系组织的行政辅助岗位是为了辅助教学科研人员更好地完成教学科研任务而设置的，他们的行政权力应该从属于学术权力，是一种辅助性权力。基层学术组织负责人手中的行政权力也是如此，所以，必须建立由教学人员选拔、考核行政辅助人员的制度。只有这样，才能使教学教科研人员与行政辅助人员各安其位、各司其职、各负其责，确保教学科研人员集中精力从事学术工作。

2）财务运行机制

经费是完成教学科研工作必不可少的条件。教学科研经费的使用和管理在我国大学里可以说是一个复杂而又敏感的问题。院系的财务运行机制是否合理应该根据是否有利于组织的有效运行和可持续发展，是否有利于凝聚优秀人才和是否有利于产出高水平的教学科研成果来衡量。

目前，我国不少大学的院系在教学、科研经费的管理上采取的是个人负责制，即教学经费有院系组织的负责人管理使用，科研经费由项目负责人管理使用。这种方法如果缺少有效的监督与审计，就不可避免地出现经费使用和管理混乱的现象。难以避免院系负责人以及科研课题负责人的独断专行、滥用经费的情况发生，进而也会影响其他教学科研人员的工作积极性。显然，这种办法不是一种最优的选择。国外的研究型大学的经验表明，要保证教学科研经费的使用效益，必须建立一套科学合理、严格严密、公开规范和方便灵活的财务制度。美国很多研究型大学的财务管理非常规范化，他们针对教学科研工作的每一项支出都建立了严格的编码系统，由此避免了很多暗箱操作和个人滥用现象的发生，从而为基层学术组织的有效运行提供了有力的保证。这种制度很值得我国研究型大学的学习。

3）仪器设备共享机制

在办学和科研经费都十分紧张的情况下，学校内任何一级组织购置的一起设备都是一种宝贵的教学科研资源，搁置不用或者利用效率不高都是一种严重的浪费。在这方面，我国很多的大学都有过惨痛的教训。在目前，这种状况还没有得到彻底改变。其中的主要原因就是没有建立一套“公管公用”的共享机制。在这方面，日本筑波大学的做法就很值得我们借鉴。筑波大学为了提高学校教学科研设施的使用效率，给教学科研人员提供更好的教学和研究条件，他们把学校所有的教育和研究服务设施、机构统一设置为18个中心，即外国语中心、体育中心、农林技术中心、教育机器中心、加速器中心、低温中心、学术信息处理中心、同位素中心、分析中心、工作中心、水利实验中心、动物实验中心、下田临海实验中心、昔平高原实验中心、等离子研究中心、粒子线医科学中心、留学生教育中心、遗传因子实验中心等，这些中心基本是按照大的学科门类来区分的。这些中心的主要任务就是既要负责保养和管理为教育研究活动所必需的特大型或特殊的设施，还要对凡是属于共同广泛使用的设备，标本资料以及有关研究的辅助业务实行集中化管理，以提高利用率和效率，实践证明，这种办法是行之有效的。尽管这是从学校的整体层面来设立仪器设备中心的，但是，我国大学特别是研究型大学的规模远远超过日本的大学。日本在全校实行的措施可以给我们大学的院系设备共享或者全校的设备共享提供很好的借鉴。

令人欣慰的是，当前我国有一些研究型大学也在这个方面进行了积极的尝试。不少学校都制定了科研仪器设备购置的论证制度、共享制度和利用效率记录评价制度，这些制度在克服仪器设备重复购置、资源利用效率低下等问题上发挥了积极有效的作用。我们大学的院系组织内部也应该实行“公管公用”，打破部门、学科界限等规范化与常规化的仪器设备共享制度。

但是，以上的运行机制并不代表院系内部所有的运行机制，仅仅是对我国目前大学院系学术组织运行中突出的问题进行了说明而已。同时，这种运行机制的安排并不是只靠院系的努力就会奏效的，还需要全校不同的职能部门、各个院系和广大师生员工的共同努力。只有在全校的院系中都建立了一种科学规范的原型体系，院系组织的有效运行就会得到有力保障。

5.2 中国大学院系设置的实践探索：多个案例的分析

5.2.1 浙江大学的探索：“学部制”

浙江大学发端于十九世纪末的“求是书院”，是我国最早的现代大学之一。由于战乱以及政治因素上个世纪初浙江大学多次更名甚至中断办学二十多年，直到1927年，国民政府在原校址建立“国立第三中山大学”，次年，先后更名为“浙江大学”以及“国立浙江大学”。当时的浙江大学是一个综合性的现代大学，根据学科门类设立了工学院、农学院以及文理学院共计三个学院。1937年的“八一三事变之后”，浙江大学先后西迁湖南、贵州等地办学，其学术水平在全国名列前茅。1949年之后，由于我国全面学习苏联的教育模式，浙江大学的综合性特点被打破，主要是根据学科门类将原来的“浙江大学”“一分为四”：浙江大学、杭州大学、浙江农业大学、浙江医科大学等。20世纪末，以学科的综合为主流的新一轮院系调整使这四个独立的大学进行了合并，成为新的浙江大学。经过百年沧桑之后，浙江大学已经成为名副其实的“大学航母”：拥有的学生数量排名第一、拥有的学科数、专业数、学术水平等均位于全国前三甲，是在国际上有较大影响的研究型、综合型大学，也是我国第一批纳入“211工程”和“985计划”的大学之一。通过对浙江大学院系学术组织设置的历程与特点进行梳理，浙江大学的院系设置在不同阶段有各自特点。

1）1949年初期的改革：学院办学向专业办学的转变

民国时期，虽然饱受战乱，但是浙江大学的学科系的发展十分迅速，原来的工学院、农学院以及文理学院已经共有16个系，在西迁办学过程中，浙江大学克服很多困难，为满足社会的需要，发展新学科与新专业，到1948年3月，浙江大学已经有文学院、理学院、工学院、农学院、师范学院、法学院以及医学院等七个学院，共25个学系，9个独立建制的研究所以及1个综合研究室，浙江大学的综合性特点已经相当明显。

1949年前，浙江大学采用的是美国模式，即“学校—学院—系、所”的结果模式，学院是学校管理的中心，学系与研究所是教学与科研的中心，学院承担的是学校下放的管理权限，相当于学校的派出机构。而学院的设立是以学科门类为标准，每一个学科门类为一个学院，学系相当于我们现在的一级学科，学系下面还设有不同的主修（相当于现在的专业），但是教学是以学系为中心的。而研究所或者研究室是独立建制的，大部分的研究所是和学院同等级别，研究室相当于直属学校的系级单位。研究所的建立是因为研究所的研究内容具有很强的综合性、很难与某一个学科门类相对应，并且研究所的人数规模也不适合建立独立的学院，其管理职能在学校层面，因此，研究所仅仅是一个以综合性科研为重心的机构。

1949年之后的短期内，浙江大学还是沿袭了以前的院系设置方式。但是，随着全面学习苏联运动的开始，浙江大学根据教育部的要求开始了院系的调整。这次调整的核心就是打破“以学院为管理中心”的美国模式，采用苏联的“学校—学系—专业、教研组”的模式。浙江大学首先将原来的一些根据学科门类的学院分出去，成立新的专门性大学，如以浙江大学的农学院为核心成立浙江农学院、以浙江大学医学院为核心成立浙江医学院、以浙江大学师范学院以及理学院为核心成立杭州大学等，浙江大学由综合性大学变为了综合性不是很强的多科性工业大学。1953年，浙江大学增设了若干新专业，并重新设立若干理科专业，并增设一些学系，如1954年增设了机械、电机、化学和土木工程等四个学系，不同的学系内设立不同的本科专业或者专修科专业、教研组等，学系成为浙江大学的管理中心，而专业就成为学校的教学中心。调整后的浙江大学内部院系学术组织设置模式特点就是学校的管理权限得到增强，尽管学系也有一定的管理权限，但是主要职能还是教学管理，专业成为教学的中心，教研室主要根据学系要求承担专业教学或者公共课教学的计划安排等。显然，实行苏联模式之后，浙江大学的管理重心提高了，而教学重心下移了，原来的美国模式突出了学院的管理功能，试图实现学科之间的交融，而苏联模式是根据社会行业的特点，在人才培养方面突出人才未来工作的领域性或者行业性，实行按专业、有计划低培养，并且强化教研组或者教研室的教学与研究功能的发挥。浙江大学院系调整前后的组织架构图如图5–1所示：

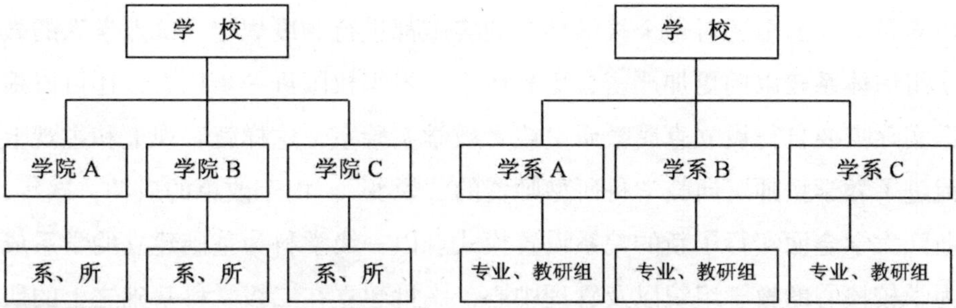

图5–1 院系调整之前的院系结构与全面学习苏联模式之后的院系结构

由于政治原因以及管理体制的原因，浙江大学的这种院系设置模式一直沿用到上个世纪的八十年代末，虽然其中有细微变化，也仅仅是部分专业的增设或者部分独立建制研究所的增设，对整个院系设置模式并不产生影响。

2）八十年代末期：从“专业办学”向“学系办学”的改革

改革开放以后，我国在政治与经济领域实行了改革，特别是高校自主权的不断增强、社会主义有计划的商品经济模式的初步建立，在全球科技革命的背景下，浙江大学开始以院系设置为突破口来实行教学、科研以及管理体制的改革，而这次院系设置的改革主要是针对原来“专业办学”模式中活力不够的特点而进行。原有的模式使专业成为大学实现三大职能的主体，而专业又处于大学管理层级中的最底层，受到的压制太多，办学活力不强。因此，这次改革的主要目标就是要增强系的办学活力，以此提高学校整体的办学水平与办学效益。

1988年，浙江大学的院系设置改革从原来学科发展基础较好的化工系、力学系、信电系与科仪系开始进行教学与科研管理体制改革，在院系之下成立了若干教学与科研相结合的研究所或研究室，以此来实现学校由“专业办学”向“学系办学”的转变。经过改革，系一级组织的管理权限加强，原来由学校负责的招生、毕业生分配以及本科生的培养全部由系负责，学系不但有在整体招生制度下录取学生的权力，还掌管学生毕业分配的决定权，学系对本系所有专业学生的培养过程负责，不但负责制订不同专业的培养目标，甚至还对每个教学环节的实施都进行制度规定。试点学系的教学组织体系较以前更加严密、更有体系，组织权限进一步扩大，还可以根据实际需要自行设立直属教研室或者教学实验室，这样就客观上和主观上促进了教学型师资向教学科研型师资的“蜕变”。由于改革的成功，次年，浙江大学全面实行了新的院系设置模式。以一级学科为基础建立的学系成为学校核心的教学组织以及管理中心，一批建立在二级学科基础之上的研究所或者研究室得到成立，这些研究所（室）实行所长（主任）负责制，并拥有人权、财权以及物权，研究所（室）是对外申请和开展课题研究的主体。在研究所下面还设立了若干研究室或学科组作为科研项目具体实施的基层单位。

经过改革，浙江大学形成了“学系管教学、所室管科研”的“双轨运行机制”，从组织上明确地划分了教学与科研双重任务的依托机构，无论是教学还是科研都呈现出了新气象，特别是使原来沉闷的科研气氛立即活跃起来，科研规模与科研水平不断提升，并出现了基础研究定向化、应用研究基地化、开发研究产业化的良性循环局面。如该校的工业控制学科就是在这种组织模式下得到发展的：该学科起源于1956年成立的化工自动化教研室，经过二十多年的发展成为首批博士学位授予点。在1988年的院系设置改革时设立为研究所，之后通过8年的发展，1996年该所成为全国高校中第一个拥有博士点、博士后流动站、全国重点学科、国家重点实验室、国家工程研究中心以及两院院士的“六星级”研究所，并以该所为主体成立“控制工程科学研究院”，1997年发展为“控制科学与工程学系”，专门培养自动化人才，从研究所演变为集教学与科研、本科生与研究生教育为一体的学系。可以看出，这种模式下的改革促动了学科的交融与重组，从而产生了新的院系；反过来，院系调整又加快了学科的发展速度。通过对这个学科在科研经费、课题项目、学术论文、专利申请、师资构成以及人才培养方面的比较可以看出该学科的发展脉络，更能从中看出院系学术组织设置调整的现实意义。

表5–1　浙江大学工业控制技术学科科学研究的纵向比较

年代	科研经费（万元）	承担课题项目	论文数		专著	学术交流	专利	鉴定项目
			总数	检索论文				
1991	419.85	35	71			3		
1992	905.13	64	86		1	9		
1993	834.1	55	136		5	8	11	6
1994	334.3	63	120		4	16	1	7
1995		64	156	11		16		8
1996	826.912	42	168	12		14	1	15
1997	1400	29	203	9		22		9
1998	1729.746	54	230	13	5	16		2

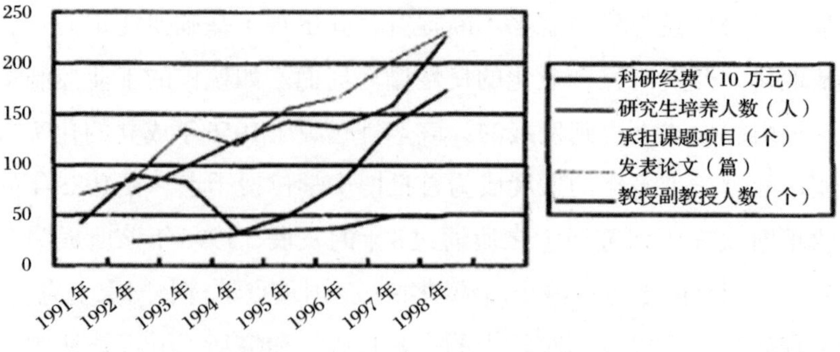

图 5-2 浙江大学工业控制技术学科发展曲线图

3）合并以来的院系设置："学院制"为核心

经过近10年的运行，"学系办学"与"所室科研"的制度让浙江大学的组织结构有了很大的变化，学科建设也取得了很大的进展。到1997年的年底，浙江大学一共设立了32个系，共有51个本科专业，还覆盖了自然科学、技术科学、管理科学、社会人文科学等领域的研究所85个，研究室13个。研究所成为一个多学科集中与交融的基地，是从事基础研究与科技创新与攻关的主阵地，更是作为研究型大学的浙江大学的主要组织细胞，研究所承担了全校70%以上的研究生培养任务。建立在二级学科基础上的研究所促进了不同学科的交融与交叉，从中也产生了不少的新学科，可以说，研究所制度已经取得了较大的成功。但是，相比之下，由于科技的飞速发展和人才培养要求的不断变化，学系为主的教学组织却遇到了相应的困难，而主要的困难就在于建立在一级学科基础之上的学系所涵盖的学科还不够宽泛，不利于学科的交流与发展。同时，由于新的浙江大学开始组建，新并入的专业与学系需要和原有的学系与专业进行整合，因此，浙江大学对学系组织进一步改革。

此次改革保持并发展了以二级学科为基础的研究所制度。为了更好地推进学科的交融与发展，早在1997年，浙江大学就提出要在充分论证、自愿组合以及内外支持的基础上建立跨学校、跨学系甚至是跨国界的学术组织，组建若干个交叉性较强的跨学科研究中心，以培育新的学科方向，如高分子科学与技术中心。另外，浙江大学前瞻性地组建了以重点学科建设为核心的高等研究院，以提升该校在本学科领域中的领先地位。这些高等研究院超越了以前的二级学科基础，而是以某一领域的学科群为基础来组建的跨学校、跨国界学术组织，如浙江医科大学、加拿大多伦多大学、香港中文大学共同组建的“生物医学工程高等研究院”是以生物医学工程学科群为基础组建的；“材料科学高等研究院”是浙江大学与香港科技大学以材料科学学科群为核心建立的，等等。

对学系的改革措施主要是实行学院制度。1998年9月，随着新一轮大学院校调整浪潮的到来，浙江大学、杭州大学、浙江农业大学与浙江医科大学四所高校进行了重组，建立了新的浙江大学，无论是学生规模还是校园面积、校园跨度和学科容量当时在全国都是排第一位的。特别是新浙江大学的学科涵盖了除军事学以外所有学科，共十一大门类。如何真正地实现四校融合成为关键，这种融合不是简单的机构撤并与组建，而是要根据大学的特性，在组织上促使学科的真正融合，这正是新一轮院校调整的真实目的。因此，浙江大学实行了以学院为主的管理体制，学院是大学中的实体性机构，学院下面设立“学系”，学院与学系并存，学校的管理重心下移到学院，学院有人、财、物等方面的独立权，负责管理教学与行政。为了弱化新组建大学的多少区分隔而产生的行为与心理阻隔，学校在同一校区设置多个学院，学院基本是以一个一级学科为基础建立，在学院下面设立很多二级学科的系，系成为最基层的学术组织，这样，更加方便了相近学科之间的交流，如浙江大学整合与化学学科相近的专业，设立了化学工程学院；整合与工业、商业与管理类学科成立工商管理学院；整合经济与贸易类的专业成立对外经济贸易学院；整合一些人文类的专业成立人文学院等。同时，学校通过政策引导与激励的方式鼓励组建跨学科、交叉学科或者交叉学科的研究中心，这些研究中心是松散结合型的组织，教师来自不同的院系与学科，实际是一种虚拟的组织，研究所与研究中心在学院中交叉。可以看出，浙江大学新的院系设置实行的是“学校——学院”两级管理或者是“学校——学院——学系”三级管理的运行模式。

4）新形势下的院系学术组织设置：对“学部制”的探索

新浙江大学的成立以及实施的院系设置改革使得浙江大学顺利地完成了规模扩张与融合，无论是办学规模，还是综合实力都获得了大幅度的提升，在武书连的大学排行榜中近十年均保持第三名的成绩；而在英国《泰晤士报》发布的世界排行榜中，近十年来排名一直处于上升态势，这与浙江大学的学科发展水平、人才培养质量以及科学研究水平紧密相连的，其中院系设置也是功不可没。但是，志存高远的浙江大学并不满足于现状，而是不断致力于深化管理体制改革，以不断促进大学组织的高效有序运行，从而实现大学的本体功能。特别是2008年启动的“学部制改革”堪称是浙江大学内部院系管理体制上的又一次创新。

2008年6月，浙江大学出台了《学校内部管理结构和职能调整方案》，提出在农业生物与环境以及工学领域试点，最终将学校的学院进行整合与调整为九大学院的设想。经过了多番讨论，认为该方案过分强调了组织的管理职能，并没有着眼于学科发展与人才培养，不符合社会发展的新要求，于是否定了大学院制的设想，取而代之的是“大学部制”的基本框架。当年7月，浙江大学《关于调整和加强学部功能的若干意见（试行）》的实施标志着“大学部制”改革的开始。这次改革主要是将原有学院整合为七个“大学部”；同年，《浙江大学工学部章程（试行）》率先正式出台，从制度上明确了学部与学院（系）之间的关系、功能与职责的划分，之后，相继成立了工学部、人文学部、社会科学学部、理学部、信息学部、农业生命环境以及医学部等七大学部，下设20个学院，16个院级系，一个教学科研部。从学科与专业构成来看，七大学部涵盖了涵盖哲学、经济学、法学、教育学、文学、历史学、理学、工学、农学、医学、管理学等十一大门类，122个本科专业。

浙江大学设立“大学部制”的目的在于协调学科发展以及学院或者学系的工作，更好地进行学术分类管理，为实现教授治学提供坚实的组织保障。学部的组建是以涵盖学科之间的可整合性为原则进行的，因此，学部可以根据自身学科的基本特点，来制定大类学科的总体发展规划，组织协调下属不同学院或者学科的发展规划，构建交叉学科发展平台、资源共享平台，拓展学科空间，协调学科发展。

在学部内部的权力架构上看，“部务会议制度”是学部权力运行的基本制度。部务委员会设有正副主任以及党工委书记席位，所辖各学院院长以及直属学部的院级系的主任都是学部委员会的成员，学部委员会的主要职责就是共同商议与制定整个学部的发展规划与实施方案、制定学部的章程以及工作制度、审定重点建设项目方案、协调经费及相关资源的分配使用等重要事项。在学部的内部设有各种由相关学科教授组成的专门委员会，如学术委员会、学位委员会、教学委员会以及人力资源委员会等，分管了相关领域规划与制度的制定、评审、决定、推荐以及审议等工作。还有一些学部会根据自身的特点以及社会的需要设立与本学部学科特点一致的特色委员会，如社会科学学部设立了“国际交流委员会”来促进本学部的国际交流。四大委员会是学部履行职能的重要组织保障，还起到了一定的行政协调职能。学部内部有一个综合办公室，由专职人员负责日常事务。

5.2.2 华中科技大学的探索：不断完善的“学院制”

1）“学院制”的萌芽

华中科技大学是我国校龄较短的重点大学，首批列入“211工程”与“985工程”的高校之一。为了满足国内工业建设对人才的需要，1953年成立了华中工学院，创校之初只有机械制造、内燃机及汽车、电力和动力等四个系，8个本科专业。第二年，由于教学的需要，在第27次院行政会议上，学院决定成立24个教研室。其中一些基础性的教研室由教务处直接管理，如政治、体育、数学、物理、化学以及理论力学等教7个基础学科的教研室。这些教研室尤其是归教务处领导的教研室成为今天华中科技大学部分院系的雏形。到1962年12月底，全校共有机械制造系、电机工程系、动力工程系、无线电工程系、自动控制系、工程物理系和造船系等8个系，37个专业。

由于1949年之后大学的迅速扩张而引起教学质量的低下，所以在1961

年至1966年期间，国家对高等教育也实行了与经济领域相同的“调整、巩固、充实、提高”政策。1961年9月根据中共中央的《教育部直属高等学校暂行工作条例（草案）》（“高教六十条”）的指导方针开始建立正常的教学秩序，调整各方面的关系并对各系及专业进行了部分调整，至1962年2月，学校的专业减为18个，1963年为贯彻中央精神，从5月起学校逐步建立健全了研究生培养制度。在特定的历史条件下，此时期的院系设置带有政策指令性的特点，而院系的工作也较为稳定，基本没有新设或撤销各系。

1966年至1976年“文化大革命”时期，学校的教学活动受到严重破坏，部分院系组织受到较大影响，被划分得七零八乱。

随着1977年全国高考制度的恢复，学校各项工作逐渐展开和恢复正常，与此同时，旧的教学科研组织也得以恢复。随着科学技术的发展和整体化的发展趋势，新兴的边缘学科和综合性学科不断涌现，相对应的新的教研室和学系也如雨后春笋般建成和兴起。至1983年，学系由1976年的大约10个发展到20余个。

为培养高层次的专业人才，学校于1984年7月成立研究生院，成为国内首批成立研究生院的22所大学之一。90年代初为适应建立社会主义市场经济体制的需要，学校开始推行学院制，对学科实施改善、创新、拓宽及适应性增强等大的改革举措，少数学系开始从原有的院系中分化出来，如固体电子学系、电子与信息工程系等。至1994年，全校除了研究生院和成人教育学院两个学历层次不同的学院外建立了共三十个院系。

2）“学院制”的实施

研究生院与成人教育学院仅仅是学院制度的萌芽，但是，这种制度的管理模式启发了大学的管理者。由于大学规模的日渐扩大，大学的管理幅度也随着拓宽，原来的三十多个院系都有学校进行管理就会使得学校的管理层难以应付，因此，华中理工大学（华中科技大学的前身）从1995年开始就着手实施学院制的改革。到2000年底，华中理工大学将部分学科群相对完善的系升格为学院，但院系总量并没有大的变化。

在2000年5月，华中理工大学与同济医科大学、武汉城建学院合并，成立华中科技大学，由于院校的合并不但增加了专业，还增加了原来没有的学科，华中科技大学确立了以文理科为基础，以工科、医科、管理学科为主导，以信息学科和生命学科为龙头的学科建设思路，以此为指导华中科技大学进行院系学术组织的调整与归并工作。例如，重组原来的计算机学院、电信系与相关单位和研究所的产、学、研优势，建立了光电子与信息学院（非实体学院）；将土木建筑、环境等相关学科合并，组建了土木工程学院、建筑与城市规划学院、环境科学与技术学院；将数学系、物理系、化学系等3个学系纳入理学院（非实体学院）；将高等教育研究所、学校大学生文化素质教育基地、全国学位与研究生教育发展中心武汉研究基地、某高教杂志等单位合并组建为教育科学研究院等。至2000年底，学校的院系达到近四十个，涵盖了哲学、经济学、法学、教育学、文学、历史学、理学、工学、农学、医学、管理学等11个学科门类。

3）学院制度的不断完善

在这一时期，学校根据时代的发展和学校的学科优势对院系进行了进一步调整，大多数的学系升格成为学院，例如，在2005年原物理学系升为物理学院，化学与化工系升为化学与化工学院，原外语系升为外国语学院。此时期围绕“研究型、综合性、开放式的世界知名高水平大学”的目标，学校对各学科、专业和院系作了进一步的调整和规划，例如为整合人文学科文、史、哲三大学科门类，学校于2008年12月成立了国学研究院。至此，华中科技大学建立了数量极为庞大院系组织：机械科学与工程学院、船舶与海洋工程学院、软件学院、材料科学与工程学院、光电子科学与工程学院、经济学院、物理学院、外国语学院、公共管理学院、马克思主义学院、数学与统计学院、人文学院、医药卫生管理学院、计算机科学与技术学院、国学研究院、新闻与信息传播学院、建筑与城市规划学院、公共卫生学院、第一临床学院、第二临床学院、第三临床学院、电气与电子工程学院、基础医学院、教育科学研究院、生命科学与技术学院、法学院、能源与动力工程学院、药学院、国际教育学院、环境科学与工程学院、土木工程与力学学院、化学与化工学院、远程与继续教育学院、管理学院等

34个学院；电子科学与技术系、法医学系、护理学系、哲学系、控制科学与工程系、中文系、社会学系、电子与信息工程系等8个院级系；网络与计算中心、现代教育技术中心、工程实训中心、计划生育研究所、历史研究所、图像识别与人工智能研究所、体育部、大学生艺术团等8个院级建制单位，学院级别建制的组织已经达到50个之多。

经过近六十年的发展，华中科技大学已从建校时的仅仅四个系发展成为今天的近五十个院系，成绩是显而易见的，但是在这辉煌的背景还应该看到该校的院系组织发展存在一些不足之处：主要是院系数量不断膨胀，院系设置存在较大的随意性。而与华中科技大学特征相同的高校已开展大院大部制改革，如：清华大学现有学院14个（含医学院），浙江大学现有7个学部（含学院20个和16个院级系），上海交通大学现有学院27个和4个院级系，西安交通大学现有学院25个。而华中科技大学的院（系）数量明显高于这些兄弟高校，而且一些可以整合的院系没有整合，造成院系组织的叠加。可见，压缩院系数量、提高学科综合性已是大势所趋。

5.2.3 北京师范大学：探索中的“校中校”模式

1949年，根据我国教育事业发展的需要，北京师大的系科设置和院系名称也有所变动，院系之间也进行了局部的调整。家政系改为保育系，劳作专修科改为美术工艺系，语文专修科并入图文系，音乐系扩充为音乐戏剧系，内分音乐、戏剧两个专业。体育系改为体育卫生系。中国大辞典编纂处并入师大。1950年，外语系改为俄语系。原北京大学教育系大部分教师转入北京师大教育系，1951年，国文系改为中国语文系。1952年，保育系并入教育系，教育系分设学校教育和学前教育两个专业。到1952年院系调整前，共有中国语文、俄语、历史、地理、数学、物理、化学、生物、教育、体育卫生、音乐戏剧、美术工艺十二个系。

至1952年底院系调整时期，党中央提出了党在过渡时期的总路线，从1953年起，我国进入第一个五年计划的建设时期。为了使高等教育适应大规模的、有计划的社会主义建设的需要，根本改变旧中国在学校设置和分布，以及系科分工方面的无政府状态和理论脱离实际的情况，学校按照党中央和国务院规定的“以培养工业建设人才和学校师资为重点，发展专门学校，整顿和加强综合大学”这一总的方针，进行了院系调整。

1952年春，中国人民大学的教育学研究室和教育专修班并入北京师大。同时并入的还有燕京大学的教育系。同年暑假，辅仁大学与北京师范大学合并。院系调整后，根据全国教育发展和高等师范本身发展的需要，确定北京师大在国家第一个五年计划期间，除培养合乎规格的中等学校师资外，还要为高等师范学校培养师资。为此在招收四年制本科生的同时，还举办了培养高师师资的研究班。从1952年院系调整，到1957年以前，北京师大院系学术组织设置的一个重要特点，就是全面向苏联学习，进行系统的教学改革。院系调整后，北京师大大力贯彻党中央关于改革旧教育和学习苏联的指示，开始全面地学习苏联。新的教学计划的制定和执行，改造了旧教育系科设置的混乱和因人设课等不合理的现象，使教师进一步树立全面观点，有利于培养专门人才。

1980年下半年至1982年，在进行校、系两级领导体制改革的过程中，注意到划分校、系两级的权限，适当地扩大系（所）办学的自主权。在教学计划的改革和重点学科的建设方面，进一步地明确了培养目标和规格，对课程体系、教学方法、学制年限和时间安排等，进行了必要的调整和改革，制定出一个相对稳定的本科教学方案。按照新的教学计划，本科生的学制，中文系、外语系俄语专业、生物系生化专业、无线电电子学系从1981级新生开始，试行五年制，其他系和专业的学制，仍为四年。新教学计划要求各系各专业注意加强基础课程，创造条件开出本专业所需要的质量较高的新课程，努力填补缺门。

至2002年，这一时期北京师范大学通过深化学校内部的管理体制改革，实现了“学校—学院—学系”三级管理以及“学校—学院”两级管理的体制。此时16个学院中有三种类型：一是已通过调整、改革实现了“校院系三级组织、校院两级管理”模式，如生命科学学院、信息科学学院、经济学院、教育学院、汉语语言文化学院、管理学院等，由学院决定本单位的教学、科研、学科建设等重大问题，学院所辖的各系是在学院领导下的教学、科研的基本单位。二是有些学院还未过渡成为实体性的学院，如文学院、理学院、应用科学与技术学院、资源与环境学院、田家炳教育学院等，下辖的系（所）的业务工作和人事管理等仍直接由学校领导，系（所）仍是一级管理单位。三是专门负责成人高等教育、职工进修的继续教育学院、教师培训学院、教育管理学院、网络教育学院、高等职业技术学院等的教育工作。

北京师范大学设立了包括教育系、心理学系、物理学系、无线电电子学系、生物学系等在内的15个学系，21个专业。外语系有英、俄、日三个语言专业，教育系有学校教育、学前教育专业，生物系有生物、生化专业，物理系有物理、核物理专业，另有一个国书馆学专业。还有马列主义毛泽东思想、教育科学、外国教育、史学、古籍、低能核物理、现代教育技术等研究所。

我们以北京师范大学教育学部为例来看，这种“校中校”的运行模式。教育学部是整合了原有的教育学院、教育技术学院、教育管理学院、首都基础教育研究院、教育部质量监测中心、农村教育与农村发展研究院、首都教育经济研究院等多个学院而成立的。显然，这种组织的建立逻辑是学科之间的相关性与可整合性。这种学部制并不同于浙江大学的学部制，“浙江大学的学部定位是学术分类管理的平台，教授治学的有力载体，受学校委托协调所辖学院（系）工作的组织机构。与作为一级行政组织的学部制的差别在于其工作职能是协调而不是直接管理。当然，这里的协调也只是学部承担一些阶段性的协调工作，这种学部制的模式可以理解为一种中间模式”[①]。而北京师范大学的模式不仅仅是一种协调功能，而是一种管理层级，在学部中设有主任职位，全面行使管理学部内部的行政权力，学部内部的各个学院院长的权力受到学部主任的限制，并对学部主任负责，学部主任拥有统筹学部内不同学院的人事、财务、学生管理等各方面资源的权

① 邹晓东，吕旭峰．研究型大学学部制改革的动因、运行机制及发展走向 [J]. 浙江大学学报（人文社会科学版），2015（5）:5—11.

力，这种模式实质上类似于“校中校”，学部成为大学校内部不具有法人资格的“内设学校”，它将行政管理与学术管理职能兼为一身，改变了以往管理权高置于学校层面的状况，权力的下移可以更好地发挥基层组织的积极性，也能更好地整合教育类学科力量，容易形成学科优势。这对于以师范教育为特色的北京师范大学来说，教育学部的成立自然能够更好地彰显其师范特色。北京师范大学的教育学部的优势不但能在管理效率上得到体现，更能在学科交叉与融合、优化资源等方面提升效率。

5.3 大学院系学术组织设置的反思

5.3.1 我国大学院系设置的共性特征

通过对上述三个研究型大学的院系设置变革进行梳理发现，这三所大学属于具有代表性的研究型大学，而且院系设置的三种模式具有一定的代表性。尽管院系设置的形式不一样，但无论是哪一种形式，他们之间总是存在一定的共性。

1）院系设置越来越顺应了学科的综合化趋势

案例高校的院系设置方式尽管有很大的差异，但是，这种差异也仅仅是形式上的差异，是院系设置多样性的表现，尽管院系设置方式的转变并不是某单一因素影响的结果，但是其设置院系的核心逻辑依然以学科的发展以及管理的逻辑为主线。从三个大学的院系设置发展历程来看，都是由原来的系发展到学院与系并存，并且学院大多数横跨了多个学科领域，并且学科的发展相对比较平衡，其核心学科以及相近的学科发展基础比较好，学术水平与师资都有很强的优势，并且在学院中还有若干强势学科存在，学院中的核心学科与其他相近学科构成了一个从中心向四周扩散的星形结构，不同学科之间通过交流，互相提供学科发展的动力，在学科的共生与互动中双向滋养。而在一些学科群不是很明显的领域，往往设置的是院级系（具有学院一级的管理权限），如华中科技大学还有这种学科发展态势，虽然不一定完美无缺，但是至少顺应了学科的综合化趋势，也表明了我国研究型大学在院系设置方面的有益探索。

2）学科的综合程度还需要进一步加强

尽管这些高校在院系设置的过程中越来越重视学科的综合，但是，就目前的现实来看，学科的综合化程度还不够高。学术界认为："学科的宽窄度、关联度和认受度，将大学分为单科性大学、多科性大学和综合性大学；依据学科体系中主干学科和强势学科的不同，将大学分为综合性大学、理工大学、人文大学和其他四类。将大学学科分为主体学科、主干学科、支撑学科和特色学科，四种学科比例的不同反映了学科关联度的不同。"① 学科的宽窄度表示学科规模的大小，既可以从宏观上反映所涵盖的学科幅度，还可以从微观上作为测算学科密度的指标；而学科之间联系的紧密程度或者相关性是学科交叉与融合的重要基础，也决定了能否夯实原有学科与发展新学科的可能性，其指标往往用学科的关联度来表示；而学科"认受度"直接反映学科发展的水平与层次。

但是，从三所大学的院系设置情况来看，北京师范大学与浙江大学的院系设置中总体涵盖的是10个学科门类，华中科技大学涵盖5个学科门类；三个大学分别涵盖33、41以及24个一级学科。北京师范大学的学院数为19个，院级系为6个，14个研究院 / 所；浙江大学的学院数为20个，院级系和研究所为16个；华中科技大学的学院数为35个，院级系、研究所（中心）数为15个。但是，院系的学科门类分布不均匀。根据陈娜的计算与分析表明：三所大学院系的学科中，"除农学占的比例比较低（0.96%）以外，人文社科（30.78%）、理学（15.82%）、工学（25.22%）、管理（11.08%）和医学（16.14%）等五大类学院的比例比较平衡，学科发展趋向均衡。学科发展方向特征明显，都在保持其原有学科优势的同时，努力发展其他学科。学科分布尚不均衡，综合化水平还有待进一步提高。"② 同时，院系设置中，传统的学科过于集中，院系设置的模式有趋同性，特色性的学科不

① 陈娜 . 综合性大学学院设置规范化研究 [D]. 暨南大学 ,2016:35.

② 陈娜 . 综合性大学学院设置规范化研究 [D]. 暨南大学 ,2016:41.

是很明显。

3）院系数量过多，过于追求形式

三所大学的院系数量远远超过国外名牌大学的院系总数，在学生数一定的情况下，院系规模与学科容量成反比例关系，如果无限制地扩大了院系的数量，就会导致单个院系涵盖的学科数减少，不利于学科的交叉与融合，最终抑制新学科与交叉学科的产生，还会窄化院系的拓展空间。尽管一些学院包含了数量较多的学科，但这些学科的相关度不高，学科综合的优势很难得到发挥，学科难以群集、交叉与融合，出现各学科“并而不合、各自为政”的局面。另外，院系设置的自发性与规范性不高，院系合并、增设的标准不是确定的，也是其中一个不足。

5.3.2 我国大学院系学术组织设置必须重视的几个问题

我国大学的院系设置改革在近二十年相对比较频繁，其中有成功的经验也有失败的教训。特别是我国的研究型大学的院系设置变革更为频繁，其历程充满了艰辛与曲折，从现实效果以及运行中的情况来看，笔者认为至少有以下几点值得我们在今后的院系设置改革工作中重点予以关注。

1）要紧紧抓住大学院系组织变革的实质进行改革，否则会使大学的院系在改革中异化

大学院系学术组织设置改革的核心目的就是要促进学科知识与学科体系的深化，不断创新知识。可以说，现代大学之所以能推动社会历史向前发展是因为大学不断地通过对高深知识的探究，促进学科知识的发展并使之日益学科体系化，从而丰富人类的知识，并在知识进化过程中不断塑造出人的创新能力。现代大学已经开始在社会引领方面发挥着越来越重要的作用，这也促使我国大学不得不面对日益复杂的经验世界。从知识论的观点来看，知识本身也是一个经验的世界，由于人的多样性存在以及活动空间的拓展而使经验世界日益多样化，在这种背景之下，大学本身的知识谱系就很难完全顺应社会实践的发展步伐。因此，大学如何与时俱进地完善和丰富自身的知识谱系，使之在内容上与社会知识之间存在对接性，就成为一个时代的主题。

面对复杂的世界，大学的知识谱系必须具有高度的灵活性以及与社会的统一性。那么，什么是统一性呢？这里的统一性就是指大学的知识谱系无论是形式安排还是实质要素都应与知识社会的基本属性达成一致，并体现着大学自身知识谱系的独特个性；而灵活性就是大学中的知识分子拥有自己独特而不拘一格的探求知识的方法，在自己的知识探索领域可以挥洒自如，独立而具有个性化地整合不同知识之间的逻辑关系，不但可以不断地发现和创新探求知识的方法，还可以不断地拓展探索知识的领域，并通过独立思考而生长出与众不同的观点，但“凡在学术思想上有重大创新的研究基本都是跨学科的，而且任何一门学科在其产生时也几乎都是跨学科的。”[①] 世界著名大学的经验表明，要想真正实现高等教育的跨越式发展，就必须在大学的不同学科领域产生具有世界性影响的大师，这些大师无不是产生于综合性大学，也无不是跨学科性的大师。因此，我国大学的学院设置必须紧紧抓住院系设置的本质，只有从本质入手，才能更好地找到问题的突破口，也能更好地保障院系改革的方向，更能真正地使大学完成自己的历史使命。如果对大学院系学术组织设置变革的本质把握不准，就可能会使大学异化为一种纯行政化的机构，脱离大学的学术特性。

2）院系设置改革需要关注不同大学的文化

组织是文化的载体，每一个组织都有自己的文化，组织文化也是组织维持稳定性的一个重要因素，同时，在组织变革的过程中原有的组织文化也会对组织变革产生阻碍作用。不同的大学在办学历史、办学理念、地理环境、学科优势等方面都会存在一定的差异，而这些差异就会形成这些大学的不同文化特色。文化传统是文化的积淀的结果，在某种程度上也是文化固化与凝固的结果。文化的这种凝固性也是改革的阻力。正如英国著名教育家阿什比说过的“任何类型的大学都是遗传与环境的产物。”[②] 在世界著名大学中，洪堡大学就是以“教学与科研相结合”的文化理念而成为“世

① 张师伟，吕润平．我国大学中的学科群与学院设置 [J]. 法学教育研究（第五卷）:31–46.

② [英]阿什比.科技发达时代的大学教育[M].滕大春,滕大生，译.北京:人民教育出版社,1983:7.

界现代大学的楷模”；美国威斯康辛大学长期以来所奉行的实用主义文化成就了该大学的特质；牛津大学沿用了数百年的学院制与导师制进一步推动了牛津大学成为世界大学的霸主，而被世界津津乐道。因此，我们在进行大学院系设置改革的过程中要对文化传统不断继承和扬弃，对环境不断适应与改造，在发展中形成新的大学文化。所以，院系设置改革必须充分考虑到不同大学的文化适应性，要根据自己的实际情况进行有针对性的改革，而不要追求“标准化”。

因此，研究型大学的院系设置应该有一种开放的心态以及个性化的思想，将多样性作为院系架构设置以及相关政策制定的基本准则，理解不同学科之间的异质性、不同大学之间的历史特点，即使是在院系章程与管理模式中也不一定要用统一模式，可以探索“一院一制”，即不同院系用不同的管理模式，这样就能充分尊重学科的差异性。但是，这种“一院一制”也会使得院系之间的差异性被放大而增加了学校院系设置与管理的复杂性，这就需要管理者运用智慧在院系的运行过程中逐步加以调整与完善。

3）能否正确处理学科发展矛盾是决定院系组织变革成功与否的重要因素

任何事物都是矛盾的统一体，学科的发展也不例外。就学科发展本身而言，它有四组矛盾：学科知识发展的无限性与学科组织容量的有限性之间的矛盾；学术生态环境的共生性和学科发展的非均衡性之间的矛盾；学科发展的开放性和学术组织的封闭性之间的矛盾；学科发展的渐进性与学术组织跨越式发展之间的矛盾。辩证唯物主义的基本原理告诉我们，矛盾运动是事物发展的基本规律，只有准确地把握矛盾，利用规律才能促使事物的发展。但是，如果对事物的矛盾把握不准确，就会使事物的发展朝着另外的方向发展。在大学院系学术组织设置中，能否正确处理其中的主要矛盾成为改革能否成功的重要因素。

基于以上矛盾，我们在开展院系学术组织变革的时候就必须根据已有的学科基础与传统优势，结合社会的需要进行灵活调整，以长远的战略思维来发挥优势；院系设置的时候既需要考虑学科生态的和谐性，还要考虑不同学科领域之间的可交融性，这样才能促使不同学科的交融，产生“边缘效应”。因为，我们知道任何学科都不是孤立的，总是和其他学科发生联系，并且会在这种联系中发生交叉与渗透，会形成学科网络和学科群。不过，我们也需要注意关注不同学科发展的非均衡性，切忌扶植此学科而削弱彼学科的错误行为；院系设置的时候我们既要关注学术共同体的范式差别以及学科界限，也要在划分学术权力界限的时候，不能过于僵化，否则就会造成学科的过于封闭而阻碍学术流动，而是通过建立开放性的院系运行机制来促成学术的交流，以竞争姿态来享受学术流动带来的智力碰撞；院系设置的目的就是为了促进知识的分化与学科的发展，但是，任何组织的变革仅仅是对学术发展起促进作用并不是决定性作用，我们要尊重学术发展的基本规律，更要根据学科发展的规律为学科的外在发展提供组织上的支持。

4）注意正确处理院系内部的利益冲突问题，实现激励与约束兼容

在某种意义上说，院系实际上是跨学科学术组织，在其内部存在不同学科之间的冲突。我国目前实行的是国家学科制度，主要包括学科分类制度和学科审批制度。国家颁布的学科目录发挥着学科管理功能，大学的学科建设必须在学科目录下通过国家学科审批才能进行。只有在取得学科建制的前提下，学科建设和发展才能获得国家的资金支持、编制岗位和人员配备。在我国现行的刚性学科分类制度之下，交叉学科及相应的跨学科研究，其学科归属始终处于悬置状态。作为一种竞争性资源授权，我国大学学院中的跨学科学术组织往往以项目形式自上而下推进，表现出强烈的国家导向。项目制的运行嵌入在原有的科层体制和制度环境基础上，由此重构政府、院校和学术组织三者的协作关系。但我国的学术支持体系长期以刚性的学科化和效率文化为导向，科层化、行政化的学术资源分配模式难以改变，大学院系学术组织因在政府和院校两个层面面临诸多制度和环境冲突而被逐渐软化。

利益冲突常常使组织陷于一种无法有效运行的困境，因此，避免利益冲突对于任何一种组织来说都是非常重要的。对于大学的院系组织而言，也是如此。大学不仅仅是一个研究和传授知识的场所，在一定程度上也是一个“名利场”，大学的院系也不可能置身世外。无论是知识分子还是普通百姓，对于关乎自己生存和发展的各种利益，很少有人会无动于衷的。在大学的院系内部，不同的教学科研人员有着不同的职务、职称和资历，他们之间的关系是否平等，直接影响了不同人才脱颖而出的机会；还有，不同学科的学者有自身的学科情结，如果将一些学科组合在一起组成院系，可能会使一些学科失去了原来的地位。因此，在院系设置的时候很可能会引起各种利益的冲突。

因此，在进行院系设置改革的时候就要建立院系组织的激励兼容机制。有很多大学建立了科研奖励制度，规定教师在不同级别的刊物发表学术论文可以获得数额不等的奖金。这种做法本来是为了激励教师努力出科研成果，但是在实际中就出现了“重论文发表、轻成果转化”的偏向；再如，课题经费实行的是负责人自由支配制度，但是却很容易出现负责人将经费随意挪用到其他领域的弊端。这种弊端不除，就会使科研经费发生漏损，科学研究就会受到损害，对知识的深化和学科的发展很不利。因此，在院系内部的运行机制中要考虑多方面的问题，实现激励与约束兼容，否则就会使院系偏离预期目标。

跨学科学术组织的成长逻辑与生态学治理

当前，“双一流”建设的核心在学科，而一流学科主要体现在师资、科研成果、学生与学术声誉等四个维度上的卓尔不群。综合起来看，师资与学生都是依赖于学术组织而生存与发展，科研成果与学术声誉都是依托学术组织而产生。因此，建设高水平学术组织是我国“双一流”建设的重要任务之一。

1960年代，美国科学家温伯格（Steven Weinberg）与普莱斯（D.Price）提出，现代科学的硬件设施、规模以及在社会经济中的作用已经远远超过了近代以前的任何科学，它的“大规模性、面貌一新且强而有力使人们不得不以‘大科学’一词来美誉之。”[①] 进入新世纪后，以信息领域与新能源领域等为代表的新技术与新产业强劲发展，标志着世界正在从小科学时代向大科学时代转型。学科协同、渗透与融生是大科学时代知识发展的重要趋势与特征，大学跨学科学术组织是突破传统的以单一学科为中心的院系组织形式，实现以跨学科知识生产活动为核心特征的学术组织。理解和把握跨学科学术组织的成长机理，有利于我国跨学科学术组织的发展与创新。

6.1 大学跨学科学术组织的成长逻辑

知识性是学科的核心内涵，学科的差别在于知识体系的独立性，学科的发展与演变过程就是知识的分化、融合与生长过程。学术组织的演变与

① （美）D. 普赖斯 . 大科学小科学 [M]. 北京：世界科学出版社，1982：3.

学科发展具有很强的关联性，对学科融合生长内在机理的把握实际上就是对跨学科学术组织的成长机制的把握。

6.1.1 大学跨学科学术组织的成长逻辑

（1）学科融生：大学跨学科学术组织成长的逻辑起点

学科既是某一领域的知识体系，又是某一研究领域内的知识活动，使从属于科学系统的一个子系统，并且这个系统是一个由知识层、认知图式层与价值观层等共同组成的复杂系统。学科的产生与发展不但是某一特定领域知识边界的形成、拓展或内涵的深化，而且会使学科认知图式与价值观发生变化。可以说，学科的演变实际上就是知识、认知图式与价值观等函数的变化。

学科的交叉与融生是两个或多个学科在特定社会环境中就某一问题的解决而产生的非线性作用关系，它存在程度或层级的递进关系，其中最为浅层的学科交叉就是知识层面的交叉，表现为不同学科的知识通过简单的叠加或组合后使问题得到解决或者产生新知识；第二层级是认知图式层面的相互交叉与融合，主要是异质学科的认知图式在解决问题的过程中得到灵活应用，特别是不同学科的认知图式经过交叉、渗透与重组以后出现了方法、观念、知识等方面的创新；第三层级是学科价值观的交叉与融合，即不同学科的价值取向、信念和追求发生全方位的交叉与融合后，生成影响学者知识活动行为的新的价值观，此时，学科就发生交叉之后的融合与生长。当然，学科的融合过程不完全是单一函数的交叉，还可能是表现为三种函数的混合交叉。

学科发展过程中知识、认知图式与价值观三个关键函数的交叉与融合必须通过学者们的学习交流与科研方可得到实现，说到底，学科的交叉与融合就是“学者之间的综合与协调，即智能互补”。在以个人或小团体的自由研究和竞争性研究为主的“小科学”时代，学科的交叉与融合的主要途径是在博学多才的学者个体内部发生知识、认知图式和价值观的碰撞与交融。但是，在分工十分精细、专业化程度超强的“大科学”时代，人类知识呈现出几何级数的增长态势，个体不可能有足够的时间与精力拥有多门异质性学科的知识、认知图式与价值观，学者们通过“知识互补型的合作”进行科学研究是必然趋势，研究者的合作就可以构成一个自组织系统，学科的交叉与融合主要是通过学者在这个自组织系统中实现的。因此，实现学科融生就必须使学科知识、认知图式与学科价值观各异的学者形成组织化的合作、互补与协同团体。

（2）学术使命：大学跨学科学术组织成长的动力源泉

组织使命是组织存在和发展的动因与前提，它承载着组织最深刻的责任，学术使命是学术组织进行学术活动时所要完成的重大责任与任务，是对学术组织与学者的方向指引。韦伯认为，学术使命至少包括功利使命、方法论使命与理性使命。任何组织不可能在真空中生存，因此，学术组织的功利性使命就是需要得到一定的技术知识以满足组织内部或外部的物质需要；而方法论使命就是要在面对新问题时产生新的思想、新的研究方法与工具；理性使命就是要通过学术研究培养人们的理性选择能力。

从跨学科学术组织内部来看，为了完成先天的学术使命，在面对日益综合与复杂的自然科学和社会科学时，大学学术组织不得不引进新的学科力量来合作研究，客观上导致了组织从单学科结构不断向多学科或跨学科结构演进。在此过程中，不但通过各种知识的协同而创新了综合性的科学理论与学科，还催生了交叉学科或横向学科的发展，这种“意外收获”成为跨学科学术组织成长的内在动力以及促使跨学科学术组织有序生长的“内部序参量”。赫尔曼·哈肯（Hermann Haken）认为，序参量是由子系统之间的合作而产生，反过来，序参量又对子系统的行为起到支配作用，进而控制整个组织的成长过程与发展结果。因此，序参量是组织有序成长状态的反映。[①] 在这个过程中，组织内不同学科通过相互协同不断诱发和产生新的学科，加速了学科交叉与融合，这就是跨学科学术组织的“自组织”成长逻辑。

---

① （德）H·哈肯. 协同学引论 [M]. 北京：原子能出版社，1984：41—43.

从外部来看，由于组织发展需要从外界获取资源，跨学科学术组织必须为社会解决综合性与复杂性现实问题，这成为跨学科学术组织成长的外部动力源，也是其有序发展的“外部控制参量”。这些“外部控制参量”促使跨学科学术组织通过学术活动将自身一些与外部环境相悖或不适应的学术行为进行“自然筛选”，从而规范自身的学术行为，实现有序发展，这就是跨学科学术组织的“自适应”成长逻辑。

（3）组织公平：大学跨学科学术组织的效率保障

大学跨学科学术组织聚合了同质或异质的学科，“不同学科之间构成了和食物链极为相似的服务供应链关系或者价值交换关系。”[①] 因此，在组织资源有限的情况下，它们之间存在一定的生存竞争关系，甚至是恶性竞争关系，从而使不同的学科之间的协同效应减弱，导致整个学术组织的效率降低。奥尔森的组织行动理论认为：“除非存在强制或其他特殊手段以使个人按照他们的共同利益行事，有理性的、寻求自我利益的个人不会采取行动以实现他们共同的或集团的利益”，[②] 这说明跨学科学术组织中不同学科的学者之间存在动机博弈和行为选择，这会造成学术组织效率的降低。跨学科学术组织中多种学科共存使组织存在多元“帕累托最优解决方案”，那么，如何在不破坏内部激励的情况下使各个学科都能实现最大的价值呢？这就需要组织公平来保障，即要在组织利益分配时对不同学科的行为能力进行评价。组织公平包括实质公平与程序公平，前者是指分配公平，即将有价值的资源在不同学科中进行公平分配；后者就是指决策过程与分配规则应该公平。

组织公平对于跨学科学术组织效率的提升具有根本性的意义。首先，组织公平可以使不同学科之间更容易形成相互信任、相互欣赏的关系，这恰好是组织学习的基础性条件，可以增强整个学术组织获取知识、传递和转换信息、组织记忆等方面的学习能力。其次，组织公平可以实现不同学

① 赵新亮．大学内部治理能力现代化的权力运行机制 [J]. 重庆高教研究，2015，（1）:10—15.

② （美）曼瑟尔・奥尔森．集体行动的逻辑 [M]. 陈郁，等，译．上海：上海三联书店，上海人民出版社，1995：2.

科对组织内互补性资源的共享。大学跨学科组织中不同学科之间既不是企业中的利润竞争关系，也不同于科层组织中的上下级关系，而是以合作关系为导向的，当所有的学科都能得到公平的资源分配时，各方就会更加强调相互合作关系的持久性，也更容易缔结成系统性结构，从而实现组织内技术、信息与管理等互补性资源的共享与利用效果的乘数效应，学术组织的效率自然可以得到保证。第三，组织公平可以提升学术组织对环境的敏感性与内部变革的活力。外部环境的不稳定性会影响学术组织的行为选择，新制度经济学创始人之一的奥利弗·威廉姆森（Oliver Williamson）认为，外部环境的变化也可能来自于组织内部，如知识或技术的迅猛发展使组织内原有的相对平衡的协同关系被破坏，此时就会“倒逼”组织重建治理结构以适应这种变化。当跨学科学术组织的公平性较高时，外部环境的变化就会通过组织成员对资源的动态分配表现出来，而不会对组织内各学科的原有联结关系产生较大冲击，从而在动态中保持学术组织的效率。同时，这种对外部环境的敏感性可以使组织对环境做出迅速的反应，及时调整组织内部的学科权力分配。

6.1.2 我国大学跨学科学术组织成长的障碍

大学跨学科学术组织是多种学科汇聚的组织依靠，其目的在于使不同学科的思想观点、方法和知识相互协同交叉，以形成解决特定科学问题或社会实践问题的新方法。但是，目前由于组织内外部的诸多原因使得大学跨学科学术组织的成长存在一些障碍。

（1）不同学科范式之间的通约性障碍

学科范式是学科独特性的标志，学科语言、认知图式以及学科价值观念体系是构成学科范式的主要要素。大学学术组织中学科范式难以通约的现象主要表现在语言、认知图式与学科价值体系三个层面。

学科中的知识概念、定理或定律既是学科开展知识活动的基本资源，又是学科知识活动的产物。所有的知识活动是“人—世界”与“人—人”互动的双重统一，在这种互动中，学科语言是重要的中介。学科之间的交叉与融生的首要表现就是学科语言的交叉，因为学科在交叉与融合过程中所需要的交流能力无法回避学科语言问题。由于不同学科在描述客观世界时所采用的语言体系具有专业性或不可通约性，即不同的学科语境使同一词汇的内涵存在差异，在大学跨学科学术组织中，不同学科成员之间的交流就可能存在语言的障碍，特别是那些理论化与规范化程度相对较弱的学科，更可能会在使用非本学科语言时产生概念的偏差甚至滥用，危害学科的交叉与交融。

不同学科在开展知识活动中会逐步形成一套为学科人员都能接受的方法体系，并以此作为解决特定问题的工具，因此，认知图式具有明显的学科特色。大学跨学科学术组织中不同学科的学者相互交往与合作过程中，他们的方法论基础、思维模式、行动方式就会带着明显的学科特色，即在认知类型上存在差异。这种特色型差异往往在短时间内达到组织内的普遍认同，甚至还会认为异质性学科的认知图式“做法古怪、不恰当甚至是不合常理的”。[①] 特别是学科专业化发展的趋势就是学科的关注点日益狭窄，其认知图式的可通约性也就会越来越差，与其他学科的沟通与交融性就会减弱。

科学活动不仅仅是知识的认知过程，更是一个文化价值活动过程，不同学科在这一过程中会逐渐形成特有的学科文化，并搭建起具有学科特性的学术价值体系，这种价值体系影响并约束着这一学科中的所有个体。跨学科学术组织中不同学科的成员很难在短时间内达成一致性的学科价值观，所以，在学科合作过程中，一旦其基本的学科价值观出现了分歧，他们就有可能在研究对象的确定、方法论的选择、信息的筛选等方面发生冲突，而这种冲突一旦让某一学科感到压力重重或焦虑万分的时候，他们就会失去对新形势的兴趣与信心或者选择退出合作，损害跨学科学术组织“内序参量”的有序运行。

（2）外部制度环境的正面牵引性差

大学跨学科学术组织的外部制度环境不足首先表现为我国学术管理体

① 乐国安 . 西方社会心理学新进展 [M]. 广州：暨南大学出版社，2004：17—21.

制与机制的滞后性。当前，我国大学学术组织基本是以学科或专业为基础进行设置的，还有些学术组织并非真正地承担学术职能，如教研室、系等学科组织实际上承担的是教学行政组织功能。高校经过多次内部治理也没有改变学术组织的科层结构，更可惜的是，在这种以学科或专业为基准的“条块式”学术组织中，不同学科的分属于不同学术组织，不但在学科目标与学科利益上存在不一致性，还使学科之间形成封闭与保守的隔离局面，学科视野与学科资源难以得到拓展，学科的交叉性差。

由于“路径依赖”与“思维惯习”的影响，我国各级政府投资实验室或工程中心等学术资源性的分配方式都是以单一学科为单位，出现资源共享政策缺位的现象，造成这些学科交叉平台不能很好地发挥作用；在课题基金的设置中也多是根据学部划分、按学科进行申报，多学科融合性课题过少，一些交叉学科课题往往得不到传统学科评审专家的认可。

尽管我们开始重视跨学科学术组织的建设，但是在激励评价机制建设方面明显滞后，如凸显了对个人评价与物质性激励，忽视对团队评价与发展性激励，忽视对学术组织的分类评价体系。如对跨学科学术组织中的学术成果评价强调“署名排序”，甚至只对“排名第一”的学者进行激励，这样会导致跨学科学术组织中“学科本位主义”的形成，使激励评价制度对跨学科学术组织的成长形成“反向牵引”作用。

（3）组织内学科权力生态结构不平衡

大学跨学科学术组织是一个多学科共存的复杂生态，不同学科在组织中的权力地位不可能是均等的，这种不均等只要能达到均衡与稳定就是合理的。亚当·斯密人们在市场行为中有一只“看不见的手”来提升资源的配置效率，隐喻人们对自身利益最大化的追求，实际上在跨学科学术组织中学术人的行为与组织制度运作的背后也有这只“看不见的手”在发挥作用。波兰尼指出，独立学者在进行科学研究协调的时候，就和市场机制中买卖双方通过价格机制而达成一致的情形相类似。很多人认为，跨学科学术组织中的这只“看不见的手”就是专业标准、学科范式、组织规则与制度，“看不见的手”之所以能够发挥作用就是组织中学科权力的分散。学科之间的权力差异使它们在跨学科学术组织中参与利益竞争或利益冲突的时候存在目标差异与路径差异，而跨学科学术组织需要理顺和整合不同学科之间的权力关系，构建稳定而高效的具有生态意义的组织生态环境。不过，学科范式的存在会导致不同学科会不遗余力地维护本学科在组织中的地位，所以，在跨学科学术组织中每个学科都会借助于自己的学科权力而尽力拓展自己的利益边界，导致跨学科学术组织中学科权力呈现出非对称分布的格局，不同学科在争夺利益的时候发生冲突。

这种冲突表现为不同学科对师资、经费、设备等资源最大化的争夺，以此来提升学科内部成员对本学科的认可度与忠诚度，这样就进一步强化了组织内的“学科主义倾向”，学科之间的门户界限越来越明显、不同学科之间的权力冲突也越来越频繁和激烈。如在很多大学的一些跨学科学术组织中，“领头人”所在的学科就是组织中最为强势的学科，其他学科就有可能处于被控制的地位，而一旦“领头人”发生更替，组织内的学科权力以及组织的研究旨趣也会随之变化，产生新的学科冲突格局。学科冲突实际上在很大程度上增加了组织的“能量内耗”，势必影响组织的成长。

6.1.3 大学跨学科学术组织的创新

大学跨学科学术组织是一个学科聚集、权力结构错综复杂的系统，学科权力的非线性结构使得组织的创新需要从组织内部和外部多角度进行综合治理，降低外在环境对组织的约束，同时释放组织内部的活力。

（1）加强国家政策的“顶层设计”，优化大学跨学科学术组织创新的外部环境

加强国家的战略引导与政策支持。中央政府要根据社会经济发展以及民生需要制定跨学科研究的国家战略，如“美国的科学、技术、工程和数学计划（STEM）、研究生一体化教育与研究计划（IGERT）、欧盟的多学科博士计划等”；[①] 国家要制定对跨学科研究的长期规划与保障性政策，确保

---

① 张炜，邹晓东．我国大学跨学科学术组织发展的演进特征与创新策略 [J]. 浙江大学学报（人文社会科学版），2011，(6)：59—66.

跨学科学术研究的参与者、投资者、利益相关者等能得到公平合理的利益回报；制定具体的激励性政策体系鼓励大学跨学科学术组织创新，如将科研资助的重点应该放在解决科学问题而不是学科上，改变以学科为归属的申报制度，设立综合交叉科学部，对跨学科研究项目进行优先立项资助，增强对经费预算的灵活性与长期性；鼓励建立跨学科学术网络，如支持成立相关的专业协会、鼓励出版相关学术著作、学术杂志或成果专辑等。

创新国家科技管理体制机制。当前我国“条块化”的科技管理体制机制过于垂直单一，在面对科技日新月异的外部环境时，这种管理模式会导致层级链的负荷过重，光靠高层管理人员很难对环境变化做出迅速反应，加上“条块分割、各自为政”的管理格局使资源分散，难以集中优势资源应对新局面。因此，需要建立扁平化矩阵式的管理模式，打通科层制带来的信息传导阻隔，提升层级反应速度；特别是管理者不能“利用信息来控制员工，而是根据具体的任务或工作流程来组织团队……柔化部门和学科之间的界限，增强学科的交叉能力”。[①]

建立跨学科学术研究平台及其共享机制。国家应以973计划、863计划等重大研究项目为依托，支持和促进大学建立国家实验室与工程研究中心等跨学科研究平台，建立独立的实体化跨学科研究机构，推动学科交叉与新兴学科的发展；通过共建虚拟研究中心、网络化实验室、虚拟学术团队等方式加强大学之间、学科之间的合作交流；可以通过各级政府或大学“统一建设、租赁使用”的方式在学科、校际之间建立核心设施和研究资源的共享机制；建立国家科研数据库，对国家重大项目的相关数据实现共享。

（2）发挥教育行政主管部门的指导与评价作用，缩短大学跨学科学术组织的创新周期

加强教育部的业务指导。教育部作为大学的行政主管部门与业务指导部门应着力引导大学学术组织从传统的单一模式向现代的跨学科模式或多学科模式演变。根据我国改革开放以来经济与社会变革的经验，对大学学

---

① 张卫良．论大学“创新团队”的合规律性建设[J]. 现代大学教育，2005，(1)：87—92.

术组织采取渐进式的增量变革方式，即以某一学科为基础逐步根据科研需要而逐步增加新的学科，并且不同学科之间形成矩阵式结构；根据组织内不同学科的内在知识价值与科研对象的紧迫性为标准来创新组织内的资源分配方式，尽可能消除单一学院、学系或部门之间的利益边界。

建立国家示范性跨学科学术组织。对外学习与对榜样的模仿可以缩短跨学科学术组织治理结构的周期，有利于组织的成长与创新。跨学科学术组织是新事物，很多大学缺少经验，因此，国家应该借鉴各国经验设立若干以基础科学发现和技术创新的跨学科学术机构，既可以提升国家的科技创新能力，又可以为大学跨学科学术组织的运行提供样板。这种示范性跨学科组织可以由中央和地方两级财政提供主要的经费支持，鼓励产业界投资入伙，大学也可以参与其中并进行创新研究与组织实施，以实现对跨学科学术组织架构与运行机制的深入理解。

设立国家层面的“跨学科学术评价委员会”对大学跨学科学术组织的知识活动过程与结果进行评价。借鉴国际评价标准，对跨学科学术组织的学科参与数、学者数量与背景、学科交叉的广度与深度、学科资源的共享度、对新兴领域或交叉学科的贡献度、社会价值等进行评估；建立结果评价与过程评价相结合、短期评价与长期评价相结合、个人成果评价与集体成果评价相结合的立体式评价机制，客观评价大学跨学科学术组织知识活动的效率与效益。

（3）重建经费投入机制与社会支持网络系统，增强大学跨学科学术组织创新的资源保障

当前，我国是以“项目资助”的方式对大学进行科研资助，即按照归属的学科（学部）进行申报、评审与资助，其结果是对某个学科或某个学校进行资助，并非对某个科学问题进行资助。这种模式不利于大学跨学科学术组织的发展，还可能会造成学科排斥现象。因此，我们需要积极探索新的经费投入机制，优先资助多校、多学科共享科研平台型的跨学科学术研究。特别是在国家级科研基金设立方面要改变过去单一的学部（学科）制，项目资助部门需要对跨学科研究项目的提案或项目设计进行审查，根据社会需要与应用前景设立“跨学科研究专项”，还可以对有原始创新和首创价值的跨学科项目进行长期稳定的资助，还可以对一些重大项目进行追加资助。

探索跨学科学术研究的社会资助体系。可以通过税收优惠、财政补贴、免息贷款、制度补偿等方式鼓励企业投入跨学科理论基础研究和应用基础研究；通过“混合所有制”的方式支持企业参与国家工程研究中心、重点实验室的投资与收益；鼓励社会风险投资基金参与国家重大跨学科科研项目的攻关，对于不能商业应用的项目可以采用固定回报的方式，对于可以商业应用的项目可以采用利益分成的方式进行鼓励。

（4）优化组织的结构治理与关系治理，释放大学跨学科学术组织创新的内在活力

跨学科学术组织中的学科利益是一种客观存在，并且已经成为学科融合的最大阻碍。我们可以看到，很多学科都是以学科壁垒的坚固性作为学科成熟度的标志之一，那些学科壁垒能够被轻易突破的学科总是会被其他学科嘲讽，甚至有时连“学科合法性”都会被撼动。因此，大学跨学科学术组织必须优化组织内部的结构治理与关系，消解组织内部的学科壁垒，为跨学科学术组织释放创新活力。

学科利益冲突的制度根源在组织的不公平，因此组织公平是跨学科学术组织治理的首要途径。组织公平的最终目的既要激励主体的创新热情又要提高制度对各行为主体的约束能力，基于各学科之间客观存在的利益博弈关系，可以采用纳什均衡原则或用契约方式进行内部治理，如“在组织内部组建由各学科学术权威组成学术评议委员会，主要根据相关的制度规则来商议和解决组织内部的学术争议与冲突”，[①] 以实现各学科的权力制衡；要以学科绩效为基础建立动态公平的学科利益分配机制与成果分享机制；建立恰当的激励制度，提升组织目标与学科目标的契合度；赋予各学科平等的话语权，建立各主体公平对话的交流机制；要在组织内部“健全学术

---

① 章宁，俞青．冲突与和谐：大学跨学科学术组织的生态学治理[J]. 江苏高教，2016，（6）：31—34.

民主制度，确立学术行规，强化教学和科研人员的自律意识、责任意识和大局意识，防止出现耍弄学术特权”[①]等现象的发生；为防止组织内部的机会主义以及知识共享带来的“市场失灵”，需要在组织内部实现治理程序的公平。

6.2 大学跨学科学术组织的生态学治理

随着知识经济社会的到来，跨学科、多样化与团队化研究已经成为当代知识生产的主流模式。作为知识生产主要场所与社会“发动机”的大学不但从功能与取向上发生了变革，而且大学内部组织也开始从单科的线性结构向跨学科的复杂结构转变。由于不同学科之间存在一定的利益与文化冲突，因此大学跨学科学术组织具有很强的复杂性，其演变发展过程也是一个学科冲突与和谐的过程。借助于生态学范式对大学跨学科学术组织进行治理，减少不必要的“组织内耗”，可以更好地提升大学办学效益。

6.2.1 大学跨学科学术组织的生态性分析

学科是大学作为学术组织而存在的基本方式与重要特征。在知识尚未学科化的中世纪，大学起源于单一的学术组织；近代知识的不断综合，使大学成为以学科为单元的复杂的学术组织。现代学科的分化与融合使得大学内部的学术组织进一步变化，跨学科已经成为大学学术组织的发展趋向。当代大学学术组织之所以称为“跨学科学术组织”，就是因为它已经模糊了既有的学科界限或打破了院系组织的边界，通过跨学科协作来进行教学与科研工作，以满足知识生产与知识运用的需要。当前，这种跨学科的学术组织逐步出现实体化和体制化的特点，如跨学科实验室、跨学科研究中心、研究所等。

生物群落理论认为，不同种群的生物与自然环境共同构成了一定的生

① 董云川，罗志敏．学术与行政的关系：以高校治理事务为中心 [J]. 重庆高教研究，2016，(4)：3—8.

态环境，但是生物种群之间存在十分密切和复杂的有机联系，并且“形成了以食物链、物质与能量交换为基础的多层次、多反馈、动态变化的生态系统，”[①] 而由于生物体具有很强的自适应性、自组织性、能动性以及变异性，因而可以较好地实现整个生态系统的动态平衡。

大学学术组织变革与其生存的内外部环境相关。“大学是遗传与环境的产物”在一定程度上指出了外部环境对大学发展的重要作用，同时，大学内部也是一个重要的生态环境，大学内部学术组织在这一生态环境中互动并达到平衡。从大的方面讲，大学就是一个集成了不同学术组织的生态环境，从小的方面讲，跨学科组织也是一个聚合了不同学科的生态环境。在这一生态环境中，学术组织或者不同学科之间也存在着类似于生物种群的动态平衡机理。不同学科之间构成了和食物链极为相似的或服务供应链关系或者价值交换关系。在跨学科学术组织中的竞争通常表现为种内或种间对生态位的争夺与竞争，跨学科组织通过对学科的新陈代谢、聚合与重构、改革与创新来适应新的环境，以发展自身。

在跨学科组织这个复杂的生态环境中，每个学科都有自己的特定位置，并和其他学科建立紧密的联系，一旦跨学科组织中的学科竞争与互利实现了平衡，并且跨学科组织能够保持较长时间的均衡，那么，在大学整体生态环境比较稳定的状况下，跨学科组织就能够实现稳定、协调地发展，并在知识生产上实现规模与创新效益。

制度生态学结合生态学的观点分析了制度演进过程中的冲突与竞争，并将整个分析框架置于对稀缺资源的竞争之中，认为所有的个体或集团冲突都是围绕稀缺资源而展开的，并在冲突中逐步达到生态平衡。这种分析框架可以帮助我们分析跨学科组织内部权利冲突的实质，揭示跨学科组织中不同学科主体行为驱动的核心动力以及最终达到博弈均衡的生态本质，这就形成了制度生态学的基本取向。

大学科学制度是大学组织中最基本、最核心的制度，从制度生态学的

---

① 黄利荣，田钧．基于种群生态理论视角分析集群式供应链竞合关系 [J]. 现代商业，2009,（14）:16–17.

视角来揭示跨学科学术组织在形成与运行过程中的冲突与平衡关系，实际上就表明了曾经在大学组织中占据绝对统治地位的学科制度已经开始式微和松散。跨学科学术组织实际上已经开始超越既有的学术范式而不断走向“去学科边界”，但是，这种“学科边界的蜕化”过程充满了冲突而且并不彻底，因此，不同的学科主体在一定组织的制度框架中发生冲突。这种冲突表面上看是基于学科范式的知识文化冲突，实际上在知识文化冲突的背后充满了利益和权力的争斗，在不同学科需要突破原有的学科范式而重构新的跨学科学术组织的时候，各学科基于不同利益需求、不同学科权力与学科文化而产生的冲突就会集中爆发，从而表现出不同学科之间的冲突。

因此，利用生态学的视角来分析我国大学跨学科学术组织之间的冲突与平衡，揭示不同学科共同演进的基本规律，可以为跨学科学术组织的良性发展提供良好的分析框架。

6.2.2 大学跨学科学术组织冲突的表征

大学跨学科学术组织内部的冲突主要在组织形成与运行过程中不同学科主体之间的矛盾、分歧，对资源的争夺与权力的较量，使得不同主体之间处于一种紧张状态。从外在表征来看，主要表现在以下几个方面：

（1）不同学科对学术资源的争夺

学术资源是学科赖以生存与发展的物质基础，它主要以财力、人力和物力等形式表现出来。长期以来，我国大学学术资源主要是以学科为单位进行配置的。因此，在跨学科学术组织中就会因为学科界限的存在出现资源分配的不均等，从而造成不同学科之间的资源争夺，其中最主要的是对经费和师资的争夺。

我国大学的管理体制与政府行政管理体制具有很强的相似性，事权结构决定了财权结构，而组织结构又统摄了事权结构。学科是大学组织结构的基础，它决定了大学资源在学院、学系等学科组织之间的基本流向，这就会使得所有的学科组织都会封锁自己的阵地与疆界，防止其他学科“越界”夺取资源。特别是在跨学科学术组织的经费分配过程中，学科组织的

“经济人”特征就会通过学科理性彰显出来，每个学科都会竭尽全力使本学科组织实现利益最大化，使不同学科为争夺自己的利益而发生冲突，对一些制度规范缺失的跨学科学术组织而言，资源冲突就在所难免。

同时，学科是构建学术共同体的基础，教师是学术共同体中最具发展价值的核心要素。但是，教师也是以学科为基础进行配置的，教师的“学科户籍”（学科背景）使教师之间形成了“学科群体边界”，他们的薪金、职称晋升等利益总是与其学科归属密切相关，因此，从利益最大化的角度考虑，绝大多数教师会根据学科背景来选择自己的组织归属，导致了跨学科学术组织内的教师很难真正地实现互相认可与利益融合。

（2）不同学科之间的权力冲突

作为新型学术组织，大学跨学科学术组织在我国往往被嵌入传统的大学内部结构中，它们需要并被赋予相应的行政级别，形成同时具备学术组织和科层结构的双重特征，构成不同层级权力共同运作的权力场。不同主体在生态系统中的地位和作用不同，这就决定了不同主体之间存在权力的势差，使整个生态系统的权力分布呈不对称分布格局。每一个学科都想成为跨学科学术组织内部的主导性学科，那些无望成为主导性学科的“弱势学科”因担心学科被归并而缺乏参与的积极性。在不少大学通过学校行政权力组建的跨学科学术组织中，的确存在弱势学科对强势学科的依附以及“学术寡头”对跨学科学术组织的控制现象，跨学科研究团队服从于官僚化的科层管理模式及“学术寡头”的意志。跨学科学术组织内部或明或暗地存在着对学科话语权和学科控制权的争夺，使跨学科研究的相关制度保障处于“悬置”状态，导致学术权力系统逐渐虚化。[①] 因此，它们在利益竞争或利益冲突过程中的权力冲突具有“结构性”差异。跨学科学术组织重新理顺和整合各个学科的权力关系，从而形成具有生态意义的组织结构与制度。但是，所有学科都有自己的学科范式或者“篱笆”来维护自己的地位与组织体系，因此，每个学科都有自己的组织权与控制权，导致了在跨学

① 张洋磊，张应强．大学跨学科学术组织发展的冲突及其治理 [J]. 教育研究，2017，（9）：55–60+131.

科学术组织中出现权力非对称分布的格局，在利益竞争与政策过程中产生权力不对等，造成学科之间的权力冲突。

学科权力结构既可以通过大学宏观管理体制加以体现，还会通过学科组织的科层结构关系或水平权力结构等形式得到凸显，因此，大学组织结构的权力逻辑关系是官僚制层级权力与专业权力的双重统一。前者表现为院、系、教研室等科层结构，通过权力的层级分配分别管理学术、人事、资源、评价等事务，由于有制度化的权力分配机制，同时，在此层面的学科都属于“同域跨学科”的“近亲”关系，所以他们之间的权力冲突较为缓和。而学科权力源自于学科基础，学科权力主要通过两个途径得以实现：一是通过形成学科同行专家评议制度来确保对本学科知识疆界的控制权，如课题评审、论文发表以及职称评审等来强化学科成员对学科的认同。基于此，不同学科的评议标准是不一样的，并且在很大程度上很难得到彼此认同和相互通约，当不同学科聚合在同一个跨学科学术组织之中时，学科之间的权力冲突就成为必然。二是学科组织通过强化对师资、经费、设备等资源的配置权来深化全体成员对本学科知识生产范式与成果的认可，进而形成学科边界的保护机制与利益再分配机制。大学跨学科学术组织在实现科学整合过程中，由于不同学科的主导能力、资源控制能力的差异而形成了非对称的权力结构，引起不同学科的权力冲突，特别在学科跨度大的学术组织中，这种冲突就会显得更加显著。

学科权力的冲突不仅仅体现在组织层面，还体现在个体成员之间。由于学科背景、角色、地位等差异，不同学者的权力大小不一样，甚至还可能存在控制与被控制的对立地位，由此产生的个体冲突也会一直存在于跨学科学术组织的整个发展过程中。

（3）不同学科之间的文化冲突

组织行为学认为，一个组织中的文化生态不但会影响组织中的个体行为，还会影响组织的制度安排。跨学科学术组织既是一个学科权力生态系统，又是一个学科文化生态系统。梅耶和斯科特认为，作为一类制度化组织，学校受到规则、规范和文化制度的影响。学科文化是学科在其演化与发展中逐步形成的学科价值观念、研究方法、专业术语、研究风格、价值认同与行为规范体系的总和，学科文化是构成学科个性与范式的核心要素，也是学科“合法性”的重要来源，它既可以成为学科交流的符号与语言，又是传承学科传统、传递知识、践行学科信念、遵守学术道德、统整学术人的隐性规范。学科文化的差异实际上代表学科价值的差异，这种差异决定了学科知识体系的建构方式与发展方向，从而使得跨学科学术组织中的学科难以实现融合甚至会出现冲突。学者所袭承的学科文化是他们最深的“记忆沉淀”，由此产生的学科文化冲突是组织中最易出现也是最难解决的关键问题。大学跨学科学术组织的学科文化冲突主要表现在学科文化信念和价值观方面，如学者价值观的异质、学科文化认同度迥异、学科话语权的争夺等。 其形成与学科规训所形成的学科文化积淀、学术部落所构成的行动情境、以及学者思维和地位产生影响的行动选择有关。[①] 因此，大学跨学科学术组织需要通过恰当的制度来协调不同学科的价值取向、话语方式、研究方法以及成果表现形式，即寻找到具有普适性的“共同范式”，形成科学研究的合力。

6.3 大学跨学科学术组织的生态学治理路径

大学学术组织的治理“应该是一个由内到外、由外到内、内外兼修、内外结合的过程”，[②] 这种治理模式就是一种生态化的整体性治理模式，它“既不同于传统官僚制的治理逻辑，也不同于新公共管理的治理逻辑，它强调的是通过协调和整合的途径来实现公共治理的效率和目标……适应了现代风险社会背景下公共治理的需要。”[③] 从我国大学跨学科学术组织的现状来看，需要从以下几个方面加强。

---

① 童蕊 . 大学跨学科学术组织的学科文化冲突分析——基于组织分析的新制度主义视角 [J]. 教育发展研究，2011,31（Z1）：82-88.

② 陈琼英，曾波 . 高等教育治理问题探究 [J]. 重庆高教研究，2015,（2）:45—50.

③ 廖业扬，李丽萍 . 整体性治理视域下的乡村治理变革 [J]. 吉首大学学报（社会科学版），2015,（1）：60-65.

6.3.1 求同存异，形成统一的内生性的组织目标

统一的组织目标可以为组织发展指明方向，减少内部不必要的能量消耗。大学跨学科学术组织具有主体多元性特点，每个学科的发展目标存在差异性，但是，这些差异性并不是不可以调和，而是基于共同的科学研究任务可以形成统一的组织目标。

统一的组织目标可以是内生性的，也可以是外生性的。内生性的组织目标是研究中基于共同的学术兴趣而自发形成，而外生性的组织目标是源自外部力量而形成，如共同承担课题等。内生性组织目标的形成可以很好地消解组织内部的学科冲突，为组织发展产生持续动力；而外生性的组织目标往往具有很强的阶段性，往往需要外界力量来协调和解决学科之间的目标冲突。但是，跨学科学术组织共同目标的形成始终绕不开“学科范式”这一壁垒，需要在突破这一壁垒的基础上形成明细的学术研究框架，确立不同学科的定位，理顺他们之间的关系，从而凝聚所有研究者共同参与治理。同时，统一的组织目标的形成必须通过管理层的认可与支持才能使其获得“行政合法化”，这样可以形成“内生性”与“外生性”相结合、“自下而上”与“自上而下”相结合的学术目标产生机制，并通过学术力量与行政力量的共同作用来共同促使所有的成员共同维护这一组织目标。

6.3.2 多元参与，建立组织内部的利益分享机制

“跨学科组织建立的最大阻碍是在学术界，因为学科这种人为的划分是学科历史、既得利益者、经费分配、学术联盟的共同作用的产物”，[①] 因此，跨学科学术组织内部其实也纠结着各种利益关系。

对这些利益关系的厘清需要从外部与内部两个层面进行。从外部来看，需要从学校层面构建跨学科组织与其他组织之间的利益分享机制，以便为跨学科组织争取到学校其他组织的理解与支持，创设较好的发展环境。首先要通过设立专项资金或学术培育基金的方式来保障跨学科学术组织的经费来源，并与资源共享的学术组织建立经费补偿机制，实现经费预算上的

① 李立国．大学治理：治理主体向治理规则的转向 [J]. 江苏高教，2016，(1)：8—12.

公平分配；其次，由于跨学科学术组织中存在师资与单一学科组织的交叉问题，因此，要建立“教师共聘制度”合理分配共聘教师的工作任务、科学统筹工资支出；建立灵活职称晋升与职务任免制度保障教师在跨学科学术组织中的积极性。通过这种互惠互利的责任担当与利益共享机制使跨学科学术组织在人员配置上达到稳定性与动态性的统一。

在跨学科学术组织内部，除了在不同学科之间建立公平、科学的经费与设备共享机制以外，关键的是要建立组织内部的成果分享机制。在成果分享机制中既要考虑不同学科成员的参与度与贡献度，还需要加强对相关成果的“绩点”进行科学换算，并以此作为成果分配的重要手段。可以试行“科研成果绩点累计制”，将研究者在科研成果中的份额占比进行累积，转化为科研绩点，以此作为研究者绩效分配以及职称晋升的依据，这样既可以减少学科同行评议中的负面效应，又可以增强绩效评价与职称评审制度的灵活性，有利于不同主体积极性的提高，缓减不同学科之间的利益冲突。

6.3.3 协同治理，建立组织内部的权力制衡机制

要消除不同学科在跨学科学术组织中的权力势差以及彼此冲突，就需要在跨学科组织中“建立科学的权力分配机制，推动不同利益主体间权力配置的法制化与规范化进程……构建纵向和横向的权力分配体系，实现不同权力主间的制约与配合。”[①] 首先要在组织内部组建由所有各学科学术权威组成学术评议委员会，主要根据相关的制度规则来商议和解决组织内部的学术争议与冲突。其次是借助于科层制的组织来消解行政权力的冲突。现代大学组织管理中的科层制是不可避免的，跨学科学术组织也遵循科层制的权力结构逻辑，它既要接受上级的管理与指导，又要协调内部的学术研究，这种方式既以高效率地协调协调组织与外部的权力关系，又可以有效地管控内部的权力冲突。其三是变革传统的“领导统治型模式”，建立“共享型领导模式”，让每个成员都对担当领导角色，为组织的绩效负责，使跨

① 赵新亮 . 大学内部治理能力现代化的权力运行机制 [J]. 重庆高教研究，2015，(1)：10 — 15

学科学术组织达到“共治”，减少不同学科或者个体之间的冲突。

6.3.4 开放边界，建立学科之间的文化交融机制

文化差异是学科冲突的重要原因之一，因此，要消除跨学科学术组织内学科文化冲突的根本途径就是要建立学科文化交融机制，达成学科之间的理解与互信。也可以说，表面上是学科间信任获取和平等对话的障碍导致了跨学科研究中的文化与价值冲突，其实反映着跨学科学术组织中的不同学科在学科地位上的不平等。学科化、封闭化的科研场域，对置身其中的学者的科学研究具有强大的文化和价值规制作用，是跨学科研究冲突问题产生的文化和价值根源。通过形成“多元质量文化”推动各类跨学科学术组织在大学内协调发展，营造开放、信任的跨学科合作场域，是消解跨学科学术组织冲突问题的文化与价值基础。[①] 首先是开放学科之间的文化边界，便捷不同学科之间的交流对话，甚至是跨界融合，但是，这种交融并不是要消除学科之间的文化差异，而是在保持各自基本价值取向、研究方法以及学术传统的基础上，促进学科间的融合。其次是要针对具体的研究项目建立成跨学科的“共同范式”，尽量减少不同学科之间的范式壁垒，尽管我们无法从学科层面建立整体的“跨学科范式”，但是，可以从具有问题出发，针对项目建立局部性的或者阶段性的“跨学科范式”，奠定跨学科学术组织的“合法性”基础。第三是要在信任与平等的基础上建立学科对话机制，不同学科的学者可以保持思想、话语和方法层面的独立性以及学科化的身份，但要使各学科、各成员之间实现无障碍的沟通与交流，并使这种沟通与交流内化为跨学科学术组织的文化特色。只有通过交流才可以在组织内形成一个共同认知的参照框架，才可以使不同学科的知识与文化被其他学科所理解，并形成一个可以沟通的话语体系。可见，跨学科学术组织要具有“多元发展，求同存异”的文化思维，既需要在不同学科文化之间取得平衡与共识，又需要使每个学科的文化受到尊重与认同，才能健康发展。

---

① 张洋磊，张应强．大学跨学科学术组织发展的冲突及其治理[J]. 教育研究，2017,（9）：55–60+131.

余　论

大学的院系设置改革既是世界高等教育理论研究的一个薄弱环节，又是我国大学建设，甚至是世界高水平大学和世界一流大学建设的一个关键因素。也正是如此，我国的教育行政部门以及教育实践界都非常强调研究型大学院系学术组织设置改革的重要性。

7.1 研究反思

本人选择这样的一个问题作为研究主题，注定要面对很多困难和挑战。好在有学校以及团队良好的研究氛围与条件。在研究中，我们采用了文献法，通过图书馆网络，查阅了近15年来与研究主题相关的大部分文献，并通过网络查看了国外6个国家10多所著名大学和我国十多所“985”大学的院系设置状况，更是对浙江大学、北京师范大学以及华中科技大学的院系设置演变进行了历史梳理以及实地调研，走访了数十位大学中高层管理人员、学者和院系负责人。在掌握大量资料的基础上，对我国研究型大学的院系设置发展的历程、现状以及特征进行了研究，并以学科发展为视角对大学学术组织的本质规律进行了分析，提出了我国研究型大学学术组织设置的基本原则与取向，预测了我国研究型大学院系学术组织的未来走向。整个研究的主体部分主要包含：

首先是对本研究所涉及到的一些核心概念进行界定，特别是对学术组织、学科、研究型大学以及院系的概念进行了界定，以此来确定本研究的语境以及研究视域。

其次是对大学院系学术组织设置历史变迁与现状的考察与审视。特别是按照大学学科发展的历史逻辑对国内外大学院系的设置历程进行了初步划分，将我国大学院系学术组织设置分为开端、停顿与活跃等三个时期，在此基础之上分析发现，由于我国现代大学制度建设的不健全、院系设置改革的价值取向不一以及物质条件的制约与现实阻力的困扰，造成我国大学院系学术组织设置存在院系设置的依据不清，院系设置随意性大；学校管理缺位，院系权责不清；运行机制的失控化等现象，这种现象可能会削弱了优势学科的实力、造成资源浪费与效率下降以及管理运行机制的失灵。

再次是对我国研究型大学院系学术组织设置的逻辑与理论进行分析，这是我国研究性大学院系学术组织设置改革的依据。我国研究型大学的知识本质和科层制结构的现实决定了我国研究型大学的设置应该遵循知识分化与融合的学科逻辑以及知识管理与科层管理的内在逻辑。也正是基于知识与管理的双重逻辑使得大学的院系改革需要借用管理跨度理论知识管理理论以及知识创新群理论。

在上述理论的基础上对我国研究型大学院系学术组织改革的基本取向进行了分析。研究认为，研究型大学院系学术组织设置要在遵循教书育人的价值取向以及学科发展的行为取向的基础上，按照管理幅度的可及性原则、学科发展与大学目标一致性原则以及权变性与特色性相结合的原则进行改革。

论文的主体之一是从理论上对我国研究型大学院系学术组织设置的理想状态进行构建。研究型大学院系学术组织设置首先要满足三个前提性因素：即学校规模要素、门类齐全的学科要素以及学术水平要素，在学科逻辑的背景下，要以大学科群或大学科门类为基石来构建学院学术组织，以二级学科为单位建立系，同时可以以前瞻性的学科为基础成立特色学院；在以管理逻辑背景下，要强调研院系相对独立的实体性地位，合理分配学校、学院以及系的权力，坚持以学术权力为主导性力量。在学科逻辑与管理逻辑的双重作用下，研究型大学的院系运作机制需要关注院系的用人机制、财务机制以及仪器设备共享机制的建立与效率提升。北京师范大学的“校中校”模式、浙江大学的“学部制”以及华中科技大学改革中的“学院制”是当前我国研究型大学院系学术组织设置改革的三种典型模式，三种模式都非常关注学科的中心地位，但是，总体说来院系中学科的宽窄度、关联度和认受度还不理想，学院数过多、学科容量过小以及学科结构失调；还由于不合理的资源分配与激励方式的存在，院系设置异化为一种利益分配行为，所以院系学术组织的设置还存在盲目从众与攀比以及同质化竞争等现象。

根据上述的理论分析以及现实考察，研究认为，我国研究型大学院系学术组织设置中需要重点关注几个问题：即紧紧抓住大学院系学术组织设置变革的实质进行改革，否则会使大学的院系在改革中异化；关注不同大学的文化，能否正确处理学科发展矛盾是决定院系组织变革成功与否的重要因素；注意正确处理院系学术组织内部的利益冲突问题，实现激励与约束兼容等。

7.2 中国研究型大学院系学术组织设置的未来走向

从当前大学院系学术组织发展以及知识发展的趋势来看，大学院系学术组织作为一种组织存在必然还存在学术权力与行政权力的冲突与矛盾，这种矛盾最终会影响知识的分化与学科的发展。但是，这种格局很难在短时间改变，因为组织结构的调整有一个核心的内因——知识发展的内在规律。知识发展的内在规律是大学院系组织调整的基本动力。

当前研究型大学的学术组织普遍实行的“大学—学院—学系”模式，在某种程度上已经促进了知识的融合与发展。但是，任何组织都应该是不断进化的，当知识发展到一定阶段，而组织又开始对知识的进一步发展起到阻碍，不利于知识融合的时候，就会导致科学技术生产力的下降，这种作为学术组织的院系就会不得不实行变革。基于对知识发展的有限预测，笔者认为大学院系学术组织设置在一定可预见范围内可能的发展走向有四个特点。

7.2.1 院系学术组织设置形式的多元化趋势日益增强

经过二十多年的改革与发展，我国研究型大学不再是千校一面。因为学校办学自主权的日益扩大，大学不必要再遵循政府主管部门的统一规则来设计大学内部的组织架构，特别是院系的设置方式也会随着校内组织机构的改革而彰显出学校的办学理念。这些在客观上促进了研究型大学院系学术组织设置形式由原来的单一性向多样性转变。以前以教学为中心的教研室模式一统天下的局面已经一去不复返了，学院、学系、实验室、研究院等形式的院系学术组织设置模式会成为研究型大学最为普遍的形式。除了这些按照单一学科设置的系、研究所、实验室等“准院系”组织以外，一些大学建立起来的多种多样的跨学科的研究中心以及一些高水平、大规模的科技创新平台或哲学社会学创新基地，可以更好地打破学科、专业之间固定僵化的壁垒，促进不同学科之间的交叉与融合，为我国研究型大学成为高水平人才的培养中心，成为新知识、新学科、新发明的发源地奠定组织基础。如今我国已经有10多所研究型大学实行了学部制，但是他们是根据自己的具体历史与现实专业与学科特色而采用了不同形态的学部制。

另外，官、产、学、研合作共建的“研究院”或者“研发中心”的数量也在逐年增加。通过灵活的管理体制与运行机制的设计，这些组织机构在摆脱了院系这种一般性组织形式之后，成为大学、企业、政府之间的有效的沟通平台，为大学谋求多方面的财政支持与科研成果的及时转化创造了便利条件。可以说，这种多样化的院系组织是我国研究型大学协调教学与科研的关系以及管理能力提升的一个重要标志。

7.2.2 大学学术组织设置将会从“学科中心”走向“问题中心”，由线状结构转向面状网状结构

知识的生产和发现有其自身的本质规律，那就是要求学科本身具有一定的开放能力以及综合能力。那么如何才能实现学科的开放和综合呢？光靠当前的院系组织模式可能还远远不够，毕竟仅仅以学科或者学科群为基

础建立院系，还会因为学科本身的一些壁垒以及组织的管理界限，使学科的交融缺乏一个“引擎”。因此，以“问题研究”为中心来设置跨学科的院系模式就能与这种趋势相符合。比如，对环境问题的研究，不仅涉及到生物类学科，而且亦与工程类和物理类学科密切相关。如果没有“问题”的出现，这些学科可能就会失去一个互相交融的空间环境，当问题凸显出来之后，这些学科就会在一个空间内围绕着问题而展开合作化的研究，在合作中就会交叉、融合，然后就产生了边缘学科或者交叉学科。因此，以问题为中心的跨学科的院系组织使基于原有的学科分类基础上的一种学科体系结构组织，在组织中往往有一门核心的学科来引领其他学科，在这种学科的集结下，就可以产生很多边缘学科、综合学科、横断学科的学术组织，甚至还会出现超学科的学术组织（这些组织的名称也许还是叫院系，但是在本质上已经和目前的院系发生了变化）。

以问题为中心的院系组织可以促进不同的知识进入同一个学术组织，为师生提供探索高深知识的场所，使他们的个人知识在人际的互动中进行交流与共享，从而更好地提升自身的科学研究能力，促使知识的进一步深化，也可以更好地实现大学的三大基本职能。由于基于问题而设置的院系学术组织成为主流学术组织，那么作为当前基本的“学校—学院—学科系（教研室）”三级现状结构的大学学术组织结构模式就会演变为“学校—多学科的研究院”这种二级结构模式，这种二级结构模式与原来的三级结构模式不仅仅是少了一个环节，更重要的是这个多学科的研究院是一个网状化的面状结构模式，已经超越了线状结构。

这种结构的院系是由若干的学科构成，并连结成网的一种交叉功能强、富有弹性、灵活性高、层次少的结构。大学里的不同学科都是网状结构中的节点，这些节点的地位都是平等的，并且相互交叉联系，形成交流的网络。其实，这种结构已经在我国初露端倪，如浙江大学把校内许多高水平的学术机构（节点）作为核心，在它们周围建立了大批组织网络，包括合办学院（城市学院、宁波理工学院、软件学院），与企业界、金融界、政府合办研究机构（科技中心、推广中心），通过教授及其研究团队创办新型企业，并且以孵化器、科技园等形式与社会进行人员、信息的输入与输出联系。纵横交错的网络使浙江大学的院系组织得以进行全方位的信息沟通，提高了这些院系组织的应变能力和创新能力。

7.2.3 院级学术组织将从实体性组织走向虚拟组织

目前的院系学术组织都是科层制组织的一部分，在权力结构、空间结构以及职能上都是实体性结构，从院系学术组织发展的趋势来看，未来的院系学术组织会超越这种实体性而走向虚拟，但原来组织的大部分功能还会存在。在这种虚拟的院系组织结构中，各组成单位有着共同的目标，并且将这些目标集合为共同工作的中心，在这种超越实体的联盟中，各个成员都会以自己的优势与其他单位结成伙伴关系或者联盟，在互信的基础上开展合作，实现资源共享与优势互补。

由于这种组织超越了地域界限而使他能跨越大学界限以及国界。如深圳清华大学研究院在实践中创立了“四不象”理论，即：研究院既是大学又不完全像大学，文化不同；研究院既是科研机构又不像科研院所，内容不同；研究院既是企业不完全像企业，目标不同；研究院既是事业单位又不完全像事业单位，机制不同。这是清华大学、深圳市政府以及企业三者建立起来的跨学科、跨组织的研究院，无论从地理区域还是学科抑或是管理模式等方面都具有一定的虚拟性，该研究院的成功运作，充分体现了虚拟组织结构的强大生命力。不过，尽管传统的院系形式虽然有其弊端，但是也有存在的合理性，因此，在短时间内还不会从大学中消失。而这种新型虚拟性的院系组织目前是当前大学院系组织结构的有益补充补充。

7.2.4 学术组织的“超文本结构”趋势越来越强，科层制影响越来越弱

知识是院系存在的合法性来源也是院系运转的核心资源。目前大学职能的实现主要靠院系组织来实现，无论是教学、科研还是社会服务，本质上都是知识的传承与创新活动。因此，大学必须要不断地更新自己的知识

储备，不但要从知识的量上做文章，更要从知识的深度上进行挖掘。要实现这一目的就必须让大学提升自己的知识再造能力，路径之一就是要提升大学院系组织的自我学习能力，使之成为一个学习型组织。从实践来看，大学的院系也正在向学习型组织转变，其结构也越来越具有超文本结构的特点。

超文本组织结构是野中郁次郎借鉴互联网通讯的标注语言中“超文本”这一概念而提出的一种具有较强组织学习能力的组织结构形式，它由相互关联的若干界面（或多种结构形式）构成，它与超级文本文件一样，链接是其最显著的特征。超文本结构组织具有很强的应变能力，在不同的环境中可以适时调整自己的策略或者组织形式来应对环境的变化，实现自己的功能。在野中郁次郎看来，超文本的组织结构有知识库、业务系统以及团队组织三个相互关联的界面，其中知识库界面是组织结构的基础，业务系统是操作性主体，而团队是知识创新单元。团队是由不同单位成员以自由、平等和非稳定性方式组成的，完成项目后又可以自行解散，重回到原来的业务系统部门中。超链接性的组织结构灵活，具有很强的适应性以及知识创新能力，可以促进组织内部知识和信息的动态循环，以及知识创新螺旋上升。

大学的天职就是教书育人，这需要大学的人才培养与文化传承在相对稳定、有序的组织中进行，但是，知识发展与知识积累的发展性与动态性就决定了大学组织本身的不稳定性，这种矛盾就需要大学有一种超链接的结构形式来应对变化不居的外部环境。超文本的大学院系组织形式能够使自己更好地适应学科、知识间的流动性。因此，以学科和专业为基础的院系结构模式将会逐步“去科层化”，院系结构逐步松散，不同学科与专业的人员接触日益频繁，知识的共享也会更加广泛。如目前的各种跨校、院、系研究中心、课题组就具有结构灵活简单、信息流动速度快的优点，科层化的行政力量在这种超链接的组织中逐步被消解或者“钝化”。未来的大学一定会充分利用现有知识库，借助于丰富的物质基础建立更多的超文本结构的组织，大学依靠这种动态的超文本组织来更好地实现自己的职能。

7.3 本研究的创新与不足

7.3.1 本研究的创新

研究型大学院系学术组织设置是一个动态的过程，而且，由于科学的发展与进步、社会的需要以及政治的干预等因素的影响，不同大学对院系设置的方式具有一定的不确定性。尽管目前对研究型大学的学术组织研究比较多，但是，真正从学科角度系统地探索研究型大学院系学术设置的还是十分鲜见。因此，这是充满了挑战与创新的课题。本研究“站在巨人的肩膀上”对研究型大学的院系学术组织设置进行系统的理论探讨，在以下几个方面为研究型大学的组织建设提供了一些创新性的发现：

第一，概括了我国研究型大学院系学术组织设置中存在的问题：院系学术组织设置的依据不清，院系学术组织设置随意性大；学校管理缺位，院系权责不清；运行机制失控等。并从学科的视角以及权力分配的角度分析了造成这些现象的原因。

第二，在学科基本范畴的基础上，分析了研究型大学院系学术组织设置的本质，这对把握研究型大学院系学术组织设置改革的核心取向，提高建设与发展研究型大学的针对性具有十分重要的作用，也是管理学理论在高等教育研究领域中的新应用，以期形成新的理论范畴。

第三，从我国的现实问题以及实际需要出发，针对研究型大学院系学术组织知识创新能力的提升，深入研究院系组织的创新，提出大学院系学术组织创新的理论模式，明确院系组织变革的前提要素、基本原则以及价值取向，并提出了理想化的院系学术组织模式，这是组织理论和组织创新理论研究的新领域。

7.3.1 本研究的不足

但是，任何研究都是无止境的，加上受时间长度、本人研究能力以及其他现实条件的限制，本研究还有疏漏与不足的地方。学科被认为是知识的载体与大学的细胞也是大学发展的永恒主题。大学的发展必须抓住学科这一核心，而院系的本质与知识和学科是紧密相连的。因此，以学科为中心的大学院系学术组织设置问题一定会成为研究者眼中的热点问题，这并不是本人一篇论文就可以穷尽其所有研究内容的，更不是一篇论文能解决所有问题的。本研究中还有许多问题需要进一步探索和完善。

第一是关于大学院系中的学科结构问题，虽然提出了大学院系学术组织中学科结构调整与优化的原则，但大学院系学术组织中的学科结构具有复杂性特点，本研究并没有呈现出一个学科结构比较合理的院系学术组织的基本特征，也没有探讨能否用一套科学的指标体系进行评价，更没有对院系学术组织中学科文化的相容性进行研究，这需要在今后的研究中进一步的深入。

第二是本研究侧重于理论性研究，定性分析较多，对我国研究型大学院系学术组织设置状况的考察还需要运用定量统计的方法全面综合分析，所以，统计并不是很全面；同时由于本研究对大学院系学术组织设置的实际问题关注不够，系统实证研究缺乏，可能使研究的一些结论与建议在可操作性方面还显得有些不足。

笔者在前人研究的基础上进行了系统的梳理和迈进，算是对我国研究型大学院系学术组织设置问题研究的引玉之砖。

参考文献

（一）中文文献

[1] 涂又光 . 中国高等教育史论 [M]. 武汉：湖北教育出版社，1997.
[2] 刘献君主编 . 教育研究方法高级讲座 [M]. 武汉：华中科技大学出版社，2010.
[3] 刘献君 . 院校研究 [M]. 北京：高等教育出版社，2008.
[4] 别敦荣 . 大学运行模式——大学组织与领导的控制系统 [M]. 青岛：中国海洋大学出版社，2003.
[5] 沈红 . 美国研究型大学的形成与发展 [M]. 武汉：华中理工大学出版社 ,1999.
[6] 周光礼 . 学术自由与社会干预——大学学术自由的制度分析 [M]. 武汉：华中科技大学出版社 ,2003.
[7] 潘懋元 . 潘懋元文集（高等教育学讲座）[M]. 广州：广东教育出版社 ,2010.
[8] 薛天祥主编 . 高等教育管理学 [M]. 桂林：广西师范大学出版社 ,2001.
[9] 王承绪 . 学术权力——七国高等教育管理体制比较 [M]. 杭州：浙江教育出版社 ,1989.
[10] 阎光才 . 大学的人文之旅 [M]. 北京：教育科学出版社 ,2005.
[11] 庞青山 . 大学学科论 [M]. 广州：广东教育出版社 ,2006.
[12] 刘仲林 . 跨学科学导论 [M]. 杭州：浙江教育出版社 ,1990.
[13] 刘仲林 . 现代交叉科学 [M]. 杭州：浙江教育出版社 ,1998.
[14] 刘仲林 . 跨学科教育论 [M]. 郑州：河南教育出版社 ,1991.

[15] 金吾伦 . 跨学科研究引论 [M]. 北京 : 中央编译出版社 ,1997.
[16] 李光 , 任定成 . 交叉科学导论 [M]. 武汉 : 湖北人民出版社 ,1989.
[17] 蒋洪池 . 大学学科文化研究 [M]. 北京 : 光明日报出版社 ,2011.
[18] 陈燮君 . 学科学导论—学科发展理论探索 [M]. 上海 : 上海三联书店 ,1991.
[19] 丁雅娴 . 学科分类研究与应用 [M]. 北京 : 中国标准出版社 ,1994.
[20] 吴志功 . 现代大学组织结构设计 [M]. 北京 : 北京师范大学出版社 ,1998.
[21] 徐辉 , 郑继伟 .《英国教育史》[M]. 长春 : 吉林人民出版社 ,1993.
[22] 郝克明 , 汪永诠主编 . 中国高等教育结构研究 [M]. 北京 : 人民教育出版社 ,1988.
[23] 安文铸 . 现代教育管理学引论 [M]. 北京 : 北京师范大学出版社 ,1995.
[24] 瞿葆奎 . 教育与教育学 [M]. 北京 : 人民教育出版社 ,1993.
[25] [美]D・普赖斯 . 大科学小科学 [M]. 北京：世界科学出版社，1982
[26] 芮明杰 . 管理学——现代的观点 [M]. 上海 : 上海人民出版社 ,1999.
[27] 卢晓中 . 当代世界高等教育理念及对中国的影响 [M]. 上海 : 上海教育出版社 ,2001.
[28] 罗云 . 中国重点大学与学科建设 [M]. 北京 : 中国社会科学出版社 ,2005.
[29] 藤大春 . 美国教育史 [M]. 北京 : 人民教育出版社 ,1994.
[30] 杨德广 . 高等教育发展战略研究 [M]. 上海 : 上海交通大学出版社 ,1988.
[31] 赵曙明 . 美国高等教育管理研究 [M]. 武汉 : 湖北教育出版社 ,1992.
[32] 郝克明 , 汪永诠主编 . 中国高等教育结构研究 [M]. 北京 : 人民教育出版社 ,1988.
[33] 齐亮租 , 刘敬发主编 . 高等教育结构学 [M]. 哈尔滨 : 黑龙江教育出版社 ,1986.

[34] 赵文华 . 高等教育系统论 [M]. 桂林 : 广西师范大学出版社 ,2001.
[35] 汪丁丁 . 跨学科教育文集 [M]. 大连 : 东北财经大学出版社 ,2009:256.
[36] 黄福涛主编 . 外国高等教育史 [M]. 上海 : 上海教育出版社 ,2003.
[37] 马陆亭 . 高等学校的分层与管理 [M]. 广州 : 广东教育出版社 ,2004.
[38] 顾明远 , 梁忠义 . 世界教育大系法国教育 [M]. 长春 : 吉林教育出版社 ,2000.
[39] 霍益萍 . 近代中国的高等教育 [M]. 上海 : 华东师范大学出版社 ,1999.
[40] 朱永新 . 当代日本高等教育 [M]. 山西 : 山西教育出版社 ,1992.
[41] 安劬 , 姚向东主编 . 我国高校发展研究 [M]. 成都 : 西南交通大学出版社 ,2006.
[42] 田正平 , 商丽浩 . 中国高等教育百年史论 [M]. 北京 : 人民教育出版社 ,2006.
[43] 贺国庆 , 王保星 , 朱文富 . 外国高等教育史 [M]. 北京 : 人民教育出版社 ,2003.
[44] 张俊宗 . 现代大学制度 [M]. 北京 : 中国社会科学出版社，2004.
[45] [英] 托尼 · 比彻 , 保罗 · 特罗勒尔 . 学术部落及其领地 : 知识探索与学科文化 [M]. 唐跃勤，蒲茂华，陈洪捷，译 . 北京 : 北京大学出版社 ,2008.
[46] [美] 华勒斯坦 . 学科 · 知识 · 权力 [M]. 刘健芝，等，编译 . 北京 : 生活 · 读书 · 新知三联书店，1999.
[47] [美] 克拉克 · 克尔 . 大学的功用 [M]. 王承绪，等，译 . 江西 : 江西教育出版社，1993.
[48] [美] 克拉克 · 克尔 . 高等教育不能回避历史 [M]. 王承绪，等，译 . 杭州 : 浙江教育出版社，2003.
[49] [美] 伯顿 · 克拉克主编 . 高等教育新论——多学科的研究 [M]. 王承绪等译 . 杭州 : 浙江教育出版社 ,1988.

[50] [美] 伯顿 · 克拉克 . 高等教育系统 [M]. 王承绪，等，译 . 杭州 : 杭州大学出版社 ,1994.

[51] [美] 约翰 · 布鲁贝克 . 高等教育哲学 [M]. 王承绪，等，译 . 杭州 : 浙江教育出版社 ,2002.

[52] [英] 约翰 · 亨利 · 纽曼 . 大学的理想 [M]. 徐辉，等，译 . 杭州 : 浙江教育出版社 ,2001.

[53] 钱德勒 . 看不见的手——美国企业的管理革命 [M]. 北京 : 商务印书馆 ,1994.

[54] [英] 阿什比 . 科技发达时代的大学教育 [M]. 滕大春 , 滕大生译 . 北京 : 人民教育出版社 ,1983.

[55] [美] 菲利普 · G. 阿特巴赫 . 比较高等教育 : 知识、大学与发展 [M]. 人民教育出版社教育室译 . 北京 : 人民教育出版社 ,2001.

[56] [加] 约翰 · 范德格拉夫 . 学术权力——七国高等教育管理体制比较 [M]. 王承绪，等，译 . 杭州 : 浙江教育出版社，2001.

[57] [美] 理查德 · 斯科特 . 组织理论 : 理性、自然和开放系统 [M]. 黄洋、等，译，邱泽奇译校 . 北京：华夏出版社，2002.

[58] [德] 海德格尔 . 人，诗意地安居 : 海德格尔语要 [Z]. 桂林 : 广西师范大学出版社，2000.

[59] [德] 马克思 · 韦伯 . 社会科学方法论 [M]. 杨富斌译 . 北京 : 华夏出版社 ,1999.

[60] 恩格斯 . 自然辩证法 [M]. 中共中央编译局编译，北京 : 人民出版社 ,1971.

[61] 中共中央马克思恩格斯列宁斯大林著作编译局 . 马克思恩格斯全集（一卷）[M]. 北京 : 人民出版社，2008.

[62] [美] 欧内斯特 · 内格尔 . 科学的结构 : 科学说明的逻辑问题 [M]. 上海 : 上海译文出版社，2002.

[63] [法] 米歇尔 · 福柯 . 规训与惩罚 [M]. 杨远婴，译 . 北京：生活 · 读书 · 新知三联书店，1999.

[64] [英] 约翰 · 齐曼 . 真科学——它是什么，它指什么 [M]. 上海：上海科技教育出版社，2002.

[65] [美] 乔治 · 凯勒 . 大学战略与规划：美国高等教育管理革命 [M]. 青岛：中国海洋大学出版社，2005.

[66] [美] 亚伯拉罕 · 弗莱克斯纳 . 现代大学论——美英德大学研究 [M]. 徐辉，陈晓菲，译 . 杭州：浙江教育出版社，2001.

[67] [西] 奥尔特加 · 加赛特 . 大学的使命 [M]. 徐小洲，等，译 . 杭州：浙江教育出版社，2001.

[68] 邹晓东 . 研究型大学学科组织创新研究 [D]. 浙江大学，2003.

[69] 段丹 . 基于矩阵结构的大学学科组织结构创新研究 [D]. 浙江大学，2003.

[70] 季成均 . 大学组织属性与结构研究 [D]. 华东师范大学，2005.

[71] 翟亚军 . 大学学科建设模式研究 [D]. 中国科学技术大学，2007.

[72] 杨如安 . 知识管理视角下的大学学院制改革研究 [D]. 西南大学，2007.

[73] 贾莉莉 . 基于学科的大学学术组织研究 [D]. 华东师范大学，2008.

[74] 李芬 . 学术组织理论发展、比较及启示 [D]. 华中师范大学，2005.

[75] 现代汉语词典 [D]. 北京：外语教学与研究出版社 ,2002:1181.

[76] 辞海 [D]. 上海：上海辞书出版社 ,1988:1126.

[77] 辞源（修订本）[D]. 北京：商务印书馆，2004:0796.

[78] 汉语大词典（卷 4）[D]. 北京：汉语大词典出版社，1991:238.

[79] 国家技术监督局 . 国家标准学科分类与代码（GB/T 13745-92）.1993 年版 .

[80] 中国教育年鉴 [Z]. 人民教育出版社 ,1988.

[81] 张保庆 . 中国教育年鉴 [Z]. 人民教育出版社 ,1996.

[82] 中华近世通鉴 [Z]. 经济专卷 . 中国广播电视出版社 ,1949.

[83] 李元卿 . 大学要珍惜校名价值 [N]. 光明日报 ,2006-06-17.

[84] 闵维方 . 大学在知识经济中的地位和作用 [N]. 光明日报 ,1998-07-08.

[85] 蔡克勇 . 学术组织结构要适应科学技术发展要求 [N]. 中国教育

报,2005-7-31.

[86] [美]华勒斯坦.学科·知识·权力[M].刘健芝等编译.北京:生活·读书·新知三联书店,1999:12.

[87] [美]亚伯拉罕·弗莱克斯纳.无用知识的有用性[J].陈养正,赵汐潮编译.科学对社会的影响,1999(1).

[88] [西]费兰·费雷尔.有关教育研究趋势的一些想法[J].教育展望,2000(3):158.

[89] 刘献君.论高校学科建设[J].高等教育研究,2000(5).

[90] 刘献君,周进.建设高等教育强国:六十年的理念变迁及启示[J].高等工程教育研究,2009(5).

[91] 刘献君.论高等学校制度建设[J].高等教育研究,2010(03).

[92] 谢桂华.关于学科建设的若干问题[J].高等教育研究,2002(5).

[93] 潘懋元.高等教育大众化的教育质量观[J].清华大学教育研究,2000(1).

[94] 陈廷柱.建立现代大学制度必须克服的四种倾向[J].高等工程教育研究,2004(04).

[95] 余东升.质性研究:教育研究的人文学范式[C]//刘献君.教育研究方法高级讲座.武汉:华中科技大学出版社,2010:53-84.

[96] 戚业国.论大学学院制度的形成、发展与改革[J].高等教育研究,1996(5).

[97] 戚业国.四国大学学院设置比较[J].吉林教育科学(高教研究),1998(1).

[98] 张俊超.探索院校研究方法 推动高校科学发展[J].高等教育研究,2009(7).

[99] 宣勇.基于学科的大学管理模式选择[J].中国高教研究,2002(4).

[100] 李政涛.教育科学发展中的"制度"与"制度化"[J].华东师范大学学报(教育科学版),2001(3).

[101] 王方正等.创新:学科建设的灵魂[J].科技进步与对策,2000(7).

[102] 李福华 . 研究型大学院系设置的比较分析与理论思考 [J]. 清华大学教育研究 ,2005（6）.

[103] 刘晓玲 . 中外普通高校学院设置与管理模式比较研究 [J]. 黑龙江高教研究 ,2007（1）.

[104] 徐文 , 赵文华 . 中美研究型大学管理岗位设置的比较研究 [J]. 比较教育研究 ,2004（7）.

[105] 钱颖一 . 谈大学学科布局 [J]. 清华大学教育研究，2003（6）.

[106] 王德广 . 西方综合性大学学院制管理模式给我们的启示 [J]. 广东工业大学学报（社会科学版）,2003（1）.

[107] 宋鸿雁 . 中美高校学院设置比较研究 [J]. 教育发展研究 ,2006(4A).

[108] 严燕 . 学院制的内涵与学院的设置 [J]. 教育研究 ,2005（10）.

[109] 严燕 . 关于大学学院设置的规范性与灵活性问题 [J]. 江苏高教 ,2005（5）.

[110] 袁祖望 . 学院制与高校纵向管理体制改革 [J]. 高等理科教育 ,2005（1）.

[111] 袁小鹏 . 论高校学科组织建设创新 [J]. 咸宁学院学报 ,2007（2）.

[112] 许放 . 我国高等学校学院制研究 [J]. 现代教育科学 ,2002（11）.

[113] 万力维 . 学科 : 原指、延指、隐指 [J]. 现代大学教育 ,2005（2）.

[114] 王战军 . 什么是研究型大学——中国研究型大学建设基本问题研究（一）[J]. 学位与研究生教育，2003（1）.

[115] 杨新兴 .“学院”与“大学”定名辨析 [J]. 科技术语研究 , 2005(1).

[116] 宣勇，凌健 .“学科”考辨 [J]. 高等教育研究，2006（4）.

[117] 杨天平 . 学科概念的沿演与指谓 [J]. 大学教育科学，2004（1）.

[118] 张燕；黄荣怀 . 教育目标分类学 2001 版对我国教学改革的启示 [J]. 中国电化教育 ,2005（7）.

[119] 姜传松 . 大学组织科层化 : 二律背反及其调适 [J]. 江苏高教，2007（2）.

[120] 韩水法 . 谁想要世界一流大学 ?[J]. 读书，2002（3）.

[121] 周才堂 . 管理幅度设计 [J]. 经营管理者，2000（6）.
[122] 海峰等 . 以知识为核心的管理集成理论探析 [J]. 中国软科学，1999（8）.
[123] 海峰，杨永福，李必强 . 管理集成的经济性分析 [J]. 中国管理科学，2000（11）.
[124] 时伟 . 论学科发展与院系调整 [J]. 江苏高教，2007（5）.
[125] 郑能波，吴中平 . 略论高校校院两极管理体制的改革 [J]. 浙江海洋学院学报（人文社科版），2003（3）.
[126] 许放 . 我国高等学校学院制研究 [J]. 现代教育科学，2002（11）.
[127] 王凤花，张定铃 . 试论完善学院制管理 [J]. 绍兴文理学院学报，2003（4）.
[128] 刘少雪，等 . 创新学科布局规范院系设置 [J]. 清华大学教育研究，2003（10）.
[129] 王凤花，张定铃 . 试论完善学院制管理 [J]. 绍兴文理学院学报，2003（4）.
[130] 贾莉莉 . 学科视角下的中美研究型大学学院设置比较分析 [J]. 中国高教研究，2009（7）.
[131] 张师伟，吕润平 . 我国大学中的学科群与学院设置 [J]. 法学教育研究（第 5 卷），2011（2）.
[132] 吴杨，施卫东 . 大学学院制制度下内部管理与运行机制创新的探讨 [J]. 南京航空航天大学学报（社科版），2000（4）.
[133] 邹晓东，吕旭峰 . 研究型大学学部制改革的动因、运行机制及发展走向 [J]. 浙江大学学报（人文社会科学版），2011（5）.
[134] 张燕，黄荣怀 . 教育目标分类学 2001 版对我国教学改革的启示 [J]. 中国电化教育，2005（7）.
[135] 相子国 . 基于知识分类基础上的学科分类再思考 [J]. 德州学院学报 ,2008（2）.
[136] 希汉 . 哲学家、科学家和科学的统一 [J]. 金吾伦，译 . 自然科学

哲学问题,1981(4).

[137] 周朝成.加州大学跨学科研究的组织结构与制度研究[J].高等工程教育研究，2009(3).

[138] 肖彬等.解读大学跨学科组织的四种理论视角[J].高等教育研究报，2008(04).

[139] 郑晓齐，王绽蕊.我国研究型大学基层学术组织的逻辑基础[J].教育研究，2008(3).

[140] 李枭鹰.生态学视野中的大学学科发展观[J].学位与研究生教育,2005(7).

[141] 常英华.中国研究型大学学科组织的创新与探索[J].高等教育研究学报，2005(6).

[142] 琦晖，等.认识学科组织发展阶段把握科研管理重心[J].科学学与科学技术管理，2004(5).

[143] 钦文.普通知识与高深知识[J].北京大学教育评论，2007(2).

[144] 陈洪捷.论高深知识与高等教育[J].北京大学教育评论,2006(4).

[145] 旋天颖.美国州高等教育委员会对大学专业设置的管理[J].中国高教研究,2006(9).

[146] 潘洪建，王洲林.知识问题研究二十年：教育学的视点[J].高等师范教育研究,2003(1).

[147] 鲍嵘.学科制度的源起及走向初探[J].高等教育研究，2002(7).

[148] 毛亚庆.高等教育发展的知识解读[J].教育研究，2006(7).

[149] 陈竞蓉.影响现代大学学术组织的主要因素[J].黑龙江教育(高教研究与评估)，2008(11).

[150] 陈何芳，陈彬.大学基层学术组织的历史演变及其启示[J].高教探索，2002，(4).

[151] 王乾坤.大学组织特征及管理模式探析[J].武汉理工大学学报，2001，(8).

[152] 刘宝存.国外大学学科组织的改革与发展趋势[J].教育科学，

2006，（2）.
[153] 杨斯喻，周详．高校基层学术组织教师科研动力机制差异分析 [J]. 黑龙江高教研究，2018，（04）.
[154] 吴宏元，郑晓齐．日本九州大学新型的教育和科研组织结构及其启示 [J]. 高等教育研究，2005（1）.
[155] 陈士衡．试论大学机构设置的矩阵结构化 [J]. 江苏高教，1997(4).
[156] 谢宏．教学型高校传统结构的弊端与矩阵结构的选择 [J]. 煤炭高等教育，2006（7）.
[157] 龙献忠．高等学校组织结构分析及改革研究 [J]. 湖南师范大学教育科学学报，2004（1）.
[158] 彭未名，王怀宇．高等教育管理权力结构：问题及对策 [J]. 湖南大学教育科学学报，2014（1）.
[159] 谢凌凌．大学学术权力运行的组织支持、现实困境与匡扶路径 [J]. 江苏高教，2014（03）.
[160] 刘海燕．大学学术管理组织的历史考察和现实分析——教授会视角 [J]. 江苏高教，2014（03）.
[161] 顾永红．知识生产双重模式与大学学术组织整合研究 [J]. 教育理论与实践，2014,（12）.
[162] 王应密，马飞．论大学学术职业的组织特性 [J]. 高教探索，2013(01).
[163] 王玲．美国大学跨学科学术组织的发展策略探析 [J]. 外国教育研究，2012,（10）.
[164] 张炜．大学跨学科学术组织特征与科学创新能力关系研究 [J]. 科技管理研究，2012,（18）.
[165] 谢笑珍．大学学术治理行政化的制度性困境——基于组织行为学的视角 [J]. 高教探索，2012（05）.
[166] 钱志刚．学术权力合法性危机与大学组织结构变革 [J]. 教育发展研究，2012，（Z1）.
[167] 王小力，彭正霞，马晓彬．研究型大学基层学术组织发展路向

研究 [J]. 高等工程教育研究，2012（01）.

[168] 叶世满，张建安，冒澄 . 高校学术组织和行政组织的相互依赖与权力平衡 [J]. 中国高等教育，2012，（02）.

[169] 陈彬，涂秋鸿 . 公共选择视阈下中国大学学术组织决策的困境与出路 [J]. 清华大学教育研究，2011，（6）.

[170] 刘克勤 . 我国大学基层学术组织学术权力的构建 [J]. 教育发展研究，2011，（23）.

[171] 张炜，邹晓东 . 我国大学跨学科学术组织发展的演进特征与创新策略 [J]. 浙江大学学报（人文社会科学版），2011，（6）.

[172] 童蕊 . 大学跨学科学术组织的学科文化冲突分析——基于组织分析的新制度主义视角 [J]. 教育发展研究，2011，（Z1）.

[173] 李峻，陈楚伦 . 大学跨学科学术组织的成长逻辑与创新策略 [J]. 江苏高教，2017，（10）.

[174] 张洋磊，张应强 . 大学跨学科学术组织发展的冲突及其治理 [J]. 教育研究，2017，（9）.

[175] 章宁，俞青 . 冲突与和谐：大学跨学科学术组织的生态学治理 [J]. 江苏高教，2016，（6）.

[176] 刘小宝，刘仲林 . 跨学科研究前沿理论动态：学术背景和理论焦点 [J]. 浙江大学学报（人文社会科学版），2012，（6）.

[177] 叶逢福 . 我国大学学术组织内部“泛行政化”的识别、成因与治理逻辑 [J]. 江苏高教，2017（8）.

[178] 魏小琳 . 治理视角下大学基层学术组织的重构 [J]. 教育研究，2016，（11）.

[179] 张鹏 . 基层学术组织是参与高等教育治理的逻辑起点 [J]. 教育发展研究，2015，（17）.

[180] 严文清，张赟 . 地方大学基层学术组织治理问题及对策研究 [J]. 湖北第二师范学院学报，2014，（7）.

[181] 王绽蕊 . 大学基层学术组织治理制度转型——基于案例的分

析 [J]. 黑龙江高教研究，2013，（9）.
[182] 朱玉山 . 大学学院制改革依据探析——基于我国大学学院制改革乱象的思考 [J]. 高等农业教育，2014，（7）.
[183] 吕红军 . 新建本科院校实行学院制改革的思考与实践 [J]. 现代教育管理，2015（12）.
[184] 陈娜娜，周志平 ."大学院"制改革与高校"去行政化"改革比较研究 [J]. 教育与考试，2015，（2）.
[185] 于胜刚 . 自发性组织与制度性组织：中国大学学术共同体的两种样态 [J]. 东北师大学报（哲学社会科学版），2017，（2）.
[186] 邹晓东，吕旭峰 . 研究型大学学部制改革的动因、运行机制及发展走向 [J]. 浙江大学学报（人文社会科学版），2015（5）.
[187] 董云川，罗志敏 . 学术与行政的关系：以高校治理事务为中心 [J]. 重庆高教研究，2016，（4）.
[188] 黄利荣，田钧 . 基于种群生态理论视角分析集群式供应链竞合关系 [J]. 现代商业，2009，（14）.
[189] 陈琼英，曾波 . 高等教育治理问题探究 [J]. 重庆高教研究，2015，（2）.
[190] 廖业扬，李丽萍 . 整体性治理视域下的乡村治理变革 [J]. 吉首大学学报（社会科学版），2015，（1）.
[191] 李立国 . 大学治理：治理主体向治理规则的转向 [J]. 江苏高教，2016，（1）.
[192] 赵新亮 . 大学内部治理能力现代化的权力运行机制 [J]. 重庆高教研究，2015，（1）.
[193] 申超 . 美国大学基层学术组织是如何增强校友认同感的？——一项基于密西根大学教育学院的个案研究 [J]. 比较教育研究，2017，（3）.
[194] 薛飞湖 . 知识生产模式转型与基层学术组织变革 [J]. 现代教育科学，2017，（10）.
[195] 王牧华，宋莉 . 高校学术治理的生态逻辑：制度保障与环境建

设 [J]. 吉首大学学报（社会科学版），2018，（2）.

（二）英文文献

[196] Henry Mintzberg（1979）.The Structuring of Organizations[M]. Pretice-Hall，lnc， Englewood Cliffs.

[197] Lyotard, J. （1984）. The postmodern Condition: A report on knowledge[M]. Manchester: Manchester University Press.

[198] Ballantyne, R., Bain & Packer. Researching university teaching in Australia: Themes and issues in academics' reflections[J]. Studies in Higher Education, 1999,24（2）: 237-257.

[199] Barnes, L., Agago, M. & Coombs, W. Effects of job-related stress on faculty intention to leave academia [J]. Higher Education, 1998,39（4）: 457-469.

[200] Barnes, L., Bull, K., Campbell, N., & Perry, K. Effects of academic discipline and teaching goals in predicting grading beliefs among undergraduate teaching faculty. [J]. Research in Higher Education, 2001, 42（4）: 455-467.

[201] Biggs, J. Approaches to the enhancement of tertiary teaching[J]. Higher Education Research & Development,1989, 8（1）: 7-25.

[202] Biglan, A. The characteristics of subject matter in different academic areas[J]. Journal of Applied Psychology,1973, 57（3）: 195-203.

[203] Braxton, J., & Bayer, A.E. （1999）. Faculty misconduct in collegiate teaching [M]. Baltimore, MD: Johns Hopkins University Press.

[204] Braxton, J., & Hargens, L. （1996）. Variation among academic disciplines: Analytical frameworks and research. In J. Smart （Ed.）, Higher education: Handbook of Research and Theory, Vol. 11. New York [M]. NY: Agathon Press.

[205] Braxton, J.M., Olsen, D., & Simmons, A. Affinity disciplines

and the use of principles of good practice for undergraduate education. Research in Higher Education, 1998, 39（3）: 299-318.

[206] Johnston R. The University of the Future: Boyer revisited [J]. Higher Education,1998（72）:253-272.

[207] Tony Becher, Paul R.Trowler,（2001）. Academic Tribes and Territories: intellectual enquiry and culture of disciplines[M]. McGraw-Hill Education（Asia）Co. and Peking University Press.

[208] Becher, Tony., & Maurice Kogan.（1992）Process and Structure in Higher Education. Second edition, Routledge: London and New York.

[209] Boyer, Ernest L.（1990）Scholarship Reconsidered: Priorities of the Professoriate, San Francisco: Jossey-Bass Publishers. pp16.

[210] Clark, Burton R.（1978）The Academic Profession: National, Disciplinary, and Institutional Settings. Berkeley: University of California Press.

[211] Clark, Shirley M.（1986）The Academic Profession and Career: Perspectives and Problems, Teaching Socilogy, 14（1）.

[212] Sean Cavanagh, Arizona' changing directions' for state university system[N], Education week, Jan 15, 2003

[213] Steve Farrar, Science to kill college system[N], The Time Higher DECEMBER 22/29/2000

[214] Van Den, Hove N.,&Roelandt, Theo J.A.T.（1998）Cross-field Clusters' Innovation Styles[J].Technology and Strategic Management. 8（4）: 7.

[215] UNESCO,（2004）.International Association of Universities: World Higher Education Database.

[216] Christopher Jencks, David Riesman（1977）.The Academic Revolution [M]. Chicago and London: The University of Chicago Press.

[217] Gumport, P. J. The contested terrain of academic program reduction

[J]. Higher Education, 1993（68）:283-311.

[218] Gumport. P. & Snydman. S. K. The Formal Organization of Knowledge: An Analysis of Academic Structure [J]. Higher Education,2002（173）: 3.

[219] Gellner, E. （1974）. Legitimation of Belief. Cambridge[M]. Cambridge: Cambridge University Press.

[220] Kuhn, T. S. （1970）. The structure of science revolutions[M]. Chicago and London: University of Chicago Press.

[221] Ronald Barnett. The Limits of Competence—Knowledge, Higher Education and Society [J]. Open University Press. 1994: 22-37.

[222] Baum Joel AC，Jitendra V Singh. Organizational niche and the dynamics of organizational mortality[J]. American Journal of Sociology，1994,100（2）:345-380.

[223] Coleman KA，WileyE0.Species as individuals:a new defense of the species-as-individuals hypothesis [J].Phil.Sci，2001（68）:498-517.

[224] Grubb P.J. The maintenance of species-richness in Plant communities: the importance of the regeneration niche[J] Biological Reviews，1977（52）:107-145.

[225] Cameron, K.S. Measuring organizational effectiveness in institutions of higher education[J]. Administrative Science Quarterly, 1978, 23 （4）:604-629 .

[226] A L Porter. Interdisciplinary research [J].Interdisciplinary Science Reviews，1978（8）: 2.

[227] Hall A D. （1962）. A Methodology for Systems Engineering[M]. D.V.Nostra.

[228] The Carnegie Foundation for the Advancement of Teaching（2001）. A technical report：A classification of institutions of higher education [M]. NY: Carnegie Publications.

[229] Robbert B.duncan. Characteristics of Organizational Environment and perceived Environment University[J]. Administrative Science Quarterly, 1972（2）：313-327.

[230] Joan Woodward. （1965）. Industrial Organization：Theoy and Practice[M]. Oxford: Oxford University Press.

[231] Thompson.J.D. （1972）. Organizations in Action [M]. New York: Mcgraw Hill.

[232] Patricia J Gumport. Academic restructuring：organizational change and institutional imperatives[J]. Higher Education，2000（39）: 67-91.

[233] David D Dell. Academic accountability and university adaptation：the architecture of an academic learning organization[J]. Higher Education，1999（38）: 127-134.

[234] Paul Trowler, Peter Knight.. Organizational socialization and induction in universities：reconcept ualizing theory and practice[J]. Higher Education，1999（37）：177-195.

[235] Metzger，W.P.（1964）. Academic Freedom in the Age of the University [M]. New York: Columbia University Press.

[236] Charles Perrow. A Framework for Comparative Analysis of Organization Sociological Review[J].New York: McGraw-Hill.1967（1）: 194-208.

[237] The Carnegie Foundation for the Advancement of Teaching. A technical report: a classification of institutions of higher education, 2000 edition[R]. Menlo Park: Carnegie Publications, 2001（1）.

[238] http://baike.baidu.com/view/1151623.htm.

[239] http://www.pku.edu.cn

[240] http://www.tsinghua.edu.cn

[241] http://www.jlu.edu.cn

[242] http://www.qaas.zju.edu.en/IntroduCtion.aspx

附录 1

访谈提纲

尊敬的 ×× 教授：

您好！在新学期伊始，祝您新年快乐，心想事成！

我们课题组正在进行《学科发展视野中的大学学术组织管理模式创新研究——以研究型大学的院系设置改革为分析中心》的工作。此研究的目的一是探析中国大学学科与院系设置之间的关系，二是研究院系学术组织如何科学规范管理的问题。课题组试图探寻贵院设立的简要历史过程以及现阶段贵院的学科建设和发展过程中所遇到的突出问题，希望能有机会对您进行一次访谈。对于您的帮助，我们将不胜感激！期待您的回复。

祝您工作顺利！

致礼！

课题组

1、请简要介绍贵学院的成立和历史。(贵学院何时形成雏形，学院成立的原因是什么？是哪些因素促成了本学院的成立？)

2、请您介绍贵学院下相关学科的基本情况（学科带头人、学科研究方向、学科人才培养、科学研究、社会服务、学科的水平)。

3、贵学院在成立和发展过程中受到哪些外部因素的影响?

4、贵学院在成长过程中您作为院长（领导）是否遭遇过任何困惑或烦恼？能否描述下这些烦恼以及对学科健康成长的影响？

5、贵学院是否有过合并或拆分的经历，您认为这样的经历对贵院系的发展有什么样的影响？与其他院系之间的主要矛盾有哪些？

6、请问在学院内部设立了怎样的教学或学术组织？它们与学院的关系是什么？是否出现过学院与学校、学院与院内组织之间的矛盾？

7、您认为学院应如何设置才能取得最好的效果？您对职能部门所发挥的作用感到满意吗？

您认为大学的职能部门究竟应该发挥什么样的作用？

8、在贵学院成长的每一个重要阶段，主要依赖什么资源，获取这些资源都有哪些制度、做了哪些工作?

9、您能概括一下当前最制约贵学院发展的因素有那些吗?

访谈结束，感谢您的支持!

谢谢!

（以上是一个通用的提纲，针对各院系，不同的访谈对象，如院长，系主任，学科带头人问题会有所调整。）

附录 2

浙江大学院系设置图

- 浙江大学
  - 工学部
    - 机械工程学系
    - 材料科学与工程学系
    - 能源工程学系
    - 电气工程学院
    - 应用电子学系
    - 系统科学与工程学系
    - 电机工程学系
    - 建筑工程学院
    - 建筑学系
    - 区域与城市规划系
    - 土木工程学系
    - 水利与海洋工程学系
    - 化学工程与生物工程学系
    - 海洋科学与工程学系
    - 航空航天学院
  - 社会科学学部
    - 经济学院
      - 经济学系
      - 国际经济系
      - 金融学系
      - 财政学系
    - 光华法学院
      - 法律系
    - 教育学院
      - 体育学系
      - 教育学系
      - 公共体育部
    - 管理学院
      - 农业经济与管理系
      - 旅游管理系
      - 管理科学与工程学系
      - 会计与财务管理系
      - 企业管理系
    - 公共管理学院
      - 政府管理系
      - 社会保障与风险管理系
      - 土地管理系
      - 政治学系
      - 信息资源管理系
      - 城市发展与管理系
      - 社会学系
    - 思想政治理论教学科研部
  - 信息学部
    - 光电信息工程学系
    - 信息与电子工程学系
    - 控制科学与工程学系
    - 计算机科学与技术学院
    - 数字媒体与网络技术系
    - 计算机科学与工程学系
    - 工业设计系
    - 软件学院
    - 生物医学工程与仪器科学学院
    - 生物医学工程学系
    - 仪器科学与工程学系
  - 人文学部
    - 人文学院
    - 哲学系
    - 文物与博物馆学系
    - 中国语言文学系
    - 历史学系
    - 艺术学系
    - 外国语言文化与国际交流学院
    - 外国语言学与应用语言学系
    - 亚欧语言文学系
    - 英语语言文学系
    - 传媒与国际文化学院
    - 新闻与传播学系
    - 国际文化学系
    - 影视艺术与新媒体学系(筹)

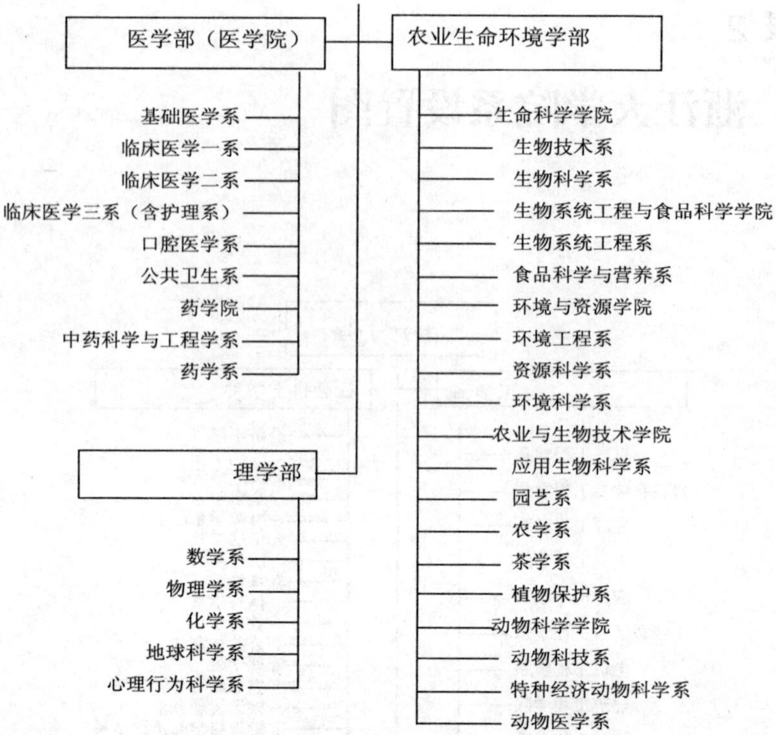
医学部（医学院）
农业生命环境学部
基础医学系
临床医学一系
临床医学二系
临床医学三系（含护理系）
口腔医学系
公共卫生系
药学院
中药科学与工程学系
药学系
生命科学学院
生物技术系
生物科学系
生物系统工程与食品科学学院
生物系统工程系
食品科学与营养系
环境与资源学院
环境工程系
资源科学系
环境科学系
农业与生物技术学院
应用生物科学系
园艺系
农学系
茶学系
植物保护系
动物科学学院
动物科技系
特种经济动物科学系
动物医学系
理学部
数学系
物理学系
化学系
地球科学系
心理行为科学系

附录 3

华中科技大学院系设置图

机械科学与工程学院	船舶与海洋工程学院	软件学院
材料科学与工程学院	电子与信息工程系	经济学院
控制科学与工程系	物理学院	外国语学院
光电子科学与工程学院	公共管理学院	克思主义学院
数学与统计学院	人文学院	计划生育研究所
医药卫生管理学院	哲学系	大学生艺术团
计算机科学与技术学院	中文系	国学研究院
生命科学与技术学院	法学院	工程实训中心
电子科学与技术系	法医学系	护理学系
新闻与信息传播学院	社会学系	公共卫生学院
建筑与城市规划学院	体育部	第一临床学院
电气与电子工程学院	基础医学院	教育科学研究院
能源与动力工程学院	药学院	国际教育学院
环境科学与工程学院	第二临床学院	第三临床学院
土木工程与力学学院	网络与计算中心	化学与化工学院
图像识别与人工智能研究所	现代教育技术中心	历史研究所
远程与继续教育学院	管理学院	

附录 4

北京师范大学院系设置图

学院、系：

教育学部	经济与工商管理学院	汉语文化学院
文学院	艺术与传媒学院	化学学院
管理学院	数学科学学院	环境学院
外国语言文学学院	地理学与遥感科学学院	核科学与技术学院
法学院	信息科学与技术学院	物理学系
生命科学学院	继续教育与教师培训学院	天文系
资源学院	哲学与社会学学院	社会发展与公共政策学院
体育与运动学院	心理学院	
历史学院	马克思主义学院（政治学与国际关系学院）	

研究院、所、中心：

全球变化与地球系统科学研究院	中国社会管理研究院	人文宗教高等研究院
刑事法律科学研究院	首都基础教育研究院	脑与认知科学研究院
水科学研究院	医学研究院	中文信息处理研究所
经济与资源管理研究院	农村教育与农村发展研究院	高等教育研究所
减灾与应急管理研究院	国家教育考试评价研究院	教育部基础教育质量监测中心
北京文化发展研究院	数学与数学教育研究所	分析测试中心
首都教育经济研究院	古籍与传统文化研究院	基础教育课程研究中心
民俗典籍文字研究中心	文艺学研究中心	北京京师文化创意产业研究院
中国文化国际传播研究院	出版科学研究院	中国教育政策研究院
国民核算研究院	汉语国际推广新师资培养基地	

附录 5

华中科技大学学术机构设置细则（2012年）

为将我校建设成为世界一流大学，规范学校学术机构的设置，提高学术机构的自主创新能力，根据《华中科技大学关于执行“三重一大”制度的规定》和《华中科技大学学术委员会章程》，制订本《细则》。

一、指导思想

设置学术机构要遵循高等教育规律，体现现代科学发展趋势，充分考虑学科层面、行业层面和政策层面等相关因素，坚持学科主导，把握社会需求，兼顾项目驱动，提高管理效率，为创建世界一流大学提供组织保障。

二、院（系）设置

1. 没有承担本科生培养任务的单位不能设置为院（系）。

2. 优先鼓励按学科门类甚至跨门类设置学院；发展成熟度高的一级学科可以设置为学院；发展成熟度高的二级学科可以设置为系，条件成熟时整合成为学院。

3. 按行业需求设置院（系），在满足必要性和相关性的前提下，必须选择与行业密切相关的主导学科建立院（系）。

4. 根据国家政策设置院（系），必须充分论证国家需求的紧迫性和资源配置的可行性。

5. 国家紧缺人才或市场需求量大的领域，原则上不设院（系），可适时调整院系设置或增设专业并归入相关院（系），经论证后可考虑更名。

6.院（系）直接对学校负责，完成学校要求的各项工作，重点负责学科建设、科学研究、师资队伍建设以及教学建设和教学安排，协助做好本科生与研究生的教育教学管理、国内外学术交流等工作。

三、研究中心（院、所、实验室）设置

1.设置研究中心（院、所、实验室）要有明确的研究方向、发展规划与目标，以及科研任务、经费来源与必要的研究设施条件。

2.有政府、行业或学科领域长期专项经费支持的重大项目，特别是具有学科交叉性质的重大项目，在校内无相关学科门类院（系）可挂靠，可设置为学校直属的研究中心（院、所、实验室）。

3.以二级学科为基础、承担研究生培养以及科研任务的研究中心（院、所、实验室），原则上根据一级学科标准，合并到相关院（系）。

4.以一级学科或学科门类为基础、承担研究生培养以及科学研究任务的研究中心（院、所、实验室），在校内无相关学科门类院（系）可挂靠，可设置为学校直属的研究中心（院、所、实验室）。

5.研究中心（院、所、实验室）内部管理实行学术负责人负责制，弱化其行政职能，强化其学术职能，负责做好研究生培养、科学研究、成果转化等工作。

四、设置程序

1.有关单位提出学术机构设置构想，院（系）内部机构设置由院（系）党政联席会议讨论确定，并冠以院（系）名称；直接冠名“华中科技大学”字样的机构设置，须提交学校审议。

2. 学术机构分为实体机构和非实体机构两类，需要学校配置编制、干部、经费、场地等人财物资源的机构为实体机构，否则为非实体机构。实体机构的工作须接受学校年度考核，非实体机构的工作由主管单位负责。

3.对于实体学术机构的设置，由发展改革与政策法规办公室会同学科建设办公室审核，并报请校学术委员会审议。校学术委员会审议通过的设置方案，经校长同意后报请校党委常委会审批。

4.对于非实体学术机构的设置，由相关职能部门审核，并报请分管校长审查。经分管校长审查通过的设置方案，报请校长办公会议审批。

5.审批通过的学术机构设置方案，由学校组织实施。

五、附则

实体学术机构和非实体学术机构的撤销同样按照上述相关程序办理。本《细则》由发展改革与政策法规办公室负责解释。

旅行与学术研究（后记）

在所有的业余爱好中，我最喜欢的是旅游，而且特别喜欢长途自驾旅游。在我的认识中，旅游是一种随性的心态，它不应该是纯粹的观光，而是一种闲情逸致下的探索。旅游是去看世界，去探索未知，是无法预知下一刻的惊奇历险。

旅游离不开对过程的记录与感触，也就少不了写游记。唐浩民说："人生其实就是旅程，所以最接近人性的文章就是好游记。在生命的旅程中写下了真情实感的人生况味。"确实如此，好的游记就是生命旅程的写照。评论家洪治纲也说："要写出好的游记，一定要集中体现出深层次的人生况味。"当然，我觉得这是一个十分严苛的要求，恐怕是很少有人可以达到的。而苏童用一句"游记文学就是雅性的"就直接点出了游记所应该承载的且无可取代的特殊价值。我认为，游记之所以天生具有审美魅力与品读韵味的"独特个性"，还是由"游"本身所具有的审美性决定的。

只有将自然美景与自我审美有机地交融才是美文，才有"雅"性。通常，游记主要记述的是个人在美景中的感受与新发现，其中必然会关涉到对"物我关系"的审美把握。因此，所有的游记离不开对真实景物的描绘，在字里行间少不了对客观景物的体察入微，以求真切；用文笔来穷形尽相、遗貌取神。与此同时，游记又不能缺少主体的视角、观感与审美情趣，需要通过"以我观物"的文字记述来展示旅游者的审美眼光与人生体悟。只有这种美文才可以让读者品读之时，不但有如临其境、神游世界，聊慰无法亲历之缺憾的满足感，还有与作者共同领悟自然美景，达到心灵相通和精神一致的收获感。应该说，一篇“雅性”很足的游记实际上展示的是寻味自然的文化底蕴，读者可以从中汲取营养、陶冶性灵，增强感物取境的审美能力和关爱自然的自觉意识，是“一部人类诗意栖居与旅行的华美盛宴……让我们的心灵在如此纯净的世界里得到了最佳的养护。”①

读书、教书与学术研究是我的主要生活方式，而旅游是我这种生活的外延。我认为，学术研究和旅游一样，既是一个带着闲情逸致探索未知、欣赏美景、体察万物的过程，又是自我觉醒与自我成长的过程。刘屈艳扬说：“要么读书，要么旅行，身体和灵魂总有一个在路上”。但是，我不是很赞同她的观点，应该是“要么读书，要么旅行，身体和灵魂总是在路上”，因为读书（学术研究）与旅行都是将身体与灵魂置于漫长而艰难的路上，这需要你不断地去攀登、去战胜惰性、去发现美、记录美，还有想象美。

旅游与学术研究都是人生中不可多得的宝贵经历，在这个过程中所有的艰难跋涉与实实在在的收获，既有人生的沉淀与反思、未来的展望与憧憬，还有诸多的困扰与迷惑、执著与取舍，这一切都可以记录在游记中或者学术论文中。也许，沿途的“美景”与收获并非永如人意，即使有失望也是寻常，但是，就在踏上“旅程”的那一刻，我们就必须做出接受一切不论好坏的决定，用心去理解、去体验沿途的景色，然后，要用心去爱，尽心去爱，爱这一路上的万物。因为，无论是在旅游中还是学术研究过程中，没有什么是绝对和自己的预期相符的，欢乐与苦痛都是由我们的态度决定的，用自由的心去感受旅途中的一切，就会发现“万物都有诗意，万物皆有情……如果旅行不是自由的，就失去了心灵飞翔的翅膀。”②

---

① 张绍民．牵着灵魂去旅行：与史上游记名家的心灵对话 [M]. 北京：西苑出版社，2012:46.
② 张绍民．牵着灵魂去旅行：与史上游记名家的心灵对话 [M]. 北京：西苑出版社，2012:69.

这本书也算是我在学术旅途中的“游记”，可能其中凝结了我在学术旅途中的发现、收获与遗憾，但也包含了本人“以我观物”的肤浅尝试。尽管我的学术旅途收获并不丰盛，游记的内容也有点乏善可陈。但是，我相信，我所探索的这个话题还会继续，只要人们还会受到美的诱惑、生的纠结、死的恐惧以及爱的煎熬，就会对自然、对学术的孜孜追求，就会有人在现实中仰望星空，探求真切的世界，人类学术的旅途就不会有尽头，在未知成为已知之后还会有新的旅程，在通往真理的旅途中每个人都将走过一条属于自己的路。明知不可为而为之，以有限的人生去追求无限的永恒真理，在艰难探索中不断发现自我、超越自我，这便是旅游与学术研究的意义所在吧。

书稿终于付梓，似乎可以轻松地松一口气。但是我必须感谢旅途中的同行者、见证者与帮助者。感谢我的好友湖南师大肖爱博士的鼓励与多年的精神共鸣；感谢我的父母及家人给予我宝贵的生命体验，使我不断印证着人性的丰富与无限的可能；感谢书稿合作者谢辉博士的参与；感谢章宁副教授、唐湘宁副教授的支持；感谢儿子李璋聿的成长经历带给我的启迪与敦促；感谢南京邮电大学教育科学与技术学院的领导、同事与我的研究生们，不断鞭策我在学术研究的路上永不停歇；感谢光明日报出版社的编辑们，为本书的出版付出的大量心血。有你们的支持，即使是与冷月孤灯相伴，我也会感受到学术旅途中的点滴温暖，成为我不断前行的动力。

代为后记。

李　峻

2018年7月

于南京鼎山脚下